国家社科基金项目"开发我国农村消费市场的流通视角"（11BJY112）；河南省哲学社会科学规划项目"河南省农村流通体系促进农村消费的路径和对策研究"（2015CJJ088）

扩大

大

河南省
农村消费的流通创新研究

丁超勋 著

中国社会科学出版社

图书在版编目（CIP）数据

扩大河南省农村消费的流通创新研究/丁超勋著．—北京：
中国社会科学出版社，2018.11
ISBN 978 - 7 - 5203 - 3595 - 9

Ⅰ.①扩…　Ⅱ.①丁…　Ⅲ.①农村—居民消费—研究—
河南②农村经济—流通体系—研究—河南　Ⅳ.①F126.1
②F327.61

中国版本图书馆 CIP 数据核字（2018）第 260260 号

出 版 人	赵剑英	
责任编辑	刘晓红	
责任校对	孙洪波	
责任印制	戴　宽	

出　　版	中国社会科学出版社	
社　　址	北京鼓楼西大街甲 158 号	
邮　　编	100720	
网　　址	http://www.csspw.cn	
发 行 部	010 - 84083685	
门 市 部	010 - 84029450	
经　　销	新华书店及其他书店	

印　　刷	北京明恒达印务有限公司	
装　　订	廊坊市广阳区广增装订厂	
版　　次	2018 年 11 月第 1 版	
印　　次	2018 年 11 月第 1 次印刷	

开　　本	710×1000　1/16	
印　　张	15.25	
插　　页	2	
字　　数	236 千字	
定　　价	68.00 元	

目　　录

第一章 绪论

第一节 研究背景、目的和意义

一 研究背景

在国民经济进入中高速发展的"新常态"的当下中国,经济和社会发展动力已经从传统的依赖投资和进出口逐渐转变为依靠国内需求尤其是居民消费需求上来,这是适应和引领"新常态"的必然结果。扩大内需是新常态下实现经济平稳健康发展的主导战略,撬动国内消费潜力和促进居民消费,是当前乃至较长时期实现经济平稳增长和增进居民福祉的必然选择。我国居民的消费率长期低于世界平均水平,所以促进消费有很大的潜力可以发掘。党的十八届五中全会明确提出,全面建成小康社会的新目标之一就是实现"消费对经济增长的贡献明显加大"。这预示着中国经济发展的战略重点开始由国外市场转向国内市场。培育和寻求新的消费增长点,扩大国内需求,一直是政府近年来的政策核心。中国农村消费市场具备成为政府提振内需目标市场的条件。一方面,连续多年的强农惠农政策促进了农民收入持续增长,农民消费具备了扩大消费的收入基础;另一方面,中国农村庞大的人口数量潜藏着旺盛的消费需求。因此,2009年中央一号文件和2014年中央农村工作会议均将农村消费市场作为扩大内需的主要政策目标。因此,释放农村市场消费潜力,激发农民消费活力,对盘活经济发展全局具有重要的战略意义。①

河南省的经济特征是典型的内向型经济，外贸在经济增长中所占的比例较低，所以刺激省内消费需求是保持河南省经济平稳较快增长的重要动力。同时，河南省也是一个农业大省，农业和农村经济占据国民经济的很大比重，城镇化率不足 50%（截至 2016 年），有一半以上的居民生活在农村地区，所以研究如何促进农村居民消费需求的增长是一个重要课题。2016 年，居民人均消费支出 12712 元，增长 7.4%。按常住地分，农村居民人均可支配收入 11697 元，增长 7.8%；农村居民人均消费支出 8587 元，增长 8.9%。城镇居民人均可支配收入 27233 元，增长 6.5%；城镇居民人均消费支出 18088 元，增长 5.4%。② 河南省的农村消费和省内城市消费相比还有不小差距，相比发达省份更是差距明显。

国务院颁布的《中华人民共和国国民经济和社会发展第十三个五年规划纲要》和商务部发布的《"互联网 + 流通"行动计划》等文件都明确提出了健全流通体系和扩大居民消费需求的问题。国家"十三五"规划指出："要发挥消费对增长的基础作用，着力扩大居民消费。"在国民经济进入中高速发展的"新常态"形势下，"扩大国内需求，最大潜力在农村"，农村居民消费是扩大消费的重要领域。然而，我国农村商品流通体系的不健全成为阻碍农村居民消费扩大的制约因素，通过流通创新提高流通效率并健全流通体系是促进农村居民消费需求增长的重要问题。流通是消费的先导，商品首先要经过流通领域才能进入到居民手中。消费品流通体系的健全是扩大居民消费需求的重要条件和保障。河南省农村流通领域存在的流通基础设施不足、流通环境差、商品质量参差不齐等问题制约了河南省农村居民消费的扩大和消费层次的提升。

二 研究目的

本书通过对河南省农村流通体系和居民消费的现状分析和把握，探

---

① 刘艳华：《农业信贷配给对农村居民消费的间接效应》，《农业经济问题》2016 年第 7 期。

② 河南省统计局：《2016 年河南省国民经济和社会发展统计公报》。

讨通过流通创新促进河南省农村居民消费需求增长的机理和路径，目的如下：

（1）通过实地调研和文献分析，了解河南省农村流通体系和农村消费的历程和现状，归纳农村流通体系和农村居民消费存在的问题；

（2）厘清流通创新对农村消费影响的机理；建立相关性模型，量化流通创新对农村消费影响的程度，为学界提供进一步分析的经验数据；

（3）为政府和企业提供健全农村流通体系、促进流通创新和扩大农村消费的可行性对策和建议。

三　研究意义

学术上，系统地提出开发河南省农村消费市场、扩大农村消费的流通体系分析框架，理论阐释流通体系促进农村消费增长的机理，使用实证模型测度流通业发展对农村消费增长的溢出效应，探寻健全流通体系以促进农村消费的实施路径；采用实地调研的方法分析河南省农村流通体系和消费的现状和问题，弥补国内对农村流通体系的消费效应研究的不足。所以，本课题具有一定的理论意义。

实践中，相对于城市居民消费，农村消费水平偏低，不及城市消费水平的1/3；消费结构层次偏低，落后城市居民近十年；开发农村消费市场是扩大内需的重要领域，是本书研究的应用方向。河南省农村流通体系发展的滞后，已经不能满足农业现代化发展的需要，也难以满足农村居民消费的需要，本书主要的应用价值即在于为健全农村流通体系提供理论依据，为促进农村消费提供对策和建议。故本书具备一定的经济和社会意义。

针对现有研究的不足，本书的独到之处在于系统地提出扩大农村居民消费的流通创新分析框架，创新性地阐释流通体系创新促进农村消费增长的机理；使用新方法定量测度流通体系发展和流通创新水平，并衡量其对农村居民消费增长的溢出效应，综合应用多种计量方法进行实证检验。全面深入探寻通过流通创新促进农村消费增长的渠道和路径。通过以上研究，一是试图将西方前沿消费理论应用于中国农村居民消费问题研究，考察其适用性，为经济理论的发展提供实践检验依据。二是为实施流通创新健全农村流通体系提供理论依据,为启动农村消费市场、促进农村居民消费增长和农村经济发展提供对策和建议。

第二节　研究对象和研究方法

一　研究对象

本书主要研究扩大农村消费问题,涉及的研究对象是农村消费、农村流通体系、流通创新促进农村居民消费扩大的机理和路径等,研究地域主要是河南省。

1. 农村消费

农村消费是指农村居民的消费状况,主要包括其消费水平、消费行为、消费结构、消费倾向等。

消费水平是指农村消费者在一定时期内用于满足自身日常生活费用各项支出的总和。按消费者的不同,有个人消费支出、家庭消费支出和社会公共消费支出;按照消费物品不同,有商品性消费支出,如吃、穿、用、住、行等和非商品性消费支出,如医疗卫生、文化教育、体育娱乐等。本书用来衡量农村消费水平的统计指标有支出法国民生产总值衡量的最终消费支出中农村居民消费支出、居民消费水平(农村居民)、农村家庭平均每人生活性消费支出等。

消费行为是指消费者的需求心理、购买动机、消费意愿等方面心理的与现实诸表现的总和。其最主要的行为表现是:购买行为。制约它的因素有:①需要。包括生理的、社会的和心理的需要。消费者的需要是购买的直接动因。②可支配收入水平和商品价格水平。一般来说,消费总额和可支配收入水平是向同一方向变化的。但就某一具体商品来说,可支配收入水平的提高并不一定意味着消费量的增加。例如,随着可支配收入水平的提高,对某些中高档商品的购买和消费量会增加,而对低档商品的购买和消费量则会减少。商品价格对消费者的购买动机有直接影响。③商品本身的特征及商品的购买、保养和维修条件。如商品的性能、质量、外形、包装等,商店的位置、服务态度等购买条件,以及商品的保养和维修条件等,都能在不同程度上诱发消费者的购买行为。

④社会环境的影响。消费者的需要，尤其是社会、心理的需要，受这种影响而变化的可能性更大。①

消费结构是指各类消费支出在总费用支出中所占的比重。消费结构是市场经济中的一个重要指标，能够反映一个国家和地区的经济发展水平和社会习俗。随着经济的发展和收入水平的提高，居民消费结构中食品等生存型消费所占比重下降，而教育、娱乐等发展型消费占比将上升。与城市消费相比，农村居民消费结构中，生存型消费比例较高、发展型消费比例较低，消费结构更待优化。

2. 农村流通体系

农村流通体系是一个相对复杂的概念，其内涵和外延尚未统一。孙前进（2011）认为，中国现代流通体系应该是由政策法规与行政管理、国内流通、国际（地区）流通、支撑与保障4项一级体系、25项子体系构成的庞大系统（具体包括：流通法律体系、流通政策体系、流通行政管理体系；农业生产资料流通体系、农村商业流通体系、农产品流通体系、粮食流通与物流体系、生活消费品流通体系、生产资料流通体系、特殊商品专营体系、重要商品国家储备体系、再生资源回收体系；国际商贸流通体系，外商投资与管理体系，经济合作对外投资体系，内地、香港、台湾、澳门流通体系，海关监管与保税物流体系；商务服务体系、信息化与信息系统、商品流通基础设施体系、交通运输体系、物流体系、邮政与快递体系、流通领域食品安全体系、商业信用体系）。②

农村流通体系是一套商品流通的系统，是农村流通基础设施、流通主体、流通渠道、流通方式和流通制度等相互联系、密切配合的整体。农村流通体系从商品类别来看包括农产品流通体系、农资流通体系、生活消费品流通体系等。

3. 流通创新

流通创新是指在实体经济以信息化带动工业化的进程中，凭借先进理论、思维方法、经营管理方式和科学技术手段，对传统流通格局中的商流、物流、资金流和信息流所进行的全面改造和提升，以便全面、系

① 何盛明：《财经大词典》，中国财政经济出版社1990年版。
② 孙前进：《中国现代流通体系框架构成探索》，《中国流通经济》2011年第10期。

统、大幅度地提高流通的效能。

流通创新主要包括流通制度创新、模式创新、组织创新、技术创新等。流通制度创新主要从宏观层面进行流通体制、流通制度、流通政策、流通法律法规等方面的改革和创新。流通制度创新对于解放农村流通生产力、提高农村流通效率、健全农村商品市场具有重要作用。流通模式创新主要是指流通企业商业模式的创新，农村商品流通模式创新是扩大农村消费的着力点。农村流通模式创新应在农业产业化、零售商经营连锁化的基础上，对组织形态和交易方式进行创新。流通组织创新是指流通企业的组织方式创新。流通组织通过提高主体组织化程度和扩大主体规模，促进农民合作社、产销一体化组织、家庭农场和专业大户的发展，增强了农业生产者应对市场变化和抗风险的能力，在促进农产品消费的同时稳定了农户的收入。流通技术创新是促进农村消费的技术基础，是推动流通业发展的原始动力。流通技术创新通过加快包括农产品在内的农村商品的流通速度，提高农村商品的流通效率，降低其流通成本。流通技术创新主要通过流通技术机械化、流通技术标准化和流通技术信息化三种方式进行。

二　研究方法

本书从流通创新的视角研究扩大河南省农村消费问题，遵循经济学的研究范式和常用研究方法，采取文献研究和实地调查相结合、规范分析和实证分析相结合、宏观分析和微观分析相结合的研究方法。

（1）文献研究和实地调查相结合。从已有文献中借鉴经验和查找不足，明确河南省流通体系和农村消费相关问题的历史和现状，充分利用官方统计数据和文献资料分析问题；在河南省农村地区进行典型抽样问卷调查，辅之以结构化访谈的方式，获得原始数据和资料，以弥补文献数据的不足。

（2）规范分析和实证分析相结合。规范分析方面：遵循西方经济学的研究范式，使用一般均衡的微观模型分析流通体系变化对价格和消费量的影响。实证方面：使用河南省流通和消费的相关指标数据，采用DEA－Malmquist 指数法测度流通创新指数，采用状态空间面板、Probit和 Logit 模型、因子分析等多种方法检验流通创新对农村居民消费的影响机理。

（3）宏观分析和微观分析相结合。从宏观角度考察河南省农村流通体系的现状和问题，分析河南省农村居民消费总量、消费结构等状况；从微观角度考察农村居民家庭和个人消费行为和消费特征，以及流通创新对农村居民消费行为的影响。

此外，本书还采取了整体分析和具体分析相结合的方法。在将河南省农村流通和消费作为一个整体进行分析的同时，还针对农村医药流通、农民工消费、洛阳市消费品流通等进行了专题调研并形成调研报告。

第三节 研究内容和技术路线

一 研究内容和结构安排

第一章，绪论。主要概括了本书的选题背景、研究的目的和意义、研究思路和方法、研究内容和技术路线等。

第二章，文献综述。一方面，对国外有关农村流通体系和农村消费问题的相关研究进行了综述，从流通体系方面、流通渠道方面、流通组织方面和流通对消费的影响方面进行了文献分析，并阐述了国外消费理论的发展脉络。另一方面，对国内学者有关农村流通和消费的研究进行了文献分析，从流通体系对农村消费的影响、流通体制创新、流通组织创新、流通技术和模式创新对消费的影响等方面的国内文献进行了梳理，还考察了针对河南省农村流通和消费的相关文献。

第三章，河南省农村流通体系和居民消费。①通过典型抽样选择河南省代表性的农村地区进行实地调研，采取问卷调查、结构化访谈等方法，获得农村居民消费现状的原始数据资料。结合文献和官方数据整理分析我国农村居民的消费水平、消费行为、消费结构、消费倾向的现状和特征，总结分析我国农村居民消费存在的诸如消费规模小、水平低、消费率下降、消费结构不合理等问题。②采用文献数据分析、典型地区实地调查等方式，厘清河南省农村流通组织、流通渠道、流通设施、消费环境等方面的现实状况和存在的问题。③探究河南省农村居民消费和农村流通体系诸多问题产生的体制、机制等方面的原因，寻找农村流通体系阻碍农村居民消费扩大的症结所在。

第四章，流通创新促进农村消费的机理和实证。①深入分析流通体系创新影响农村居民消费的机理，并进行图表化的展示。②审慎地选择衡量指标，构建流通产业创新影响农村居民消费的指标体系，使用DEA－Malmquist指数法测度农村流通业的全要素生产率（TFP）及其分解指数，包括规模效率指数、技术进步指数、技术效率指数等。③以宏观经济学的消费函数理论为基础，将流通创新的解释变量引入Chenery消费函数模型，构建多元回归模型，采用河南省农村居民消费和农村流通的面板数据，测算流通创新对农村居民消费的溢出效应。

第五章，河南省农村居民消费影响因素分析。在回顾农村居民消费影响因素文献的基础上，详细分析了影响农村居民消费的各因素，如收入水平、居民消费价格水平、流通设施和消费环境、居民消费观念、社会保障水平、城镇化水平、财政支农政策、农村货币政策等。

第六章，河南省农村流通和消费专题调研。本章汇总了笔者近期对河南省农村流通和消费的几个专题研究。①农村医药流通和消费现状和改进措施。②河南省农民工消费特征调研。③洛阳市流通和消费现状与问题。④河南省农村消费和流通市场调查。⑤河南省城乡互动流通发展研究。

第七章，流通创新促进河南省农村居民消费增长的路径研究。①明确流通创新的主要方向，探讨流通制度创新、模式创新、组织创新、技术创新等作用于农村流通渠道、流通产业结构、流通效率和流通环境的着力点和渠道。②研究通过流通创新扩大居民消费的路径，进而探讨农产品流通渠道创新，能否促进农产品快速销售，增加农民收入，进而为农村消费奠定物质基础；讨论农资产品流通方式创新，如何降低农业生产成本和农民消费成本；分析农村消费品经营网络创新，能否节约交易成本，降低消费品价格；探讨农村消费环境创新，怎样增强农村居民的消费信心，激发消费欲望。③分析影响流通创新促进农村居民消费增长作用发挥的宏观微观、体制内外、经济社会等各种因素，识别出关键影响因素，在实践中予以重视。

第八章，河南省农村流通促进农村消费的政策建议。①基于扩大农村居民消费的目标，从促进农村就业、提高农民收入、改善流通环境等角度探究制度创新、模式创新、组织创新、技术创新等流通创新的可行方向和对策措施。②构建具有扩大消费长效机制的农村流通体系的总体框架，在评价现有流通体制和政策的基础上，从流通政策体系、法律体系、基础设施体系、市场体系等方面提出激发流通创新以扩大农村居民消费的政策建议。

第九章，结论和展望。本章首先总结了全书的主要研究结论，进而分析了本书所进行研究的不足之处，并对下一步的研究方向作出了展望。

二 技术路线

本书的技术路线如图 1-1 所示。

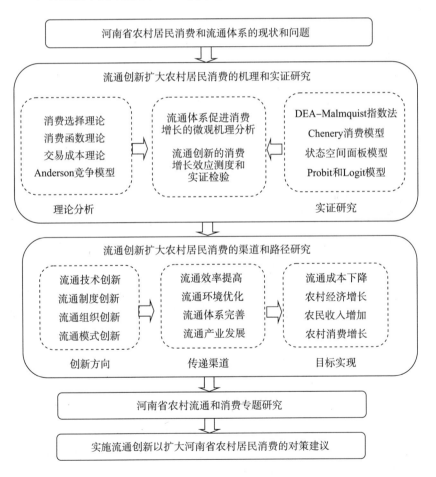

图 1-1 本书的技术路线

第二章　文献综述

第一节　国外文献综述

一　国外消费理论的演进

国外消费理论的研究大致分为古典经济学的消费方式视角、新古典经济学的消费者选择视角和宏观经济学的消费函数视角。古典经济学关于消费问题的认识主要包括亚当·斯密、大卫·李嘉图、魁奈等的消费思想，开始重视消费对生产的重要作用。19 世纪 70 年代，Jevons、Walras 等的边际效用理论试图揭示出给定价格和预算约束下，理性消费者如何选择最佳商品组合以实现效用最大化。新古典学派的代表 Marshall 深化和扩展了边际效用理论。20 世纪 30—70 年代，宏观经济学的消费函数理论主要研究收入与消费之间的关系，代表性理论是 Keynes 的绝对收入假说、Duesenberry 的相对收入假说、Modigliani 的生命周期假说和 Friedman 的持久收入假说。进入 20 世纪 70 年代中后期，Hall 将理性预期因素引入生命周期持久收入假说，提出随机游走假说。随后又出现了许多学说对随机游走假说进行了补充和修正，代表性的有预防性储蓄假说（Zeldes，Dynan 等）、流动性约束假说（Deaton，1991）等。近年来，国外学者较多应用 Deaton 和 Muellbauer 提出的 AIDS 模型和 Lunch 提出的 ELES 模型进行实证研究，如 Alderman 和 David（1993）对斯里兰卡居民闲暇和消费品替代性的考察及 Halbrendt（1994）对中国农村居民食品消费的研究。

在早期消费行为的理论研究中，以绝对收入假说和相对收入假说为代表，后来又出现生命周期理论和持久收入理论，然后到当代的不确定性消费理论。本书对这些消费理论进行综述并对关于消费行为影响因素的研究进行简单介绍。

Keynes（1936）提出的绝对收入假说（Absolute Income Hypothesis，AIH）认为，影响消费行为的主要有主观因素（享受、短见、炫耀、慷慨和奢侈等）和客观因素（可支配收入、财产价值变动、利息率和政策等），但起决定作用的是可支配收入。① Keynes 的绝对收入假说认为，在短期中，收入与消费是相关的，即消费取决于收入，消费与收入之间的关系也就是消费倾向。同时，随着收入的增加消费也将增加，但消费的增长低于收入的增长，消费增量在收入增量中所占的比重是递减的，也就是我们所说的边际消费倾向递减，这种理论被称为绝对收入假说。Duesenberry（1949）提出的相对收入假说（Relative Income Hypothesis，RIH）认为短期内消费函数受到经济周期波动的影响，但长期看来个体或家庭的行为会受到示范效应（家庭消费决策主要参考其他同等收入水平家庭，即消费有模仿和攀比性）和棘轮效应（家庭消费既受本期绝对收入的影响，更受以前消费水平的影响，收入变化时，家庭宁愿改变储蓄以维持消费稳定）的影响。因此，消费支出和可支配收入始终保持稳定的比例关系。② Modigliani 和 Brumberg（1954）提出了生命周期假说（Life Cycle Hypothesis，LCH）认为，消费者总是想通过将其终生收入在终生消费上进行最佳分配，以使其通过终生消费获得总效用最大化，得到终生的最大满足。因此，消费不取决于现期收入，而是取决于一生的收入，理性的消费者要根据一生的收入来安排自己的消费和储蓄，使一生的收入和消费相等。Friedman（1987）提出持久收入假说（Permanent Income Hypothesis，PIH），认为消费者的支出水平取决于消

---

① Keynes, M. J., The general theory of employment, Interest and Money, London: Macmillan, 1936.

② Duesenberry, J. S., Income, Saving and the theory of consumer behavior, Cambridge: Harvard University Press, 1949.

费者长期中能保持的可支配收入水平，即持久收入。[1] 也就是说，理性的消费者为了实现效应最大化，不是根据现期的暂时性收入，而是根据长期中能保持的收入水平即持久收入水平来做出消费决策的，只有持久收入才影响消费。Hall（1979）根据卢卡斯（Lucas）的思想，将理性预期方法引入消费理论中，提出了理性预期生命周期假说（Rational Expectation Life Cycle Hypothesis，RELCH），认为消费支出在长期呈现随机游走特征，用随机方法修正 LCH 和 PIH 的假设[2]，他的主要结论是，消费是随机游走过程，不能根据收入的变化来预测消费变化，即消费的变化不可预见。

近几十年来，关于居民消费问题的前沿研究大部分都属于预防性储蓄理论。（Zeldes，1989；Carroll，1992[3]；Dynan，1993[4]；Wilson，2003[5]；等）。弗来文（Flavin，1981）对随机游走假说进行实证研究后发现消费对劳动收入具有"过度敏感性"（Excess sensitivity），即消费与劳动收入具有明显的正相关性。对于消费"过度敏感性"的解释，有流动性约束（Liquidity constraints）、不确定性（Uncertainty）、统计中的加总误差、短视（Myopia）。弗莱文（Flavin，1985）利用美国宏观经济数据所作的定量分析发现，流动性约束是消费对收入过度敏感性的一个重要原因。不确定性有助于解释消费对收入的过度敏感性。Zeldes（1989）提出运用预防性储蓄（Precautionary saving）理论可对消费的"过度敏感性"和"过度平滑性"做出解释。消费理论的这些新发展，表明决定消费的最主要因素是当前收入，从而进一步证实了凯恩斯绝对收入假说的正确性。这些结论对于分析现阶段我国的消费不足，具有现实的指导意义。

① Friedman, McClains, Palmer, K., Sources of structural change in the US 1963 – 1987: All input – output Perspective, Review of Economics and Statistics, Vol. 69, 1987.

② Hall, R. E., Stochastic Implications of the Life Cycle Permanent Income Hypothesis: Theory and Evidence, Journal of Political Economy, Vol. 86, No. 4, 1979.

③ Carroll, C. D., The Buffer – Stock Theory of Saving: Some Macroeconomic Evidences, Brookings Papers on Economic Activity, Vol. 2, 1992.

④ Dynan, K. E., How Prudent are Consumers, Journal of Political Economy, Vol. 101, No. 6, 1993.

⑤ Wilson, B. K, The Strength of the Precautionary Saving Motive when Prudence is Heterogeneous, Enrolled paper of 37th Annual Meeting of the Canadian Economics Association, 2003.

卡莱茨基（Kalecki，1971）基于消费者"异质性"的考虑率先从收入分配角度研究其与有效（消费）需求的关系。[1] Blinder（1975）设计了两种计量方法对收入差距与消费需求的关系进行检验，检验结果表明，缩小收入差距有助于提高社会消费水平。[2] Bailey（1971）认为，公共支出与私人消费之间可能存在一定程度的替代性，政府扩大公共支出对私人消费将具有一定的挤出效应。[3] Karras（1994）[4]、Devereus 等（1996）[5]、Okubo（2003）[6] 和 Kwan（2006）[7] 等都用数据证明了这种互补关系。Nelson 和 Consoli（2010）将居民消费行为要素引入演化经济学，突破了新古典消费者行为理论只重视"供给端"的研究框架。[8] Gorbachev（2011）证实了在考虑居民对利率的预期、收入波动、流动性限制等因素后，美国居民消费的波动性在 1970—2004 年上升了 25%。[9] Kjellberg（2008）从市场流通的角度研究了过度消费的问题，详细分析了市场营销在刺激过度消费中的作用，为后续研究者提供了一个实践分析的框架。[10] Giles 和 Yoo（2007）对中国农村居民的消费决策中的预防性动机进行了检验，发现有 10% 的储蓄是为了预防性动机，

① Kalecki, M., Selected Essays on the Dynamics of the capitalist Economy, Cambridge: Cambridge University Press, 1971.

② Blinder, A. S., Model of Inherited Wealth, Quarterly Journal of Economy, Vol. 87, No. 4, 1975.

③ Bailey, M. J., National Income and Price Level, New York: McGraw-hill, 1971.

④ Karras, G., Government Spending and Private Consumption: Some International Evidence, Journal of Money: Credit and Banking, Vol. 26, No. 1, 1994.

⑤ Devereus, M. B., Head, V. C., and Lapham, B. J., Monopolistic Competition, Increasing Return and Government Spending, Journal of money: Credit and Banking, Vol. 28, No. 2, 1996.

⑥ Okubo, M., Intertemporal Substitution Between Private and Government Consumption: The case of Japan, Economic Letters, Vol. 79, 2003.

⑦ Kwan, Y. K., The Direct Substitution Government and Private Consumption in East Asian, NBER working paper, No. 12431, 2006.

⑧ Nelson, R. R., Consoli, D., An evolutionary theory of household consumption behavior, Journal of Evolutionary Economics, Vol. 20, 2010.

⑨ Gorbachev, O., Did Household Consumption Become More Volatile?, The American Economic Review, Vol. 101, No. 5, 2011.

⑩ Kjellberg, H., Market practices and over-consumption, Consumption Markets & Culture, Vol. 11, No. 2, 2008.

但这种动机随着居民迁移网络的扩大而减小。[①] Bonis（2012）使用 OECD 国家的 1997—2008 年的季度数据估计了家庭金融资产和实体资产对居民消费的影响，研究发现金融资产和实体资产对消费都有正向的作用，而且净金融资产的影响更大一些。[②] Xiao 和 Kim（2009）研究了消费者的消费价值观对消费行为和生活满意度的影响，结果显示，功能、情感和社交因素对消费者的消费行为具有影响，集体主义和个人主义价值观的消费者对其购买国外品牌具有正向影响，但个人主义的消费者对生活现状不太满意且更倾向于购买国外品牌。[③]

主流经济学多从供给方面探讨经济增长的动力，如 Harrod – Domar 模型认为经济增长的动力主要来自劳动和资本投入，经济增长率会随着储蓄率的增加而提高；Solow – Swan 模型认为资本和劳动可以相互替代，储蓄率（消费率）的变化不会改变稳态时的 GDP；Ramsey – Cass – Koopmans 模型认为经济的长期增长取决于外生的技术进步。后来的 Lucas 和 Rome 分别强调了人力资本和知识资本的作用。

从需求方面探讨经济增长的动力始于凯恩斯，他分析了有效需求（消费等）对宏观经济的影响。Feldman 等证实了 1963—1978 年美国经济增长过程中最重要的因素是需求的增加，而技术进步对于行业的重要性仅仅表现为增长速度的快慢。后续的研究主要从两个方面分析消费需求对经济增长产生的影响：一是消费升级促进经济结构变迁进而激发经济增长；二是新需求的扩大以种种方式对新的技术革新施加压力，从而形成了高速的全面增长。

关于居民消费驱动经济增长的研究，Osterhaven 等（1997）的实证研究肯定了需求因素在欧盟各国经济增长中的重要影响。[④] Zweimuener

① Giles, J., Yoo, K., Precautionary behavior, migrant networks, and household consumption decisions: An empirical analysis using household panel data from rural China, The Review of Economics and Statistics, Vol. 89, No. 3, 2007.

② Bonis, R. D., Silvestrini. A., The effects of financial and real wealth on consumption: New evidence from OECD countries, Applied Financial Economics, Vol. 25, No. 5, 2012.

③ Xiao, G., Kim, J. O., The investigation of Chinese consumer values, consumption values, life satisfaction, and consumption behaviors, Psychology & marketing, Vol. 26, No. 7, 2009.

④ Osterhaven, J., Linden, J. A. V., European Technology, Trade and Income Change for 1975 - 1985: An Intercountry Input - output Decomposition, Economic Systems Research, No. 9, 1997.

（2007）认为，在经济增长过程中高收入弹性的奢侈品会转变为低收入弹性的必需品，解释了经济增长和消费结构变迁之间的关系。Szirmai（2008）分析了战后各国经济发展成功和失败的经验，其中"中间因素"为"需求及其政策"，包括投资需求、消费需求和出口需求及财政和货币政策等。Sabillon（2008）证实在20世纪初美国经济正是由于消费需求的快速增长才使经济年均增长率保持在5%以上。[1] Hicks（2012）认为，新兴经济体的消费波动相比发达国家更大，用支出来衡量的家庭消费水平会产生市场化的偏倚，而且这种波动性在不同国家表现出不同的形式。Hansen（1985）对1955—1984年美国经济波动的实证研究结果表明，非耐用品和服务综合的波动幅度为1.29%，小于产出的波动水平1.76%。Mendoza（1991，1995）估算出加拿大的总产出波动幅度为2.81%，略大于总消费波动幅度的2.09%。但发展中国家的实证结果却往往相反，Kose 和 Riezman（2001）利用1970—1990年的数据，考察了22个没有石油出口的非洲国家的经济波动特征，研究表明，总消费的波动幅度8.28%是总产出波动幅度4.10%的2倍多。

综上可以看出，国外的消费行为理论已经相当成熟，消费需求因素在经济增长中扮演的角色越来越受到经济学家的重视。

二　流通对消费的影响研究

关于流通对消费影响的研究中，Charter 等（2008）研究了商贸流通对可持续消费和生产的影响，并认为商贸业是消费和生产的很强利益相关者，并且可以看作消费部门的一部分。Hawkes（2009）研究了销售促进可以通过影响消费者的购买选择进而影响消费模式，商家可以通过灵活地利用销售促进的策略来激发消费者的购买热情和扩大消费量。[2] Malyadri 和 Rao（2011）通过对印度的零售业进行研究后认为，零售部门已经深刻地改变了当地消费者的生活方式，而且零售部门的产

---

① Sabillon，C.，On the Causes of Economic Growth：The Lessons of History，Algora Publishing，2008.

② Hawkes，C.，Nutrition reviews，Nutrition Reviews，Vol. 67，No. 6，2009.

值占 GDP 的比重已经从 2007 年的 9% 左右上升到 2011 年的 22% 左右，而且还将以每年 25% 的速度增长，成为印度经济的支柱产业部门之一。① Peersman 和 Pozzi（2008）使用美国 1965—2000 年的季度数据并采用多元状态空间方法分析了商业周期波动与个人消费敏感性之间的关系，发现个人消费在经济衰退的时候的敏感性明显比较高。② Emran 和 Zhaoyang（2013）使用中国农村的数据证实了国内和国际市场准入对家庭人均消费的影响，计量显示，更好的市场准入对居民消费有正向的作用，而且这种作用在国内市场更显著。③

三 流通创新与农村消费的关系研究

（1）流通体系对农村消费和经济的影响研究。农村流通体系被认为是开拓农村市场最关键部分（Krishnamoorty，2000）和有待克服的障碍（Prahalad and Hammond，2002）。发展中国家农产品流通渠道普遍过长（Andrew P. F.，2007）④，制约了农产品流通的速度和效率。

（2）流通技术创新对农村消费的影响研究。流通商可以通过信息技术和支付工具创新不断提升店铺形象和购物便利性，最终提升消费者满意度（Matsa，2011）。Bob Saint（2009）认为信息技术的应用降低了物流费用，而连锁经营等方面的组织创新降低了产品销售价格，增加了顾客购买。⑤

（3）农村流通模式创新对消费影响方面的研究。通过对农产品流通环节的整合，缩短链条长度，能够有效地提高农产品的流通效率

① Malyadri, P., Rao, K. S., Indian Retail Marketing Scenario A Pivotal Role Towards Economic Growth, Economic Affairs, Vol. 56, No. 2, 2011.

② Peersman, G., Pozzi, L., Business Cycle Fluctuations and Excess Sensitivity of Private Consumption, Economica, Vol. 75, No. 299, 2008.

③ Emran, S. M., Zhaoyang, H., Access to Markets and Rural Poverty: Evidence from Household Consumption in China, The Review of Economics and Statistics, Vol. 95, No. 2, 2013.

④ Andrew P., E. Calderwood, Rural retailing: A sector in decline?, International Journal of Retail & Distribution Management, Vol. 35, No. 2, 2007.

⑤ Bob Saint, Rural Distribution System Planning Using Smart Grid Technologies, Rural Electric Power conference, 2009.

（Ari – Pekka Hmeri，2003）。[①] Mhurchu 等（2010）认为，价格折扣和营养教育可以扩大居民在超市的消费量。[②] Kenning 等（2011）认为，批发商的品牌塑造可以传递给消费者一种高品质的信号，降低消费者的交易成本，从而提高消费者的购买量。[③]

（4）农村流通组织创新影响农村消费方面的研究。Joe Folsom（2003）认为，农村消费合作社是农村流通组织中重要的组成部分。Andrew（2007）[④] 从创新零售地域角度将农村零售划分为集镇商店、乡村商店、独立零售业态。Krishnamacharyulu（2010）通过分析四种不同类型企业如何将其产品服务供给农村消费者，阐明了流通组织创新对于农村市场策略的重要性。

第二节　国内研究综述

一　流通与消费关系研究

流通业已经从国民经济的"末端产业"逐渐演变成基础产业和先导产业，而消费则是拉动经济发展的重要动力。关于流通与消费的关系研究已经取得了一定的理论成果。

关于流通业发展促进居民消费增长的理论研究中，赵萍（2008）对流通体制促进消费的潜力进行了分析，并指出，中小零售企业具有强大的吸纳就业的能力，可以切实提高普通大众的收入水平，为扩大消费提供最基本的收入基础。[⑤] 马龙龙（2009）认为，中国必须构筑一个竞争有序和高效通畅的高层次流通平台，以充分发挥流通启动消费的作

---

① Ari – Pekka Hmeri, Supply Chain Management in the Fishing Industry, The Case of Iceland, International Journal of Logisties: Research and Application, Vol. 6, No. 3, 2003.

② Mhurchu, C. N., etc, Effects of price discounts and tailored nutrition education on supermarket purchases: A randomized controlled trial, American Journal of Clinical Nutrition, Vol. 91, No. 3, 2010.

③ Kenning, P., Grzeskowiak, S., The role of wholesale brands for buyer loyalty: A transaction cost perspective, Jorunal of Business & Industrial Marketing, Vol. 26, No. 3, 2011.

④ Andrew Paddison, Eric Calderwood, Rural retailing: A sector in decline?, International Journal of Retail & Distribution Management, Vol. 35, No. 2, 2007.

⑤ 赵萍：《流通与消费的七大关系》，《中国商贸》2008 年第 1 期。

用。王潇（2009）认为，在既定的产业结构下，流通的规模和结构制约着一定时期的消费规模和消费结构，流通的组织状况制约着消费需求的实现程度。赵萍（2007）认为，流通业通过提供质优价廉的商品，提高自身服务水平，加强品牌宣传，影响着国内居民的消费心理和消费观念，并指出流通与消费的七大关系，即流通能够引导消费心理、保障消费安全、提供消费便利、改变消费习惯、传递消费信息、领导消费潮流、丰富消费选择。王微（2006）认为，城市商业特别是零售业是实现中国城乡居民消费需求增长的主要途径。① 宋则、王雪峰（2010）在商贸流通业增进消费的政策研究中提出，建立长效服务体系是推动结构调整、满足居民消费意愿的核心思路。② 尹世杰（2010）认为，疏通流通渠道，对于扩大农村消费、促进社会经济发展具有非常重要的作用。③ 文启湘（2007）认为，加快构建农村现代流通体系是推进农村消费和谐发展的重要条件。④ 郑承志（2010）认为，扩大消费必须进行流通创新，理论上流通创新包括流通体制的创新、流通方法与流通手段的创新、流通模式的创新。流通创新的路径选择可以是强化流通产业的先导地位（体制创新）、大力开拓农村市场（市场创新）、规范并改善消费环境（环境创新）、支持和鼓励发展现代流通方式（方式创新）、继承和引进相结合（特色创新）等。⑤

在实证研究中，张连刚、李兴蓉（2010）采用1990—2008年中国省级面板数据建立 Panel Data 模型并进行 Granger 因果检验，发现流通业发展是居民消费增长的原因，但是流通业发展对东西部地区居民消费增长的影响存在较大差异。⑥ 冉净斐（2008）运用自回归分布滞后模型对流通与消费的关系进行了实证分析，发现当期的社会消费品零售总额

① 王微：《我国城市商业在扩大消费中的地位与作用》，《中国流通经济》2006年第12期。

② 宋则、王雪峰：《商贸流通业增进消费的政策研究》，《财贸经济》2010年第11期。

③ 尹世杰：《疏通流通渠道扩大农村消费》，《中国流通经济》2010年第1期。

④ 文启湘：《加快构建农村现代流通体系，推进农村消费和谐发展的重要条件》，《湘潭大学学报》（哲学社会科学版）2007年第1期。

⑤ 郑承志：《金融危机背景下扩大消费的流通创新研究》，《商业时代》2010年第3期。

⑥ 张连刚、李兴蓉：《中国流通业发展与居民消费增长实证研究》，《广东商学院学报》2010年第4期。

与居民消费、农村居民消费、城镇居民消费和政府消费呈正相关关系，当期的社会消费品零售总额每增加 1%，可带动当期的居民消费、农村居民消费、城镇居民消费、政府消费分别增加 0.80%、0.87%、0.85%、0.80%。① 郝爱民（2011）认为，流通产业发展不畅，成为消费升级、扩大消费的制约因素，并经过分析提出了若干转变流通业发展方式扩大消费的政策。② 赵娴（2010）认为，流通产业不仅成为生产的先导，也成为消费的重要促进力量，流通效率的提高、流通渠道和流通模式的完善成为决定消费实现程度和水平的重要力量。③ 罗永华（2011）使用广东省 2000—2008 年的流通和消费数据建立模型，得出城镇居民和农村居民人均消费支出与流通业发展密切相关、流通业的发展可以促进消费增加的结论。④ 文启湘、梁爽（2010）利用 DEA 模型对我国流通业发展和消费增长的协调促进关系作了分析和论述，认为我国流通业发展对消费的促进效用要强于消费对流通业的支撑作用。⑤

关于农村流通和消费的研究中，贺珍瑞（2007）认为，农村流通体系与农村消费需求存在明显的相关性，我国的农村流通体系建设相对于国民经济和农村经济的发展仍显落后，这对农村消费需求的扩大有显著影响。⑥ 李骏阳等（2011）使用偏最小二乘法，证实了农村流通业的发展对农村居民消费有着不可忽视的影响，流通业的发展水平对农村居民的消费存在积极的促进作用。⑦ 王新利、吕火花（2006）采用 2003 年中国 31 个省份的截面数据建立回归模型，发现农村流通体系对农村

① 冉净斐：《流通发展与消费增长的关系：理论与实证》，《商业时代》2008 年第 1 期。
② 郝爱民：《消费升级与我国流通体系的优化》，《现代经济探讨》2011 年第 2 期。
③ 赵娴：《发展流通产业实现消费促进和结构升级》，《中国流通经济》2010 年第 11 期。
④ 罗永华：《广东省流通业发展对居民消费支出影响的实证研究》，《商业时代》2011 年第 18 期。
⑤ 文启湘、梁爽：《基于 DEA 模型的流通业与消费增长协调发展研究》，《商业经济与管理》2010 年第 10 期。
⑥ 贺珍瑞：《农村流通体系对农村消费需求的影响分析》，《山东农业大学学报》（社会科学版）2007 年第 3 期。
⑦ 李骏阳、包望伟、夏禹械：《流通业对农村居民消费影响的实证研究》，《商业经济与管理》2011 年第 11 期。

消费增长具有较大影响。① 郝爱民（2010）采用有序概率模型，以河南省的调查数据分析了农村流通体系的各个指标对农民消费意愿及消费热情的影响，认为农村消费需求难以有效启动的重要原因之一是我国农村流通体系的不完善，应高度重视我国农村现代流通体系的建设。② 刘根荣、种憬（2012）以促进消费视角对城乡流通协调发展问题进行研究，分析了城乡流通二元结构现象及其对消费的制约机理。③ 李骏阳（2015）认为，扩大农村地区消费需求是当前我国宏观经济面临的一项重要任务。为发展和改善我国农村消费品流通业现状，使之更好地适应农村居民消费需求的不断扩大，为农村居民提供良好的商业环境，提高农村居民消费水平，需要创新农村流通体系与流通模式，对农村消费品流通进行顶层设计。具体来讲，在区域上，可根据经济发展水平将全国农村划分为三类不同的地区，在不同地区采取差异化消费品流通业发展对策，采取有区别的扶持政策。在时间上，制定从现在起到 2030 年两阶段的农村流通业发展战略，并设计各阶段的目标、发展任务与支持措施。在发展模式上，应根据各地特点实施适合其发展需要的农村消费品流通模式。在发展思路上，应借助电子商务来促进农村消费品流通业的跨越式发展，实现城乡流通一体化。④

关于居民消费增长促进流通业发展的研究中，王惠（2000）认为，消费无论是在商业流通发展的历史演进中，还是对新兴商业业态的崛起都起着非常重要的作用，并指出商业流通要在消费导向型经济时代获得更大发展，则必须适应消费、推动消费、发展消费。⑤ 丁俊发（2012）认为，促进消费与流通渠道建设是一个问题的两个方面。必须通过改革消费体制、提升消费能力、调整消费政策、夯实消费基础、改变消费观念、优化消费环境、研究消费周期、培育消费热点，建立扩大消费的长

---

① 王新利、吕火花：《农村流通体系对农村消费的影响》，《农业经济问题》2006 年第 3 期。

② 郝爱民：《农村流通体系建设对农民消费的影响——基于有序 Probit 模型的研究》，《北京工商大学学报》（社会科学版）2010 年第 3 期。

③ 刘根荣、种憬：《促进消费视角下城乡流通协调发展研究》，《经济学家》2012 年第 9 期。

④ 李骏阳：《我国农村消费品流通业创新研究》，《中国流通经济》2015 年第 4 期。

⑤ 王惠：《消费对商业流通发展的作用》，《河南社会科学》2000 年第 6 期。

效机制。①

综上可以看出，目前关于流通和消费关系的研究中，学术界普遍认为流通业和消费增长具有很强的相关关系，流通业的发展可以促进消费的扩大，只是影响的范围和程度不同而已；对流通业对消费促进的研究较多，尤其是农村流通对消费的影响，而关于消费对流通的影响研究较少，多停留在定性探讨上，流通和消费相互影响的研究基本没有，定量研究更是空白。在已有的定量研究中，王新利（2006）和罗永华（2011）的回归模型具有一定的启示意义，但其指标选取有些欠妥，一元线性回归模型构建得过于简单，而且没有考虑数据的平稳性问题。冉净斐（2008）运用自回归分布滞后模型分析流通业对消费增长的影响的方法值得借鉴，但其选取的代表流通业和消费的指标难以克服由于变量相关而带来的内生性问题。张连刚（2010）采用面板数据模型进行分析得出了比较理想的模型和结论，但模型中没有考虑居民收入、消费预期等因素，存在严重内生性问题，而且也没有协整分析流通和消费的长期关系，这就给后续研究提供了空间。

二　流通创新与农村消费研究

1. 农村消费问题研究

国内学者关于农村消费问题的研究集中在三个方面。①农村消费与经济增长。国内多数学者，如党国英（1999）、李彤彤（2000）、刘宇虹（2006）、陈文玲（2007）、李春琦（2009）、潘建伟（2010）、陈亮（2010）等，都认为农村居民消费是推动我国经济增长的重要因素之一，而农村消费不足引起消费升级不快是制约我国经济增长的主要因素（李明贤等，2006）。②农村居民消费行为。朱信凯（2003）系统构建了中国农户消费函数理论发展的微观基础，应用2ELES定量分析了农民消费结构。李锐（2003）认为，我国农村居民的消费结构已发生了变化，食品的边际消费倾向在下降，而住房、交通通信、医疗保健的边际消费倾向在上升；陈林兴（2010）也得出了类似结论。③影响农村居民消费的主要因素。学者们普遍认为收入是影响农村居民消费的最重要

---

① 丁俊发：《促进消费与流通渠道建设的几个问题》，《中国流通经济》2012 年第 2 期。

因素，如臧旭恒（2005）、任志强（2008）、储德银等（2009），但还有其他因素会影响到农村消费的增长，如城乡收入差距（蒋南平，2010）、农村居民收入不平等（王辉，2011）、城镇化水平（廖进中等，2009）、财政支农（朱建军，2009）、社会保障（于泳，2009）、农村消费环境（郝爱民，2009）。

2. 流通体系对农村消费的影响研究

农村流通体系的健全被认为是撬动农村消费市场的重要杠杆，学者们的研究兴趣也转移到以下两个方面：①流通体系对农村消费影响机理方面的研究。理论研究方面：高铁生、郭冬乐（2008）认为，需要整合现有农村流通体系，培育现代流通组织，降低流通成本，扩大农村消费。① 文启湘（2016）认为，加快建设农村现代流通体系是流通产业适应新常态、服务新常态、引领新常态的重要方面。实证研究方面：李骏阳等（2011）证实了流通业发展水平对农村居民消费存在积极的促进作用。② 吴学品（2014）通过近乎理想需求系统（AIDS），证实了市场化和流通设施对农村消费结构的积极影响。③ ②流通体系促进农村消费增长的渠道和路径方面的研究。学者们分别从流通制度、流通模式、流通组织和流通技术进行了研究。夏春玉等（2009）提出建立城乡互动的双向流通系统以扩大消费，即农村流通网络同时承担工业品下乡与农产品进城的双向流通。④ 李骏阳（2015）认为，应根据我国东、中、西不同地区的特点实施适合其发展需要的农村消费品流通模式。⑤ 清华（2016）认为，应规范农村市场秩序、提高农村消费市场组织化程度、创新农村消费品市场发展格局等以扩大农村居民消费。⑥ 贾晓燕（2016）提出，"新常态"下农村地区在发展"互联网＋商贸流通"中

---

① 高铁生、郭冬乐：《扩大农村消费问题研究》，中国社会出版社 2008 年版。
② 李骏阳等：《流通业对农村居民消费影响的实证研究》，《商业经济与管理》2011 年第 11 期。
③ 吴学品：《市场化、流通设施环境和农村消费结构》，《经济问题》2014 年第 10 期。
④ 夏春玉等：《城乡互动的双向流通系统：互动机制与建立途径》，《财贸经济》2009 年第 10 期。
⑤ 李骏阳：《我国农村消费品流通业创新研究》，《中国流通经济》2015 年第 4 期。
⑥ 清华：《流通网络组织开拓农村消费市场的必要性及创新路径》，《商业经济研究》2016 年第 23 期。

的流通技术创新可以扩大农村居民新兴网络消费。①

三 河南省农村流通和消费的研究

河南省农村流通方面：赵趁（2013）认为，开启河南省农村零售市场的策略有监管力度的加强、商品结构的调整、业态的更新完善、促销手段的多样化、加大经营管理人员培训、大力发展农超对接等。② 蔡丙松（2014）认为，河南省农村基础设施落后、市场体系建设滞后、消费环境差等现状制约了农村消费，应加快建立和完善农村市场流通体系，并切实加强农村消费市场的监管，规范农村集市管理；建设一批农村商店和物流配送中心，使农民更容易接近消费市场。③ 叶亚丽（2016）认为，河南省农村流通体系存在的问题有：农村流通基础设施滞后于农产生产、农村冷链物流滞后于鲜活农产品生产、农村流通市场主体仍然有较大的局限性。农村流通体系滞后的原因有：流通企业在农村无利可图、农村流通设施投入少、农村专业流通组织缺乏。优化河南农村流通体系的对策有：进一步加强政府的主导地位、提高其他流通主体的参与度，继续完善农村流通基础设施、提高流通效率。④

河南省农村消费方面：陈笑笑（2015）研究了影响河南省农村居民消费的经济因素、政策因素、制度因素等，并认为农村水电、道路、通信、市场网络等基础设施存在的问题制约了农村居民消费需求的增长。⑤ 孙保营（2016）认为，由于预期收入不确定、社会保障不健全、消费环境的不安全和消费观念、消费文化的落后，河南省农村居民在消费行为上表现出不理性和不科学的特征。消费环境的脆弱和商品流通网络的滞后导致消费空间受限。应完善农村消费环境的提升机制，为优化

---

① 贾晓燕：《新常态下我国农村地区"互联网＋商贸流通"创新发展研究》，《改革与战略》2016 年第 4 期。

② 赵趁：《探析河南省农村零售市场改革之路》，《市场营销》2013 年第 6 期。

③ 蔡丙松：《河南省农村消费市场发展状况、影响因素与对策》，《经济研究导刊》2014 年第 11 期。

④ 叶亚丽：《优化河南省农村流通体系建设研究》，《当代经济》2016 年第 14 期。

⑤ 陈笑笑：《影响河南省农村居民消费的因素》，《赤峰学院学报》2015 年第 3 期。

消费行为提供环境保障。① 完善农村居民消费的教育引导机制，为优化消费行为提供观念保障。贺丹莹等（2017）通过构建基于灰色系统的预测模型，对河南省农村居民人均消费支出和八大支出项目进行了预测，结果显示，到 2020 年河南省农村居民人均消费将是 2014 年的 2 倍，食品和居住占比下降，而医疗保健和衣着占比增长，消费结构逐步升级，这说明了河南农村居民的生活水平和质量将得到快速提高。②

综合国内外文献来看，对农村流通体系的研究已经取得了丰硕的成果，对理解流通体系和农村消费的关系有重要作用，但就目前文献来看，存在如下不足：①国外主要从流通效率、流通组织等侧面来研究农村流通，缺乏流通体系的整体和系统的意识，更缺乏流通体系对农村消费影响的研究；对农村流通体系创新影响农村消费的机理尚未有深入的探讨。②国内学者已经关注到农村流通创新对农村消费的影响，但缺乏对影响机理和路径的研究；已有的实证研究在指标选择和模型构建方面存在若干问题，由此推出的结论难以令人信服；对农村消费问题未做严格分类和深入探讨，其与农村流通体系各部分的关系尚未明确；针对河南省的农村流通和农村消费的研究较少。所以深入研究河南省流通创新对农村消费的影响机理和路径，显得尤为必要。

---

① 孙保营：《河南省农村居民消费行为特征及其优化研究》，《当代经济》2016 年第 16 期。

② 贺丹莹：《基于灰色模型的河南省农村消费结构变动预测》，《农村经济与科技》2017 年第 3 期。

第三章　河南省农村流通体系和居民消费现状、问题及成因

改革开放以来，河南省农村流通体系得到了充分的发展，流通规模和组织化程度都有所提高，对于满足农村居民的生产生活消费发挥了重大的作用。但由于长期以来的"重城市，轻农村"和"重生产，轻流通"思想，河南省农村流通体系的发展水平和农村居民消费水平与城市相比有很大的差距，还存在诸多亟待解决的问题。弄清河南省农村流通体系和居民消费的现状和问题是进行进一步研究的基础和前提，为此本章通过调查问卷分析和官方数据收集，分析河南省农村流通体系和居民消费的现状和问题，并探讨导致这一现状的原因。

第一节　河南省农村流通体系的现状和问题

一　河南省农村流通体系的现状

2016 年，河南省社会消费品零售总额为 17618.35 亿元，比上年增长 11.9%，扣除价格因素，实际增长 11.6%。分城乡看，城镇 14399.86 亿元，增长 11.7%；乡村 3218.49 亿元，增长 12.8%。分行业看，批发业 1898.79 亿元，增长 10.6%；零售业 13259.08 亿元，增长 12.0%；住宿业 139.70 亿元，增长 9.0%；餐饮业 2320.78 亿元，增长 12.7%。河南省贸易和流通取得了重大进步，具体如下：

（一）流通规模

改革开放以来，河南省农村流通规模得到了大幅度提升，从 1990

年的 97.25 亿元上升到 2015 年的 2853.81 亿元, 年平均增长率达到
14.89%, 如表 3-1 所示。河南省 1990—2015 年农村消费品零售总额
变化如图 3-1 所示。

表 3-1　　　　　　　河南省农村消费品零售总额　　　　单位: 亿元、%

年份	农村消费品零售总额	增长率
1990	97.25	—
1991	109.61	12.71
1992	135.4	23.53
1993	160.57	18.59
1994	223.83	39.40
1995	280.75	25.43
1996	363.07	29.32
1997	417.98	15.12
1998	463.43	10.87
1999	501.39	8.19
2000	555.88	10.87
2001	613.82	10.42
2002	668.78	8.95
2003	729.9	9.14
2004	806.84	10.54
2005	901.8	11.77
2006	1020.56	13.17
2007	1184.84	16.10
2008	1439.75	21.51
2009	1660.64	15.34
2010	1385.39	-16.57
2011	1631.88	17.79
2012	1893.89	16.06
2013	2189.84	15.63
2014	2501.89	14.25
2015	2853.81	14.07

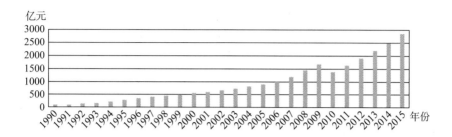

图 3 - 1　1990—2015 年河南省农村消费品零售总额

（二）从业人员

表 3 - 2 和图 3 - 2 显示了 2006—2015 年河南省农村流通体系从业人员的变化情况，可以看出十年来，河南省农村流通体系从业人员从 2006 年的 451.54 万人上升到 2015 年的 592.42 万人，平均年增长率为 3.31%，尽管增长率不高，但是仍不失为吸纳农村就业的重要渠道。

表 3 - 2　　　**2006—2015 年河南省农村流通体系从业人员变化**　　单位：万人

指标 年份	批发零售业	交通运输、 仓储邮政业	住宿、餐饮业	合计
2006	207.61	149.41	94.52	451.54
2007	219.73	159.99	106.94	486.66
2008	237.1	168.08	114.11	519.29
2009	248.55	173.06	120.58	542.19
2010	256.65	177.89	127.25	561.79
2011	261.24	181.07	129.53	571.84
2012	265.63	184.12	131.71	581.46
2013	278.59	193.1	138.13	609.82
2014	263.56	182.68	130.68	576.92
2015	270.64	187.59	134.19	592.42

（三）固定资产投资

表 3 - 3 和图 3 - 3 显示了河南省十年来农村流通体系（包含批发零

售业，交通运输、仓储邮政业，住宿、餐饮业）的固定资产投资变化情况，可以看出自 2007 年以来，河南省农村在流通体系的固定资产投入变化不大、增长缓慢，年平均增长率仅有 1.5%，2015 年，河南省农村住户固定资产投资额为 709.1 元，而投资在交通运输、仓储邮政业上的投资只有 31.2 亿元，这反映出农村流通体系的投资不足的状况。

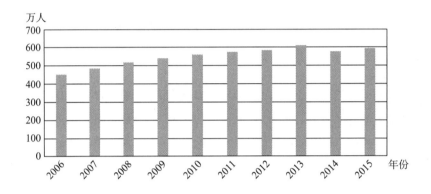

图 3 - 2　2006—2015 年河南省流通体系从业人员变化

表 3 - 3　　　　　　　　2007—2015 年河南省农村流通体系

固定资产投资（农户）　　　　　　单位：亿元

指标 年份	交通运输、仓储邮政业	批发零售业	住宿、餐饮业	合计
2007	28.54	2.44	—	30.98
2008	35.73	1.37	—	37.1
2009	27.24	3.33	0.21	30.78
2010	28.08	3.45	0.25	31.78
2011	28.17	3.08	0.26	31.51
2012	30.45	3.21	3.97	37.63
2013	32.84	3.97	0.27	37.08
2014	33.25	3.98	0.28	37.51
2015	31.2	4.01	3.69	38.9

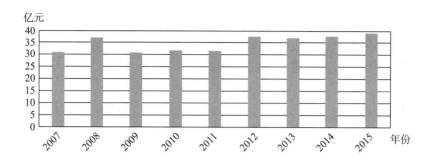

图 3 - 3　2007—2015 年河南省农村流通体系固定资产投资（农户）

二　河南省农村流通体系存在的问题

（一）流通基础设施薄弱，流通效率低

尽管随着经济的发展，河南省农村的道路、水电等基础设施得到了较大的改善，但道路未硬化、电压不稳、无自来水等现象仍在很多农村地区存在。据河南省地调队的数据显示：截至 2014 年年底，全省只有 893 个乡镇实现了村村通自来水，有 1076 个乡镇实现了村村通公共交通，有 1448 个乡镇实现了村村通有线电视。也就是说，仍有 51.4%、41.5%、21.3% 的乡镇没有实现村村通自来水、公共交通和有线电视。同时，全省有 1359 个乡镇燃气普及率不足 50%，占乡镇总数的 73.9%；有 180 个乡镇所有村没有一个实现垃圾集中处理，占乡镇总数的 9.8%；有 1018 个乡镇所有村没有一个实现污水集中处理，占乡镇总数的 55.4%。[①] 流通基础设施的不健全，不仅影响农产品的生产和销售，而且严重影响着农村消费品流通效率，抑制了农民的消费热情。

（二）流通主体弱小，组织化程度低

河南省农村流通主体弱小，普遍存在的是路边摊、夫妻店、个体户等流通主体，缺乏大型连锁企业集团、大型商场等组织化程度较高的流通主体。河南省乡镇拥有市场 9455 个，平均每个乡镇 5 个，比 2013 年增长了 3.3%；50 平方米以上超市达到 64184 个，平均每个乡镇 35 个，比 2013 年增长了 5.2%；流通组织化程度低的结果就是在流通主体与

---

① 数据来源：地调队区域经济调查处：《2015 年河南省乡镇社会经济发展情况报告》。

其供应商谈判的过程中，议价能力较低，致使无法购得质优价廉的商品。农村流通主体的信息化程度较低，多数商店没有 POS 机结算系统，流通主体的小、散、弱状况给监管带来了困难。

（三）商品质量低劣，流通环境差

由于农村流通主体监管方面存在的困难，加之农民由于认知的限制难以判断商品的质量，所以在农村流通市场中存在大量假冒伪劣的商品，侵害了农村消费者的合法权益，这导致农民在购买大件消费品时只能跑到距离较远的乡镇或县城去，损失了效率且带来诸多不便。由于缺乏精致的商品陈设、良好的购物环境和完善的售后服务，较差的流通环境损伤了农民的消费积极性。据孙保营（2016）调查显示，只有12.5%的人认为农村商品质量"很不错"，回答"比较一般"和"不是很好"的分别达到65.5%和22.0%；对于商品的售后服务质量，回答"很不错"的只有6.5%，而回答"很一般"和"不是很好"的分别为49.3%和44.2%。①

第二节　河南省农村居民消费的现状和问题

一　河南省农村居民消费的现状

（一）消费规模

从表3-4和图3-4可以看出，河南省农村居民消费规模②持续扩大，从1996年的1001.52亿元上升到2015年的4222.08亿元，二十年来增长4倍多。但农村居民消费支出占全体居民消费支出的比重却从65.02%下降到30.77%，降幅过半。

（二）消费水平

河南省农村居民消费水平得到较快速度的上涨，从1996年的1313元上升到2015年的8271元，涨幅近10倍。农村居民消费水平指数也显

---

① 孙保营：《河南省农村居民消费行为特征及其优化研究》，《当代经济》2016年第16期。

② 农村居民消费规模属于支出法国民生产总值中最终消费支出的一部分，其与城镇居民消费支出共同构成居民消费支出。

表 3 - 4   河南省农村居民消费规模变化   单位：亿元、%

指标 年份	最终消费	居民消费	农村居民消费	农村居民消费占比
1996	1944.97	1540.28	1001.52	65.02
1997	2154.98	1696.54	1083.22	63.85
1998	2235.1	1727.81	1073.08	62.11
1999	2358.34	1778.88	1047.57	58.89
2000	2745.8	2090.01	1189.26	56.90
2001	3086.15	2266.65	1273.91	56.20
2002	3386.68	2446.93	1341.23	54.81
2003	3891.7	2870.19	1245.07	43.38
2004	4568.52	3370.21	1441.79	42.78
2005	5353.67	3817.86	1554.22	40.71
2006	6102.27	4251.5	1641.85	38.62
2007	6831.27	4820	1768.68	36.69
2008	7759.33	5521.46	1953.8	35.39
2009	8742.69	6248.92	2106.9	33.72
2010	10209.83	7402.6	2372.73	32.05
2011	11783.07	8617.9	2792.8	32.41
2012	13338.44	9754.41	3081.82	31.59
2013	15287.41	11086.71	3446.04	31.08
2014	16850.13	12325.62	3891.02	31.57
2015	18722.62	13720.97	4222.08	30.77

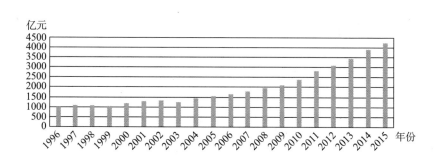

图 3 - 4   河南省农村居民消费规模变化

示出平均每年约 10% 的增长。来自河南省统计局的数据显示：2015 年，全年全省居民人均可支配收入 17125 元，比上年增长 9.1%，扣除价格因素，实际增长 7.7%；居民人均消费支出 11835 元，增长 7.6%，实际增长 6.2%。按常住地分，农村居民人均可支配收入 10853 元，增长 8.9%，实际增长 7.6%；农村居民人均消费支出 7887 元，增长 8.4%，实际增长 7.1%。城镇居民人均可支配收入 25576 元，增长 8.0%，实际增长 6.7%；城镇居民人均消费支出 17154 元，增长 6.0%，实际增长 4.6%。①

表 3-5　　　　　河南省农村居民消费水平和消费指数　　　　单位：元

指标 年份	居民消费水平	农村居民消费水平	居民消费水平指数（上年＝100）	农村居民消费水平指数（上年＝100）
1996	1682	1313	113.3	118.2
1997	1841	1404	106.7	104.5
1998	1862	1401	103.3	102.7
1999	1902	1376	102.2	98.2
2000	2215	1551	113.5	113.6
2001	2381	1647	106.9	106.1
2002	2553	1734	108.6	105.1
2003	3083	1819	108.6	104.7
2004	3625	2156	109.5	108.8
2005	4092	2372	107.7	105.1
2006	4530	2556	112.3	111.6
2007	5141	2833	109.1	107.3
2008	5877	3208	114.3	113.2
2009	6607	3528	112.4	110
2010	7837	4061	114.1	110.3
2011	9171	4929	112	114.9
2012	10380	5608	110.4	111.1
2013	11782	6438	109.6	110.2
2014	13078	7439	108.6	113.7
2015	14507	8271	110.5	111

资料来源：国家统计局，http：//data. stats. gov. cn/easyquery. htm？cn = E0103。②

---

① 数据来源：河南省统计局：《2015 年河南省国民经济和社会发展统计公报》，http：//www. ha. stats. gov. cn/sitesources/hntj/page_ pc/tjfw/tjgb/qstjgb/articlee8c37a8bdd004cfaa64ef0dcd060a0b9. html。

② 注：从 2013 年起，国家统计局开展了城乡一体化住户收支与生活状况调查，2013 年及以后数据来源于此项调查。与 2013 年前的分城镇和农村住户调查的调查范围、调查方法、指标口径有所不同。

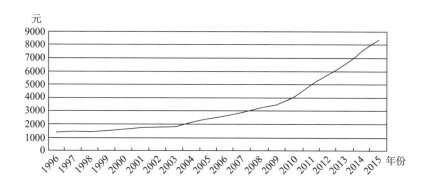

图 3 - 5　河南省农村居民消费水平变化

（三）消费结构

从表 3 - 6 和图 3 - 6 可以看出，河南省农村居民消费结构的变化。以食品支出为例，2000 年其占全部生活消费品支出的比重为 49.71%，而在 2015 年这个比例下降为 29.17%，食品等生存型消费占比的降低（恩格尔系数下降）表明了农村消费结构正在进行转型升级。同时，交通、通信和医疗保健等发展型消费支出也有较大幅度的提升，进一步表明了消费结构的优化。

表 3 - 6　　　　　河南省农村居民生活消费支出结构　　　单位：元、%

年份 项目	2015		2000	
	金额	比重	金额	比重
食品	2301	29.17	654.13	49.71
衣着	655	8.30	86.88	6.60
居住	1643	20.83	206.12	15.66
家庭设备、用品及服务	561	7.11	69.41	5.27
交通和通信	970	12.29	56.38	4.28
文化、教育、娱乐用品及服务	851	10.78	133.08	10.11
医疗保健	769	9.74	63.55	4.83
其他商品和服务	136	1.72	46.29	3.52

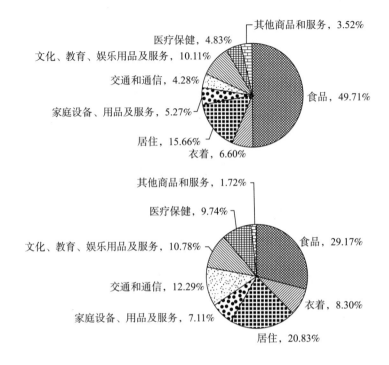

图 3-6　河南省农村居民消费结构变化示意（上下图分别为 2000 年和 2015 年）

　　耐用消费品拥有量的变化也反映出了农村居民消费结构的变化。2000 年，河南省农村居民每百户拥有洗衣机 24.52 台、电风扇 138.29 台、电冰箱 6.90 台、空调 0.6 台、自行车 151.95 辆、摩托车 14.57 辆、电话 25.4 部、移动电话 1.38 部、彩色电视机 38.21 台、照相机 1.29 架。到了 2015 年，全省平均每百户农民拥有家用汽车 12.0 台、摩托车 65.2 辆、助力车 87.6 台、洗衣机 92.9 台、电冰箱 79.1 台、彩色电视机 112.6 台、空调 54.8 台、热水器 48.3 台、移动电话 221 部、计算机 26.6 台等。主要消费品的档次都得到了大幅度的提高。

二　河南省农村居民消费存在的问题

（一）消费规模较小且水平较低

　　河南省农村居民消费总体规模相比发达省份还有较大发展空间。2015 年河南省乡村消费品零售总额为 2853.8 亿元，而相邻的山东省却达到 5582.0 亿元，差距明显。从消费支出水平来看，2015 年河南省农村居民消费支出 7887.4 元/人，而同期山东省为 8747.6 元/人，经济发达的浙江省农村居民消费支出为 16107.7 元/人①，可见河南省农村的居民消费水平还处在较低的水平。

（二）消费观念比较落后

由于河南省农村社会是以血缘和亲缘关系为主的熟人社会，人与人之间的交往比较频繁，所以其消费观念具有从众性和模仿性。比如农村住房贪大求洋，住房利用率低、浪费严重，由于住房消费的过度支出，挤出了正常的生活消费。另外，农村居民消费还具有攀比性和炫耀性，尤其是涉及婚丧嫁娶等关键时点的时候，这种攀比和炫耀更为严重，形成了日常节俭克制、重要节日过度消费的恶性循环，导致平时的储蓄可能在非理性消费下因几个重要事项而消耗殆尽。故需要对农村居民的消费观念进行积极引导，促使其向绿色消费、健康消费和高品质消费迈进。

（三）消费结构有待进一步完善

目前河南省农村居民的消费结构仍然是以生存型消费为主、发展型消费比重较低的状态。尽管河南省农村居民的消费结构有所改善，但仍需进一步优化完善。食品支出仍然是占比最高的消费支出项目，文化、教育、娱乐用品及服务消费所占的比重仍然较低，有些地方精神文化消费方面甚至是空白，导致自我发展消费的缺失和精神文化消费的贫乏。超前消费、电视购物、网络消费等新兴消费方式在河南省农村尚未得到充分发展。

第三节　河南省农村居民消费不足的原因分析

总体看来，河南省农村居民存在消费需求不足的现象，无论是消费水平还是消费结构，都与发达省份相比有较大差距。农村居民消费不足具有很多方面的原因，如收入水平低下，社会保障不完善、消费环境差等原因。根据周新柠（2011）②的研究和笔者的分析，其原因总结如下。

---

① 数据来源：国家统计局：《中国农村统计年鉴（2016）》。
② 周新柠：《现阶段我国农村居民消费研究》，硕士学位论文，广西大学，2011 年。

一 农村居民收入水平低下

无论在什么生活情况下，居民消费的来源都是其收入，居民的消费水平都是由居民的收入水平来决定的。从增长率的角度看，在所有影响农村居民消费支出的因素当中，农村居民纯收入的增长对农村居民消费支出的增长具有极大的促进作用。因为河南省农村居民的收入水平低，增长缓慢，所以他们的消费水平长期低于城镇居民的消费水平，并且其消费水平差距越来越大。由于收入水平低，增长速度缓慢，导致农村居民的购买力不高，消费需求不足，因此造成农村居民消费水平低下。农村居民收入增长缓慢的主要原因如下：

一是农产品价格长期走低。在中华人民共和国刚刚成立的时候，国家对工农业产品实行价格"剪刀差"，采取价格转移支付的方式来进行工业化建设，我国农产品的价格长期走低便由此而来。到了20世纪80年代，农产品收购价格多次被提高，国家控制粮食价格，粮食价格并没有遵循市场规律由市场供求关系来决定。因为粮价低，而农业生产资料价格却很高，导致农民生产成本高，利润小或者赔本。可见，改革开放以来，农村居民收入增长问题遇到了前所未有的严峻局面，农村居民的收入连续十几年增长幅度下降，相当部分的粮棉主产区与以农产品为主营收入来源的农户家庭收入不仅是相对额下降，而且绝对额减少，尤其是在2008年波及全球的经济危机背景下这种情况变得更为严重。即使在农产品价格较高或者上涨的年份，农民从中所能获得的利益也是最少的。

二是城乡二元经济结构。在我国长期存在城乡二元经济结构，这种经济结构是以社会化生产为主要特征的城市经济和小生产为主要特点的农村经济并存，它不仅制约了我国经济快速、持续、健康发展，而且严重影响了农村居民收入的增加，从而影响了农村居民消费水平的提高。概括起来，主要有以下几个方面：①农村家庭经济规模小，农村剩余劳动力多。因为人均耕地少，所以农村劳动力就业就不充分，加之生产技术简单落后，很难有突破性进展，生产产量达到一定数量之后就无法再增加，每增加一个人时所增加的产量几乎为零。这样，劳动生产率就很难提高，影响了农村居民收入的增长。②农民组织化程度低。对于超小型农户经济来说，在市场经济条件下，面对市场发展商品生产，要获取市场信息的成本很高，要掌握商品的价格很难。在河南省农村某些地区，因为交通不便和信息不灵通，农民从事农业生产不但要承受自然风险，而且还要冒市场风险。近年来，我国大力调整农业产业结构，发展畜牧业、花卉业、水产业、水果业等。但这些产品对时间性、交通条件、产销衔接、组织管理等要求很高，若稍有不慎，很可能带来灾难性后果。像一些发达国家是通过专业协会、批发市场、各种专业合作社或连锁经营来加以解决这些问题，而我国在这一方面的管理组织还比较落后。③城镇化程度低。截至 2016 年年底，河南省常住人口城镇化率为48.5%，低于全国平均水平。由此可以看出，河南省的城镇化水平虽然逐步提高，但是提高的速度极其缓慢，城镇化率不仅低于先进发达省份，也低于全国平均水平。因为城镇化水平不高，所以农产品的销售市场就很狭小，进而导致农产品销售收入上升缓慢。

　　三是有些现行体制不合理，妨碍农村居民增收。①农村劳动力流动受阻。大量农村剩余劳动力涌入城市，使城市的人口大增，给城市管理、城市基础设施的承受能力、城市的社会保障体系等带来许多考验和挑战。针对这种情况，有些大中城市就制定限制外来人口的政策，对进城打工人员在子女上学、买房、落户等方面设置障碍，使农村劳动力转移就业的成本提高，进而导致他们的收入减少。②农产品流通渠道不畅。现实生活中绝大多数地方没有真正做到按照中央政策规定的保护价来敞开收购。③农村金融体系不健全。国家每年都拨款扶农、支农，可真正进入农村的资金数量是少之又少。如果这些资金投入不到位，那么农村经济结构调整和农业发展的步伐就难以迈进。当前河南省金融体系不完善，农村金融机构服务能力跟不上农村经济的发展需要主要表现在：农村银行机构缩减，消费信贷供给脱节；贷款条件苛刻，门槛高；对消费贷款宣传不到位，农民认知率低；国家相关政策落实不到位，部门之间欠协调，影响消费贷款业务的拓展。农村金融体系存在的问题，客观上造成了农民消费的流动性约束，在一定程度上约束了农村消费需求的扩大。

　　正是这些原因造成了农村居民收入增长缓慢，而农村居民收入增长缓慢直接带来的后果是农村居民消费水平低下。

二　农村公共服务不到位

我国在农村公共服务方面做得很不好，体现在国家投资偏向于城市，公共财政资源主要是流向城市，公共产品在供给制度上存在"重城市，轻农村""重东部，轻西部"的政策倾向，造成农村公共服务不到位。首先，教育投资不足。在城镇，国家每年都给学校投入大量的资金与财政补贴，作为教育经费开支。可是农村学校得到国家的资金投入和财政补贴却少之又少，农村人均教育费附加值不到城镇人均的一半，给农村居民造成了很大的负担。这种状况持续到最近几年才有所改变。无论是师资配备、办学条件、生均经费还是入学率、升学率，农村远远比不上城市。河南省的人均教育经费远远低于全国水平，平均每人比全国水平少近1000元，这种情况农村地区尤甚。其次，社会保障覆盖面窄。在我国城镇，居民的医疗保险和基本医疗保险制度至今都比较健全和趋于完善，城镇最低生活保障已经基本实现。但是，我国农村居民却没有这样的待遇，尽管目前有了农村合作医疗，农村居民在社会保障方面还不充分。虽然农村养老保险和合作医疗保险近几年开始在农村展开，但是各个地区的农村经济发展水平不同，其农村社会保障情况也存在很大的差距。最后，卫生医疗。在卫生医疗方面，城乡差距也很明显。从全国卫生医疗资源的城乡发布看，通常各类综合、专业医院主要集中分布在城市，而农村的医疗机构以卫生院、妇幼保健站、医务所为主，规模小、医疗设施简单。总之，由于公共服务设施不到位，给农村居民的预期消费带来了影响，打击了农村居民消费的主动性和积极性，降低了农村居民的消费水平。农民的养老、医疗、教育等负担比较重，"养老、医疗、教育"被称为当前压在农民头上的"三座大山"。养老难、治病难、上学难致使农民的预期支出增加，心理上缺乏安全感，不敢把有限的资金完全用于消费，农村居民不得不压缩当前消费，将相当数量的储蓄和现金用以防备自然风险和生活风险，这必然造成农村有效需求不足。所以，要扩大农村消费，必须加快建立健全农村各项社会保障制度，解除农民消费的后顾之忧。

三 农村市场商品供给结构不合理与服务体系不配套

尽管农村居民的购买欲望很高，但是由于农村市场商品供给结构不合理、服务体系不配套，限制了农村居民的消费需求。一方面，工业企业产品的供需结构不合理。我国很多企业把着眼点放在城镇，对城镇市场非常关切，而对农村市场却关注不够，导致农村市场缺乏其特色。当农村居民在购买自己喜欢的消费品时要求物美价廉、经济实用、操作方便，特别是购买耐用品时更是如此。目前流行的某些耐用消费品价格偏高、功能多样，农民看不懂产品说明书，操作起来非常不便，农村居民在消费时嫌麻烦。这样的产品结构不能适应农村居民的消费需求，势必影响到农村居民的消费水平。另一方面，服务体系落后。农村居民购买商品后，商家的售后服务跟不上。加上农村的交通不发达，商品流通缓慢，在许多地方，厂商的服务链没有相应地延伸到乡村，农村销售服务不到位。

四 农村消费环境差

目前，尽管农村居民消费水平有了明显提高，但是，由于农村基础设施建设滞后、农村市场秩序混乱、农民信息不灵通、民间融资难、农村社会治安不理想等因素存在，将会直接影响到农村居民消费的全过程。首先，流通基础设施薄弱。农村的基础设施薄弱，农村居民的生活质量不及城市居民的生活质量。目前，河南省许多村庄仍然没有自来水，大部分的村庄虽然通了电，可是电价比城市的电价高，大部分村庄电视接收信号不好，甚至还有些村庄既没水没电，也没通公路。农村基础设施建设如此落后，必然影响农村居民的生活水平。其次，农村市场秩序混乱。农村市场的市场监管不到位，市场管理跟不上，缺乏农村市场管理制度，一些地方农村市场出现了假医、假药、假种子、假化肥、假水泥等现象。这些坑农害农的事件时有发生，造成农村市场秩序混乱，必然影响农村居民的消费需求。再次，农村居民融资难。现今，银行机构缺乏对农村消费信贷的正确认识，不了解农村消费信贷的重要性，银行机构人员对开发农村消费信贷市场没有主动性和积极性，消费信贷产品品种不太适合农村居民的消费需求。金融机构担心放款后无法追回，不愿贷款给农村居民。为此，农村居民为了确保未来大笔预期消费支出项目（如疾病、建房、上学、结婚、丧葬等）的顺利进行，平时只能省吃俭用，通过节制消费来预防未来不确定性风险。结果势必制约和影响当前农村居民的消费需求，导致农村居民消费水平低下。最后，农村消费信息不畅通。由于农村地区的人口密度相对较低，特别是居住在边远山区的农村居民，信息闭塞，那里的农村居民很难获得众多新商品的相关信息，农村居民所获信息不完全，从而未能激发他们的消费欲望。

第四章　流通创新促进农村消费的机理和实证

第一节　流通创新促进农村消费的机理分析

在市场经济条件下，流通体系发展对居民消费的影响机理主要表现在以下几个方面：第一，流通体系的发达程度影响着消费的最终实现。第二，流通体系能够反馈消费，指导消费。第三，流通体系的迅速发展决定了消费者购买产品的内容、方式与成本。第四，流通体系的结构与企业数量能够决定不同消费者对消费需求的满足程度，商品的极大充足与流畅可以使消费水平不断提高。第五，流通体系的不断革新可以节约资源，建立低碳节约型社会，引导消费者建立新型消费观，促进绿色消费与低碳消费。①

一　流通体系促进消费的机理分析

（一）流通体系提高流通效率、降低交易成本

交易成本是指完成一项交易所必须付出的全部时间、货币等成本，它包括搜寻成本、信息成本、谈判成本和决策成本等。道路水电等基础设施的完善、批发零售体系的健全、连锁配送系统的扩张等农村流通体系的发展都可以提高农村商品的流通效率，降低流通过程中商品的损

---

① 周世进：《流通产业发展对居民消费影响研究》，博士学位论文，中国矿业大学，2013 年。

耗，促进商品周转率的提高，进而可以降低流通组织的交易成本，为商品价格的降低提供了基础。从农村消费者方面看，布局到乡镇的大型综合商场和深入到农村的连锁超市，为农村居民就近购物提供了极大方便，节省了农民的时间、交通等成本，客观上降低了其总体交易成本。综合流通组织和农村消费两方面来看，农村流通体系的健全可以通过提高流通效率和降低交易成本来促进农村居民消费的扩大。

（二）流通体系优化业态结构、丰富消费选择

零售业态是指零售企业为满足不同的消费需求进行相应的要素组合而形成的不同经营形态。通俗地说，业态就是指零售店卖给谁、卖什么和如何卖的具体经营形式。业态类型包括食杂店、折扣店、超市、大型超市、仓储型超市、便利店等十几种不同形式。目前河南省农村的零售业态类型偏少，主要以夫妻店、路边摊、集贸市场、日杂店等为主，缺乏现代化的标准超市、综合商场等业态，业态类型的贫乏和业态结构的不合理抑制了农村居民的消费热情，无法满足其多元化消费的需要。流通体系的完善包含业态结构的合理优化。不同类型的零售业态进驻农村市场，可以为农村消费者提供不同价位、不同购物环境、不同客户体验的消费选择空间，满足农民日益丰富和多元化的消费需求。流通业态的丰富和多元化可以刺激农村居民消费的增加。

（三）流通体系提升商品质量、优化消费环境

流通监管体系是由监管法规、监管制度等构成的监管系统，既是规范流通组织市场行为的重要部分，也是流通体系的重要内容。流通监管体系的健全可以为农村商品流通提供良好的环境。由于流通组织的小、弱、散、乱和监管执法人员的执行能力不足，河南省农村流通监管一直处于较为粗放的状态，农村商品大量存在质量低劣、仿冒名牌、依次充好、过期销售等现象，降低了农村居民的消费热情，甚至给农村消费者带来权益侵害。而流通监管体系的健全和完善，可以在一定程度上提高流通组织的失信成本，促使其逐步淘汰假冒伪劣商品，从而使流通和消费环境得到净化，减少消费者的消费风险，消除消费恐惧心理，增强农村居民就近消费的信心，促进农村居民安全、放心消费。

（四）流通体系促进流通就业、增加居民收入

流通业属于第三产业，行业准入门槛较低，是吸纳农村就业的重要

领域。流通产业涉及批发零售、交通、仓储、运输和餐饮住宿等行业门类，大多属于劳动密集型产业，具有较高的就业密度，是吸纳社会就业的重要产业。流通业与农业相比有较高的产出效率，并且不需要太高的教育水平和技能水平，就业方式相对灵活，就业层次多样，从事流通业的农民能获得相对较高的收入。可见，流通体系的扩大有助于增加农村居民就业，就业的增加可以带来收入的提高。而收入是影响消费扩大的最重要因素，所以较高的收入为居民消费需求的扩大提供了坚实的基础。

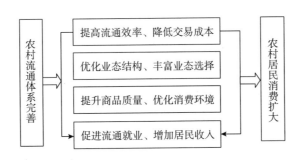

图 4 - 1 农村流通体系促进消费机理

二 流通创新影响农村消费的机理分析

扩大农村居民消费是新常态下促进我国经济持续健康发展的必然选择，而流通创新是扩大农村消费的重要举措。流通创新主要包括流通技术、流通制度、流通组织和流通模式等方面的改革和创新，流通业的综合创新对农村消费有积极的促进作用。

（一）流通技术创新

流通技术创新是促进农村消费的技术基础，是推动流通业发展的原始动力。流通技术创新通过加快包括农产品在内的农村商品的流通速度，提高农村商品的流通效率，降低其流通成本。这一方面增强了农产品的市场竞争力，使农产品的生产和消费进入更高层次的发展空间，为增加农民收入奠定基础；另一方面，农资商品和农村生活消费品也由于流通效率的提高而降低了销售价格，进一步激发了农村居民的消费需求。

流通技术创新主要通过流通技术机械化、流通技术标准化和流通技术信息化三种方式进行。机械化发生在流通技术创新的早期，解放了人力，促进了流通组织生产规模的扩大。流通技术标准化贯穿于流通创新进程的始终，是推进内贸流通供给侧改革、落实发展新理念和流通现代化的需要。截至 2015 年年底，我国共有流通标准 1301 项，其中基础标准和管理标准比例超过 50%。流通标准化促进了物流作业效率提高，进而提高了货运量且使流通组织的物流成本大幅降低。当代的流通技术创新主要是信息化，其实质是供应链效率化、价值链增值化、信息链可控化。计算机、管理信息系统和互联网的发展为流通创新提供了技术基础，移动互联网、物联网、无线射频识别、智能传感技术、云计算、大数据等技术的创新提高了农村流通企业采购、仓储、运输、订单等环节管理水平。流通技术信息化还催生了惠农网、中国农业网、中国蔬菜网等各种农产品交易网站，这类新型信息中介的兴起，以及社交媒体对农村商品的渗透，有利于农村流通主体抓住最新商机实现丰厚利润，促进营收增长。

（二）流通制度创新

由于我国流通业的行政管理体制极度分散，难以形成统一大市场，增加了交易成本，流通效率低下很大程度上是由制度造成的，流通的体制性制约是流通业创新发展的一大障碍（丁俊发，2013）。[①] 流通制度创新对于解放农村流通生产力、提高农村流通效率、健全农村商品市场具有重要作用。流通制度创新包括政策、体制和制度的创新。如中华人民共和国成立以来的以购销市场化和流通主体多元化为取向的粮食流通体制改革，就在一定程度上稳定了粮食生产能力和粮食流通价格，逐步建立起了适合我国国情的农产品流通体制。2004 年以来的中央一号文件多次强调农村流通体制改革问题，商务部、财政部、农业部等部门也推出了一系列农村流通新政策制度，这些政策制度在促进农村消费需求增长方面发挥了重要作用。如商务部在 2005 年启动实施的"万村千乡"市场工程，在农村逐步推行连锁经营，扩大了农村消费网点，一

---

① 丁俊发：《流通创新驱动的十大对策》，《中国流通经济》2013 年第 2 期。

定程度上改善了农村的消费环境；提高了农民消费质量，改善了消费结构，降低了消费品价格；将城市的促销方式引入农村，有利于扩大农村消费；连锁农家店增加了农民就业，促进了农民增收，为扩大消费提供了物质基础。"双百市场工程"通过培育一批面向国内外市场的大型农产品批发市场和流通企业，提高了农产品流通质量，而安全可靠的农产品可以促进放心消费；拓宽了农产品流通渠道，提高了农产品流通效率，成为解决农产品"卖难"问题的重要途径，取得了"兴一个市场，带一批产业，活一方经济，富一方农民"的效果。"新网工程"依托供销社的网络资源，建设农资、农副产品、农村日用消费品、资源回收四大工程，沟通城乡双向的消费品流通体系，有利于解决农产品卖难、农资买难的问题，促进了农民增收和就业，改善了农村消费环境。"农超对接"沟通了城乡市场，既促进了农民增收，也丰富了市民的"菜篮子"，可以使农户、合作社、超市三方得益，扩大了农产品消费。"家电下乡""汽车下乡""建材下乡"等流通制度的改革创新也都在一定程度上激发了农村的消费需求。

（三）流通组织创新

流通组织创新的根本目的是满足消费者需求的变化，其动因是为了降低交易成本费用，通过结构优化和组织化程度提高实现，而连锁化是农村流通组织创新的主要方向。组织创新是我国流通创新的根本。对于农产品流通来说，当前我国农产品主体组织化程度低，由此造成了交易成本高、流通效率低、流通主体承担经营风险的能力差，也给新技术运用、流通业态创新等带来困难（张晓林，2015）。[1] 流通组织通过提高主体组织化程度和扩大主体规模，促进农民合作社、产销一体化组织、家庭农场和专业大户的发展，增强了农业生产者应对市场变化和抗风险的能力，在促进农产品消费的同时稳定了农户的收入。农产品批发市场是农产品流通的中心环节组织，其通过合并、重组、产业关联进行组织规模创新，可以大幅降低农产品交易成本。基于垂直一体化与横向一体化相互渗透、中大小共生的流通组织结构创新有利于形成良好的流通组织群体生态，扩大个体流通组织的销售规模。对于农村农资商品和生活

---

[1]　张晓林：《农产品流通创新系统构建与实施路径》，《经济问题》2015 年第 7 期。

消费品来说，流通组织的连锁化经营可以通过严格统一的管理、高效的信息传递、采购费用的降低以及现代信息技术的应用来节约交易成本，为农民提供质优价廉的农资商品和消费品，连锁农家店较为整洁舒适的购物环境也能激发农民的购买欲望，促进消费量的增加。

（四）业态模式创新

农村商品流通模式创新是扩大农村消费的着力点。农村流通模式创新应在农业产业化、零售商业经营连锁化的基础上，对组织形态和交易方式进行创新。

对于农产品流通，"农户（或合作社）＋超市"的流通模式将农户和市场直接联系起来，减少了流通环节，降低了流通成本，保证了农产品的质量，使农户、超市和消费者都得到了实惠，促进了消费的增长。"市场＋农村经纪人＋农户"的农产品流通模式，充分利用了农村经纪人在信息、技术方面的优势，指导农户生产满足市场需求的农产品，在促进自身就业的同时，也降低了农户的生产风险。对于农村生产资料流通，"批发为主导＋农业生产资料经营户自愿加盟"的"九禾模式"突破了传统供销社农业生产资料流通单一分销渠道的限制，是我国农业生产资料分销渠道体系方面的创新，这一网络体系结构简单、流通环节少，因而成本低、效率高（高柳珍，2012）[1]，促进了农业生产资料的放心消费。对于农村生活消费品流通，面积在 500 平方米以下、经营种类较宽的"农村现代综合超市模式"适合人口比较集中的农村地区（李骏阳，2015）[2]，"好立方"超市具有小巧灵活、厂家直供、统一配送的特点，为当地农民提供了质优价廉的消费品，具有很强的地域适应性，是村镇流通网络一体化的流通创新模式。除此之外，还有"苏果超市"模式、"立白"模式和"联想"模式等，都是对农村消费品流通模式创新的有益探索，在一定程度上扩大了农村消费。另外，随着农村电子商务的发展以及淘宝村镇的层出不穷，农产品网上直销模式正使越来越多的农户受益。与此同时，农户网购消费品或乡村网络代购正成为

---

① 高柳珍、吕文鹏：《渠道创新视角下的农村商品流通模式》，《改革与战略》2012 年第 5 期。

② 李骏阳：《我国农村消费品流通业创新研究》，《中国流通经济》2015 年第 4 期。

新的消费潮流，激发了农村居民的消费热情。如图 4 - 2 所示。

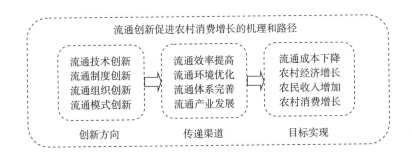

图 4 - 2 流通创新扩大农村消费的机理

第二节 流通体系创新促进农村消费的实证检验

一 流通体系促进消费增长的实证分析

（一）指标选取和数据说明

本书采用居民消费支出指标，即常住住户在一定时期内对于货物和服务的全部最终消费支出，作为代表河南省消费水平的指标。该指标属于支出法国民生产总值中最终消费的一部分。数据是从 1978—2015 年的全省居民消费支出的时间序列，并使用以 1978 年为基期的居民消费价格水平指数进行平减，以消除通胀影响。

本书选择"社会消费品零售总额"作为代表流通业发展水平的指标。同样是全国 1978—2015 年的时间序列数据，并采用以 1978 年为基期的零售价格指数进行平减，以消除通胀影响。

收入作为影响消费最重要的因素，如果忽略它进行回归分析，将带来严重的后果。本书选择城镇居民可支配收入和农村居民纯收入作为基础指标，作为代表居民收入的指标进行分析。该指标使用全省 1978 年以来的时间序列数据，并用 1978 年为基期的居民消费价格指数进行平减。

为了避免数据的剧烈波动并消除时间序列中存在的异方差现象，分别对以上三个时间序列进行取对数处理，消费、流通和收入的指标分别用 lnXF、lnLT、lnSR 来表示。数据均来自国家统计局各省年度数据。数据处理软件是 Eviews7.2。

表4-1   模型相关指标原始数据

年份\指标	流通（亿元）	居民消费（亿元）	居民收入（元）	平减后流通（亿元）	平减后消费（亿元）	平减后收入（元）
1978	71.79	94.34	419.71	71.72	94.25	419.29
1979	80.44	113.01	494.6	80.12	112.56	492.63
1980	96.04	135.23	574.58	92.08	127.58	542.06
1981	106.86	147.09	652.47	105.18	143.64	637.18
1982	113.82	159.95	678.98	112.14	157.12	666.97
1983	123.05	165.43	755.21	120.28	160.77	733.93
1984	146.85	187.89	838.45	143.83	183.85	820.40
1985	180.59	231.11	982.4	172.15	220.95	939.20
1986	198.32	256.87	1123.68	188.88	243.48	1065.10
1987	225.28	285.09	1271	208.40	268.19	1195.67
1988	283.25	348.87	1347.42	236.63	292.19	1128.49
1989	310.85	395.47	1568.52	262.76	333.17	1321.42
1990	314.31	447.97	1794.68	314.00	444.86	1782.20
1991	368.92	479.04	1924.1	362.75	468.27	1880.84
1992	470.3	531.59	2196.51	447.90	504.35	2083.98
1993	577.96	672.23	2658.6	533.17	608.90	2408.15
1994	790.17	927.84	3528.36	655.20	741.09	2818.18
1995	957.76	1251.49	4531.43	833.56	1074.24	3889.64
1996	1194.76	1537.04	5334.63	1107.28	1390.99	4827.72
1997	1427.53	1694.84	5827.51	1420.43	1637.53	5630.44
1998	1565.88	1717.39	6083.47	1620.99	1761.43	6239.46
1999	1691.2	1781.18	6480.72	1758.00	1838.16	6688.05
2000	1869.8	2090.01	6752.08	1898.27	2106.86	6806.53
2001	2071.93	2266.65	7365.28	2076.08	2250.89	7314.08
2002	2292.75	2446.93	8461.14	2311.24	2444.49	8452.69

续表

指标 年份	流通 （亿元）	居民消费 （亿元）	居民收入 （元）	平减后流通 （亿元）	平减后消费 （亿元）	平减后收入 （元）
2003	2539.33	2870.19	9161.8	2506.74	2824.99	9017.52
2004	2938.26	3370.21	10258.05	2779.81	3197.54	9732.50
2005	3380.88	3817.86	11538.55	3324.37	3739.33	11301.22
2006	3932.55	4251.5	13071.29	3897.47	4196.94	12903.54
2007	4690.32	4820	15328.65	4492.64	4573.06	14543.31
2008	5815.44	5521.46	17685.35	5409.71	5160.24	16528.36
2009	6746.38	6248.92	19178.51	6787.10	6286.64	19294.28
2010	8004.15	7402.6	21453.99	7718.56	7152.27	20728.49
2011	9453.65	8617.9	24798.83	8943.85	8160.89	23483.74
2012	10915.62	9754.41	27967.56	10670.21	9516.50	27285.42
2013	12426.61	11086.71	30709.78	12194.91	10774.26	29844.30
2014	14005	12325.62	33638.13	13866.34	12095.80	33010.92
2015	15740.4	13720.97	36428.47	15771.94	13544.89	35960.98

资料来源：《中国统计年鉴（2016）》。

（二）回归模型

将消费、流通和收入三组数据输入到软件中，通过计算得到回归方程如下：

$$\ln XF = -1.2628 + 0.7439 \quad \ln SR + 0.3064 \quad \ln LT \qquad (4-1)$$

式中各指标的系数和相关统计量如表4-2所示，可以看到回归方程的 R^2 为0.9995，P值为0.0000，回归方程拟合效果较好。

表4-2　　　　　　　　　回归方程相关系数和统计量

变量 Variable	系数 Coefficient	标准误差 Std. Error	T 统计量 t – Statistic	P 值 Prob.
lnSR	0.743963	0.112246	6.627958	0.0000
lnLT	0.306390	0.092042	3.328816	0.0021
C	-1.262803	0.298757	-4.226852	0.0002

续表

变量 Variable	系数 Coefficient	标准误差 Std. Error	T 统计量 t – Statistic	P 值 Prob.
R – squared	0.999466	Mean dependent var		7.032360
Adjusted R – squared	0.999435	S. D. dependent var		1.540844
F – statistic	32748.05	Durbin – Watson stat		1.259509
Prob（F – statistic）	0.000000			

通过回归方程可以发现，流通体系发展和居民收入都对居民消费有正向的影响。控制收入和其他因素不变，流通产值每增长 1 个百分点，可以促使居民消费增长 0.306 个百分点；居民收入每增长 1%，可以促使居民消费增长 0.744%，但从系数大小上看，其对居民消费的影响远大于流通对消费的影响，可见收入仍然是决定消费的最重要因素；流通体系发展对居民消费增长的弹性系数小于收入对消费增长的弹性系数，一方面由于本书是狭义上的流通业，仅仅包括了批发和零售业的产值，可能会造成流通产值的低估；另一方面或许是我国流通业对消费的促进作用尚未充分发挥出来。

（三）结论

本书使用河南省改革开放以来的流通业产值、居民消费和居民收入的时间序列数据，通过构建回归模型对变量之间的关系进行定量估计，经过分析得出以下结论：

流通体系发展对居民消费有正向的影响。控制收入和其他因素不变，流通产值每增长 1 个百分点，可以促使居民消费增长 0.306 个百分点。这就从理论上验证了前文的机理分析。

在扩大内需的经济背景下，刺激居民消费需求的增长已经成为共识。扩大居民消费需求首先是提高居民可支配收入，但流通业的发展和完善也是不可忽视的重要方面。因此，河南省应当重视流通业的发展对居民消费增长的影响，充分发挥流通连接生产和消费的纽带作用，以扩大居民消费为目标，重新对流通体系的发展进行新的定位。

二 农村流通体系促进农村消费的实证检验

(一) 指标选取和数据说明

本模型设计三个指标，分别是河南省农村居民消费、农村流通规模、农村居民收入。其中农村居民消费数据来源于支出法国内生产总值中农村居民消费支出，其与城镇居民消费支出共同构成"居民消费支出"指标；农村流通规模指标使用的数据是社会消费品零售总额中乡村那一部分；由于居民收入是影响消费的最重要因素，所以必须将收入变量加入到模型中，农村居民收入数据使用的是"农村居民家庭纯收入"数据。由于1900年之前的农村流通数据缺失，故所有数据使用1990—2015年的时间序列。各指标原始数据如表4-3所示。

表4-3　河南省农村流通、农村居民收入和居民消费原始数据

指标 年份	农村居民消费 （亿元）	农村居民收入 （元）	农村流通规模 （亿元）
1990	309.33	526.95	97.25
1991	325.30	539.29	109.61
1992	357.89	588.48	135.40
1993	451.86	695.85	160.57
1994	593.55	909.81	223.83
1995	814.10	1231.97	280.75
1996	1001.52	1579.19	363.07
1997	1072.61	1733.89	417.98
1998	1051.61	1864.05	463.43
1999	1029.81	1948.36	501.39
2000	1189.26	1985.82	555.88
2001	1273.91	2097.86	613.82
2002	1341.19	2215.74	668.78
2003	1245.07	2235.68	729.90
2004	1441.79	2553.15	806.84
2005	1554.22	2870.58	901.80
2006	1641.85	3261.03	1020.56

续表

指标 年份	农村居民消费 （亿元）	农村居民收入 （元）	农村流通规模 （亿元）
2007	1768.68	3851.60	1184.84
2008	1953.80	4454.24	1439.75
2009	2106.90	4806.95	1660.64
2010	2372.73	5523.73	1385.39
2011	2792.80	6604.03	1631.88
2012	3081.82	7524.94	1893.89
2013	3446.04	8475.34	2189.84
2014	3891.02	9416.10	2501.89
2015	4222.08	10852.86	2853.81

资料来源：《河南统计年鉴（2016）》。

（二）模型和结果

将各指标数据取对数后代入模型，使用最小二乘法估计，得到模型结果如表4-4所示。采用软件为Eviews7.2。从估计结果来看，调整 R^2 为0.9887，P值也都接近于0，模型估计结果可以接受。

表4-4   农村流通促进农村消费实证分析模型估计结果

Variable	Coefficient	Std. Error	T - Statistic	Prob.
L_ LT	0.226584	0.117743	1.924405	0.0068
L_ SR	0.576513	0.129655	4.446532	0.0002
C	1.196145	0.277022	4.317864	0.0003
R - squared	0.989649	Mean dependent var		7.160626
Adjusted R - squared	0.988749	S. D. dependent var		0.738391
S. E. of regression	0.078323	Akaike info criterion		-2.147795
Sum squared resid	0.141092	Schwarz criterion		-2.002630
Log likelihood	30.92134	Hannan - Quinn criter.		-2.105993
F - statistic	1099.487	Durbin - Watson stat		0.502718
Prob（F - statistic）	0.000000			

将估计结果写成回归方程如下。

$$\ln XF = 1.1961 + 0.2266 \quad \ln LT + 0.5765 \quad \ln SR \qquad (4-2)$$

（三）结论

通过回归方程（4-2）可以看出，农村流通对农村居民消费的弹性为 0.2266，也就是说，农村流通规模每增加 1 个单位，可以促进农村居民消费增加 0.2266 个单位，农村流通对农村居民消费促进的理念得到了验证。

居民收入仍然是影响农村消费的最重要因素，其系数为 0.5765，远大于流通的弹性系数。

可见，农村流通体系的发展和完善对农村居民消费具有正向的影响，大力发展流通业，可以扩大农村居民消费需求，为促进农村经济发展提供重要动力。

三　农村流通环境对农村居民消费的影响实证检验

（一）数据来源

对农村流通环境影响农村居民消费的实证检验所使用的数据来自笔者所在河南省农村流通和消费研究课题组的实地调查。2016 年 4 月，课题组成员分别在洛阳市孟津县的朝阳乡、白鹤镇，信阳市的平桥区，商丘市的梁园区等河南省农村地区进行实地调研和问卷调查，深入访谈流通从业人员和农村消费者，共调查了 400 多农户，发放问卷 390 份，回收有效问卷 321 份。

（二）变量和模型

研究流通体系对农民消费的影响，就要从衡量流通体系的各指标着手分析各因素与农民消费的关系。本节用流通交易方式、流通服务业建设、流通基础设施建设、流通业态状况这几个方面的指标对流通体系进行衡量。在此用农民购买商品的主要途径作为流通交易方式的具体内容，用城乡产品价格/质量差别、假冒伪劣商品等反映流通服务状况，用农村的水电交通设施的建设情况来反映基础设施建设情况，用城镇和农村是否有一些便利店、大型商场和邮政快递配送系统来体现农村流通业态状况。农村消费指标变量的选取用农村居民家庭年支出来衡量农村居民的消费水平。

本节的实证分析是以农村消费水平数据为主的离散数据，在选取数据和分析的过程中离散因变量模型是理想的方法。由于因变量农村居民年消费支出是一个有序的等级，所以本书采用有序 Probit 模型进行建模。在本书的模型中，采用农村居民家庭平均年消费支出作为被解释变量 Y（去除异常数据：支出偏高或者偏低的情况）农村家庭平均年收入（Z）作为协变量，其他流通环境作为解释变量来分析农村居民消费行为受到附近流通体系的各项指标的影响程度。本节把解释变量——流通环境分成四组，各项内容为：

第一组为 X1，是流通交易方式。按照农民日常购物的主要途径，将其分成四类，分别是超市、附近便利店、农贸市场、批发市场。这四类显示了在农村流通体系中，农民习惯于以何种方式进行消费。第二组为 X2—X6，是流通服务业建设。城市和乡村的商品价格、质量的差别，流通体系中的假冒伪劣商品的情况，流通体系的建设能否满足消费需求等方面反映了当地流通服务业的建设情况。第三组为 X7—X8，是流通基础设施建设，选取水电和交通来反映农村流通基础设施建设情况。所在乡村交通是否方便反映了农民是否愿意更多地出门消费的意愿，所在乡村水电设施是否齐全反映农民是否愿意更多地购买家电类产品。第四组为 X9—X10，是流通业态变量，农民在家是否网购过、所在农村是否有淘宝代购点，所在乡村设有城乡邮政物流分等配送服务机构，体现了流通业在农村的发展状况，反映了农民对于消费品的方便选择程度。

（三）实证分析结果

表 4 - 5 是样本基本情况统计表，分别解释变量 Y 是分类变量（均值是 2.5000），即农村居民年平均消费支出在 15000 元左右。农民购买消费品的主要途径的均值为 1.7894，说明大部分居民选择附近的便利店或者村里的超市作为平时消费的主要场所。根据郝爱民（2010）的研究，居民主要消费途径是传统集市贸易。这也反映了河南省近几年流通体系的建设还是取得一定成效的。

根据前面所讲述的估计方法，本书从流通体系的各衡量指标分析对农村居民消费意愿及热情的影响，进行有序 Probit 模型估计，根据表 4 - 5，对居民消费模型进行分项解释：

表 4 – 5　　　　　　　　　　　变量基本情况统计

变量	均值	标准差	分组	所占比例（%）
农户家庭平均年收入	2.7236	1.9500	≤10000 = 1	40.79
			10000—2000 = 2	19.74
			20000—30000 = 3	11.84
			30000—40000 = 4	6.58
			40000—50000 = 5	7.89
			50000—60000 = 6	9.21
			>60000 = 7	5.26
农户家庭平均年生活消费支出（Y）	2.5000	1.4282	≤5000 = 1	25
			5000—10000 = 2	27.63
			10000—20000 = 3	19.74
			20000—30000 = 4	10.53
			30000—40000 = 5	7.89
			>40000 = 6	3.95
农民购买消费品的主要途径（X1）	1.7894	0.8841	超市 = 1	52.81
			附近便利店 = 2	29.21
			农贸市场 = 3	13.48
			批发市场 = 4	4.49
村里的同类商品价格较城里的（X2）	—	—	偏高 = 1	8.99
			差不多 = 2	56.18
			偏低 = 3	34.83
购物时选择购买地点的原因（X3）	—	—	种类齐全 = 1	44.93
			质量有保障 = 2	31.88
			售后服务好 = 3	23.19
村里的同类商品质量较城里的（X4）	—	—	好 = 1	11.24
			相同 = 2	43.82
			差 = 3	44.94
所在乡村周围的商场数量及种类能否满足家庭当前消费的需求（X5）	—	—	完全能 = 1	14.61
			基本能 = 2	74.16
			不能 = 3	11.24
所在乡村或镇政府所在地是否有大型商场（X6）	—	—	是 = 1	62.92
			否 = 0	37.08

续表

变量	均值	标准差	分组	所占比例（%）
所在乡村水电设施是否齐全（X7）	—	—	是＝1	75.85
			否＝0	24.15
所在乡村交通是否方便（X8）	—	—	是＝1	75.48
			否＝0	24.52
农村居民所在地区是否设有城乡邮政等配送系统（X9）	—	—	是＝1	49.82
			否＝0	50.18
农村居民是否网购过（X10）	—	—	有，经常＝1	24.72
			偶尔＝2	58.43
			几乎很少＝3	12.36
			没有＝4	4.49

注：表中的数据为四舍入五。

第一，根据表4-5可以清楚地看出，抛开流通体系的影响因素，农村居民年收入仍然是影响居民消费水平最主要的一个因素，收入对农户家庭消费有正向的推动作用。

第二，从指标中不难看出，农民消费意愿及热情与所在地的流通业的发展呈现正相关，且所在乡村或镇政府所在地是否有大型商场对消费的影响在流通业的种类中最大，现代流通业的建立可以明显地促进农村消费。

第三，从表4-6中可以看出，用水用电不便，交通不便对农户的消费影响呈负相关关系。农村基础设施建设依然是影响农村居民消费的关键因素，并抑制居民消费。水电交通设施越不完善，农村居民的消费水平越低。

表4-6　农户消费意愿及消费热情的有序 Probit 模型估计结果

变量	系数	标准误差
农户家庭平均年收入	0.580	0.092
农民购买消费品的主要途径	0.065	0.104
村里的同类商品价格较城里的	−0.024	0.094

续表

变量	系数	标准误差
购物时选择购买地点的原因	0.007	0.106
村里的同类商品质量较城里的	0.013	0.093
所在乡村周围的商场数量及种类能否满足家庭当前消费的需求	0.062	0.100
所在乡村或镇政府所在地是否有大型商场	0.255	0.154
所在乡村水电设施不齐全	−0.076	0.140
所在乡村交通不方便	−0.038	0.189
农村居民所在地区是否设有城乡邮政物流等配送系统	0.021	0.133
农村居民是否网购过	0.172	0.101

第四，流通服务业的发展对农村居民的消费产生了一定的影响。因为流通服务业是服务于流通体系的运行过程，所以其是通过对流通体系的影响来间接影响居民消费。由此可见，发展当地的流通服务业是流通体系完善的一个前提条件，是发展农村居民消费的一个不可忽视的因素。

（四）结论

通过本次研究调查结果表明：农村流通基础设施的完善情况、农村流通业态、流通组织配套设施、服务质量等因素对农村消费都表现出显著的影响。

首先，农村流通交易方式对农村消费有着显著的影响。表4-6中，农民购买消费品的主要途径的系数为0.065，对农户消费的影响呈正相关关系，在统计学的意义上有着显著的影响。批发市场、农贸市场已经不能刺激农民的消费意愿和消费热情，种类齐全、任君挑选的超市更能有效地刺激农民消费，对农民的消费意愿和消费热情有着积极的影响。

其次，农村流通服务业建设对农民消费意愿与热情有重要影响。村里的同类商品价格与城里的价格相比较的系数为负数，说明价格对农民消费有负面的影响。"购买商品地点种类齐全""商品质量好"等都是影响居民消费的重要因素。

再次，流通基础设施的建设对农民的消费意愿及消费热情有着不可忽视的作用。农村基础设施建设滞后，一些地区的供水、用电、道路和电视信号等问题仍然没有得到根本解决，无法使用家电产品，有了水、电等基础设施，但收费太高，降低了农民的使用积极性。

最后，消费信息封闭、即时信息不及时也影响着居民的消费水平。各地应充分利用新闻媒体搞好宣传和教育，传播消费知识，引导消费潮流，通过典型示范、现身说法、帮助农民学习符合现代化的生活观念。

四 流通创新促进农村消费的实证分析

（一）指标体系构建

本节运用 DEA 模型构建农村流通产业创新影响居民消费的指标体系，评价指标体系包括农村从业人员和消费零售总额，资本以及流通产业增加值等反映农村流通行业整体效率的相关指标。而产出指标笔者选择了消费总规模和增长程度以及农村居民人均消费水平来综合反映居民消费水平。具体见表 4－7。

表4－7　　　　农村流通产业创新影响居民消费的指标体系

指标分类	指标名称	指标计算
农村从业人员效率指标	农村从业人员完成社会消费品零售总额	社会消费品零售总额/农村流通产业从业人数
	农村从业人员实现的产业增加值	农村流通产业增加值/农村流通从业人数
资本效率指标	亿元固定资产投资完成流通产业增加值	农村流通产业增加值/农村固定资产投资
	亿元固定资产完成社会消费品零售总额	社会消费品零售总额/农村固定资产投资
消费指标	消费总量规模程度	农村居民消费支出总规模
	消费增长程度	农村居民消费水平增长率
	农村居民人均消费程度	农村居民人均消费

（二）模型设定

通过应用 DEA2.1 软件，确定好投入和产出指标，本模型选取了四个产出指标三个投入指标。通过软件计算，得到河南省2007—2016 年农村流通产业对居民消费的影响效率值。如表 4－8 所示。

表 4 - 8　　　　　流通创新对农村居民消费的影响效率值

年份	综合效率	技术效率	规模效率	规模报酬
2007	1.000	1.000	1.000	规模报酬不变
2008	1.000	1.000	1.000	规模报酬不变
2009	0.949	1.000	0.949	规模报酬递增
2010	0.594	0.754	0.788	规模报酬递增
2011	1.000	1.000	1.000	规模报酬不变
2012	0.876	0.945	0.927	规模报酬递增
2013	0.894	0.910	0.982	规模报酬递增
2014	0.893	0.929	0.961	规模报酬递增
2015	1.000	1.000	1.000	规模报酬不变
2016	1.000	1.000	1.000	规模报酬不变

为了重点分析农村流通产业效率对消费率的创新程度，笔者采用 2007—2016 年的《河南省统计年鉴》数据，构造多元线性回归模型对数据进行分析。根据实际调查分析，在农村流通产业对居民消费影响因素中引入四个自变量，分别是 DEA 模型所得的综合效率、技术效率、规模效率和控制变量。它们分别对应 X_1、X_2、X_3 和 X_4。而后将农村居民人均消费作为因变量，设为 Y。由此我们可以得到线性回归模型为：

$$Y = \beta_0 + \beta_1 X_1 + \beta_2 X_2 + \beta_3 X_3 + \beta_4 X_4 + \varepsilon \qquad (4-3)$$

其中，β_0 称为回归常数，$\beta_1 - \beta_4$ 称为回归系数，ε 为随机误差项。经过回归，结果如表 4 - 9 所示。

表 4 - 9　　　　　　　　　模型回归系数

指标	非标准化系数		标准系数	t	Sig.
	B	标准误差	试用版		
（常量）	9890.783	13776.787	—	0.718	0.505
综合效率	13569.577	17545.417	0.804	0.773	0.474
技术效率	-9247.213	15917.206	-0.342	-0.581	0.586
规模效率	-14654.959	15866.832	-0.455	-0.924	0.398
农村居民人均收入	0.768	0.031	1.011	24.806	0.000

由表 4 - 9 我们可以得出线性回归方程为:

$$Y = 0.804X_1 - 0.342X_2 - 0.455X_3 + 1.011X_4 \qquad (4-4)$$

然后,我们采用 SPSS 对模型进行拟合度检验,计算可决系数 R^2 和调整后的样本可决系数调整 R^2。样本可决系数 R^2 为 0.988 模型拟合效果很好,然后对模型进行显著性 F 检验,由于 P 值 = 0.000 (近似值),P 值小于 0.05,所以,在显著水平 $\alpha = 0.05$ 的条件下,回归方程是显著的,可以确定我们所得的方程 (4 - 4) 为最终模型。从回归结果可以看出,所有流通产业效率对消费率的影响十分显著,农村居民的人均消费所受流通创新的影响较大。

(三) 主要结论

应用 DEA2.1 软件根据指标数据计算农村流通产业对农村消费的影响效率值,从结果看,流通产业效率对消费的发展规模报酬在 2007—2016 年间有 5 年规模报酬不变,2009—2010 年和 2012—2014 年出现了规模报酬递增,规模报酬递增与河南省农村流通产业发展特点有密切联系。最后,本节建立了河南省农村流通产业效率与消费之间的线性回归模型,结论表明,河南省农村流通创新的综合效率提高对农村居民人均消费的促进作用十分明显,且综合效率系数显著。本节关于流通创新促进农村居民消费的结论与国内外相关研究是一致的,这意味着,要想促进河南省农村消费需求扩大,必须及时进行流通创新。

第五章 河南省农村居民消费影响因素分析

当前，世界经济正进入严重低迷期，这对高度依赖外部经济的中国无疑是一场严峻挑战。在全球经济不景气的大背景下，如果中国农民收入能显著增加，农村消费能迅速扩大，这将有助于中国从依赖出口为主的经济增长方式转变为以消费为主的增长方式，对中国的经济社会发展将产生深远影响。当前及今后一个时期，我国必须坚持以促进农民消费增长为核心，改革政策体制，完善激励机制，建立促进农民消费的政策体制。财政制度的设计和财政宏观经济政策的制定，应当以提高农民的消费能力和有效引导农民消费为目标，最终积极培育新的消费增长点，不断促进国内消费需求的持续增长。扩大内需的突出问题是农村有效需求不足。农村市场巨大的消费潜力与过低的消费率共存，这一矛盾能否顺利解决，对我国经济能否继续保持平稳较快增长意义重大。据国家统计局测算：农村人口每增加1元的消费支出，将对整个国民经济带来2元的消费需求；在农村人口中对任何家电产品的普及率增加一个百分点，就可增加238万台（件）消费需求。未来，巨大的农村消费市场一旦被激活，将成为拉动中国经济增长的新动力。因此，如何进一步激发农村消费需求，增强消费对经济增长的拉动作用，不仅对拉动经济增长具有深远影响，而且对缩小城乡差距，促进社会和谐，建设社会主义新农村，早日实现全面小康，都有着十分重要的作用。①

---

① 詹兆雄：《影响农村消费的主要因素与扩大农村消费的对策》，《农业现代化研究》2009年第2期。

消费是一个受到多种内在与外在因素影响的复杂过程，消费者消费过程中的探索、比较和决策行为都与收入、消费习惯、经济环境等诸多因素密切相关。我国农村居民生活在城乡差异明显、经济社会发展仍然相对滞后的二元经济环境中，其消费需求和消费方式不仅受到蓬勃发展的农村经济的良性刺激，也面临计划经济惯性、传统生活方式和刚性收入约束等多种因素制约。只有深入探讨消费水平和消费结构的重要影响因素及其作用机理，才能比较科学地对未来消费趋势进行定量预测，比较系统地提出有针对性和可操作性地提高农村消费的对策建议。[①]

扩大国内需求，最大潜力在农村。我国目前扩大内需的重点在农村居民消费，难点也在农村居民消费。要扩大内需，首先要应研究农村居民消费的关键影响因素，才能有效制定政策，刺激消费。[②] 我国幅员辽阔，城乡差别大，省际之间差异大，农村与城镇、不同省份之间的消费会存在不同的特点，应进行更多、更深入的分类研究。河南省作为农业大省和人口大省，农业特征在全国具有一定的代表性。因此，本章将在回顾农村居民消费影响因素现有研究成果的基础上，深入探讨影响河南省农村居民消费的主要因素，以期为实现河南省扩大内需的目标提供可行性建议，助推全省经济更好更快发展。

第一节　农村消费影响因素相关文献回顾

一　国外研究

西方学界对消费理论的研究已相当成熟，主要包含两个系列：始于19世纪70年代的抽象演绎理论的"传统的消费理论"和第二次世界大战后"消费函数理论"。传统的消费理论分析的重点是收入在消费之间最优配置问题，考察的变量只包括价格和收入，典型的假说有凯恩斯的绝对收入假说、杜森贝里的相对收入假说、弗里德曼持久收入假说、莫

---

① 韩星焕：《农村居民消费影响因素的实证分析——以吉林省为例》，《农业技术经济》2011年第11期。
② 王杜春等：《基于状态空间模型的黑龙江省农村居民消费影响因素分析》，《数学的实践与认识》2015年第12期。

迪利安尼生命周期假说。

　　Keynes（1936）提出的绝对收入假说（Absolute Income Hypothesis，AIH）认为，影响消费行为的主要有主观因素（享受、短见、炫耀、慷慨和奢侈等）和客观因素（可支配收入、财产价值变动、利息率和政策等），但起决定作用的是可支配收入。① Duesenberry（1949）提出的相对收入假说（Relative Income Hypothesis，RIH）认为，短期内消费函数受到经济周期波动的影响，但长期看来个体或家庭的行为会受到示范效应和棘轮效应的影响，因此，消费支出和可支配收入始终保持稳定的比例关系。② Modigliani 和 Brumberg（1954）提出的生命周期假说（Life Cycle Hypothesis，LCH）认为，消费者总是想通过将其终生收入在终生消费上进行最佳分配，以使其通过终生消费获得总效用最大化，得到终生的最大满足。因此，消费不取决于现期收入，而是取决于一生的收入，理性的消费者要根据一生的收入来安排自己的消费和储蓄，使一生的收入和消费相等。Friedman（1987）提出持久收入假说（Permanent Income Hypothesis，PIH），认为消费者的支出水平取决于消费者长期中能保持的可支配收入水平，即持久收入。③

　　第二次世界大战后的消费函数理论发展主要体现在将不确定性纳入到消费理论假说中，既考虑预期收入又考虑不确定性对消费函数的作用，典型的假说有霍尔的随机游走假说、里兰德的预防性储蓄理论、扎德斯的流动性约束假说等。Hall（1978）根据卢卡斯（Lucas）的思想，将理性预期方法引入消费理论，提出了理性预期生命周期假说（Rational Expectation Life Cycle Hypothesis，RELCH），认为消费支出在长期呈现随机游走特征，用随机方法修正 LCH 和 PIH 的假设④，他的主要结论是，消费是随机游走过程，不能根据收入的变化来预测消费变化，

---

　　①　Keynes, M. J., The general theory of employment, Interest and Money, London：Macmillan, 1936.

　　②　Duesenberry, J. S., Income, Saving and the theory of consumer behavior, Cambridge：Harvard University Press, 1949.

　　③　Friedman, McClains, Palmer, K., Sources of structural change in the US 1963 – 1987：All input – output Perspective, Review of Economics and Statistics, Vol. 69, 1987.

　　④　Hall, R. E., Stochastic Implications of the Life Cycle Permanent Income Hypothesis：Theory and Evidence, Journal of Political Economy, Vol. 86, No. 4, 1979.

即消费的变化不可预见。

从国外的研究看，传统消费理论可以为我们研究消费影响因素提供框架。首先，凯恩斯的"绝对收入假说"中指出影响人们消费倾向的8个主观因素是谨慎、远虑、计算、改善、独立、投机、自豪和贪婪，而6个客观因素是工资单位的变化、收入和净收入之间的差额变化、财产的货币价值的意想不到的变化、利息率的变化、财政政策的变化和个人对未来收入预期的变化。其次，杜森贝利提出的"相对收入假定"指出消费支出不仅受其自身收入的影响，而且受到周围人消费行为及其收入和消费相互关系的影响，还要受到自己过去收入和消费水平的影响。

二 国内研究

近年来，我国理论界结合西方消费理论假说与中国国情对农村居民消费问题进行了一些卓有成效的研究，研究重点在农村居民消费与经济增长关系以及影响农村居民消费的因素等方面。在探索影响农村居民消费的因素方面，我国学者普遍认为农村居民消费行为受政策、经济、文化、社会等多维度因素影响，其中在消费是收入的函数这一点上存在共识。

（一）理论研究方面

从国内研究看，近年来有关消费水平和结构影响因素的研究逐渐丰富起来。其中有代表性的包括：蔡昉等（1999）认为，加速城市化进程可以提振城乡消费。[①] 张志敏（2003）主要以中国统计年鉴中《资金流量表》的数字为依据，对中国居民的消费变化和特征进行全面系统的分析，探讨特征背后的深层原因，并提出改善居民消费状况以刺激经济增长的政策措施。[②] 李锐等（2004）证明了收入作为消费和储蓄的一个决定因素在农户进行当期和未来消费的安排时的确非常重要。[③] 尹世杰（2009）指出，农村居民消费需求扩大有利于消费结构优化升级，

---

① 蔡昉等：《加速城市化进程启动城乡消费》，《会计之友》1999 年第 12 期。
② 张志敏：《90 年代以来中国居民消费特征及影响因素分析》，《中央财经大学学报》2003 年第 11 期。
③ 李锐等：《不同类型的收入对农村居民消费的影响》，《中国农村经济》2004 年第 6期。

并促进产业结构优化升级，促进经济增长。① 蒋南平等（2011）认为，城镇化对中国农村居民消费需求增长具有正向推动作用。② 彭清华（2011）结合持久收入假说指出不确定性预期强化制约了农民消费升级。③ 程凯、瞿艳平（2011）指出，收入的不平衡与预期收入不稳定影响农村居民消费。④

（二）实证研究方面

陈亮等（2010）研究发现，农村居民消费需求的增长是当前推动我国经济增长的主要动力。⑤ 韩勇等（2011）指出，农村消费对我国经济增长具有显著的正向驱动作用。⑥

王宏伟（2000）通过计量分析得到：①现期农村居民消费价格指数、流通中的货币量和实际利率对消费不具有系统显著性，即对农民的消费基本上影响不大。②相对来说，实际利率对农民消费的负面影响较大，农民对利率的敏感度相对较高，而对现期价格指数和流通中的货币量的反应不显著。这说明农民相对来说，更注重经济的安全性。③农民的收入水平对其消费具有系统显著性。这说明农民收入水平是影响其消费的最主要因素，其中持久性收入因素最为重要。原因是持久性收入水平决定持久性消费水平，此外持久性的收入是可预期的收入，人们可以将未来的持久性收入按一定的贴现率折算成现期值，来安排现期消费。⑦ 宋先道（2002）对收入、消费环境和消费观念对农村居民消费需求的影响做出了分析，发现收入是消费者需求和消费者行为的主导因素，并且当期和上期收入都会对消费需求产生显著影响，农村消费环境

①　尹世杰：《我国当前扩大农村居民消费的几个问题》，《消费经济》2009 年第 6 期。

②　蒋南平等：《中国城镇化与农村消费启动》，《消费经济》2011 年第 2 期。

③　彭清华：《不确定性预期与我国农村居民消费行为研究——基于预防性储蓄的视角》，《南方农村》2011 年第 3 期。

④　程凯、瞿艳平：《论我国农村居民的消费水平与消费结构》，《江汉论坛》2011 年第 4 期。

⑤　陈亮、朱琛：《我国农村居民对经济增长拉动作用的实证分析及对策》，《经济纵横》2010 年第 2 期。

⑥　韩勇、刘放：《农村消费启动与中国经济增长——基于 1985—2009 年经验数据的实证检验》，《财经科学》2011 年第 4 期。

⑦　王宏伟：《中国农村居民消费的基本趋势及制约农民消费行为的基本因素分析》，《管理世界》2000 年第 4 期。

普遍较差也严重影响了居民消费水平的提高及消费结构的改善；另外，农村居民尚俭黜奢的消费观念严重制约着我国农村居民消费的增长。① 张海燕（2006）基于绝对收入假说实证分析指出，收入是影响农村居民消费的最直接因素。② 骆祚炎（2007）引入支出增长预期变量，结合预防性储蓄理论，试图较全面地解释居民储蓄和消费行为。VAR 分析说明，教育和医疗保健支出的增长对农村居民消费产生一定抑制作用。③ 高梦滔（2008）等通过 8 省农村 1420 户的微观面板数据实证研究证实，中国农户消费行为总体上符合持久收入假说和生命周期假说，并且流动性约束也对农户消费增长具有显著影响。④ 储德银、经庭如（2010）通过建立协整方程和误差修正模型从城乡比较视角分析我国居民消费需求的影响因素研究发现，收入水平对城乡居民消费的影响程度最大而收入分配和政府支出对城乡居民消费影响的绝对程度基本相同，但两者对城乡居民消费的影响效应却存在显著性差异，政府支出对城镇居民消费具有正向挤入效应而对农村居民消费则产生负向挤出效应；尽管城乡居民消费与收入分配差距都呈负向变动关系但农村居民消费收入分配差距弹性系数较大。⑤ 王敏、梁利（2010）运用适用预期的消费函数模型，对中国农民的消费行为影响因素进行实证分析。研究表明，农村居民消费的变动呈现出对收入变动的过度敏感，并且农民存在消费习惯，收入的不确定性进一步抑制了农民的消费。通过进一步研究，发现受灾面积、农业支出对收入的影响不大，而农产品生产价格指数是造成收入不确定性的主要因素。⑥

王健宇、徐会奇（2010）分析了收入性质对农村居民消费的影响，表明收入性质的差异会使农村居民消费表现出不同的行为特征，收入的

① 宋先道：《中国农村居民消费增长的制约因素与对策研究》，《华中农业大学学报》（社会科学版）2002 年第 3 期。

② 张海燕：《拓展农村消费市场的实证分析》，《消费经济》2006 年第 6 期。

③ 骆祚炎：《教育和医保支出压力对农村居民消费影响的 VAR 分析》，《统计与决策》2007 年第 22 期。

④ 高梦滔：《流动性约束、持久收入与农户消费》，《统计研究》2008 年第 2 期。

⑤ 储德银、经庭如：《我国城乡居民消费影响因素的比较分析》，《中国软科学》2010 年第 4 期。

⑥ 王敏、梁利：《中国农民消费行为及影响因素分析》，《数理统计与管理》2010 年第 5 期。

增长性和永久性对消费有正影响，而收入不确定性对消费有负影响。①
刘灵芝、马小辉（2010）研究了农村居民收入分配结构对总消费需求
的影响，研究发现在整个农村经济内部收入分配状况比较稳定，收入差
距恶化现象不明显，因此促进农村居民消费要结合中国城乡居民收入差
距过大和农村居民收入水平普遍偏低的事实，在整个社会范围内调节收
入分配。② 张邦科、邓胜梁（2011）研究发现，我国农村居民消费与持
久收入存在显著的相关关系，吉林等 8 个省份农村居民的暂时收入边际
消费倾向为零，而其他省份的农村居民消费与暂时收入有显著的相关关
系。③ 温涛、孟兆亮（2012）采用 ELES 模型，对我国农村居民消费结
构及其演化进行了跨时期分析。研究表明，我国农村居民整体消费水平
有了明显提升、消费结构也发生了一定程度的变化，但消费结构的升级
相对缓慢、消费结构仍然不合理，农村居民消费结构有待进一步优化。
黄燕敏（2011）在分析农村民生消费变化的基础上，通过面板数据回
归分析，实证检验了对外开放、城市化及产业结构调整对农村民生消费
的影响机制：城市化进程对农村民生消费影响的要素报酬增加效应强于
农村移民的生产抑制效应，城市化进程提升了民生消费水平；产业结构
调整的要素报酬效应和面向农村需求的供给效应，促进了农村民生消费
规模扩张和民生消费结构的改善；对外开放的日益深化促进了农村民生
消费规模扩大但并未改善其消费结构。④ 崔海燕、范纪珍（2011）运用
持久收入代替财富预期修正 Naik 和 Moore 消费习惯模型，得出农村居
民消费变动取决于收入的变动。⑤ 储德银、刘宏志（2012）按照"收入
来源结构—边际消费倾向—收入分配政策调整"这一研究思路，通过
建立农村居民人均消费支出与各种性质收入的个体固定效应动态面板数

① 王健宇、徐会奇：《收入性质对农民消费的影响分析》，《中国农村经济》2010 年第 4
期。

② 刘灵芝、马小辉：《农村居民收入分配结构对消费的影响分析》，《中国农村经济》
2010 年第 11 期。

③ 张邦科、邓胜梁：《持久收入理论与我国农村居民消费——基于省级面板数据的实证
分析》，《农业技术经济》2011 年第 7 期。

④ 黄燕敏：《中国农村民生消费影响因素的实证研究——对外开放、城市化及产业结构
调整视角》，《消费经济》2011 年第 5 期。

⑤ 崔海燕、范纪珍：《内部和外部习惯形成与中国农村居民消费行为——基于省级动态
面板数据的实证分析》，《中国农村经济》2011 年第 7 期。

据模型进行研究;[1] 燕姗姗、王杜春（2011）通过分析黑龙江省农村社会保障支出与农民消费支出的相关性，从时间和截面序列出发，建立灰色关联度模型，得出农村社会保障支出对不同消费结构的影响情况;[2] 涂玉华（2012）利用莫迪利亚尼提出的消费函数作为实证分析的基础并予以创新，运用 1985—2010 年中国农村社会保障支出的相关数据，实证分析了农村社会保障支出对农民消费需求的影响作用;[3] 汪上、李宝礼（2012）运用 1978—2010 年我国农村居民平均消费支出、农村居民人均纯收入和农村消费物价指数数据，通过建立状态空间模型，并用卡尔曼滤波方法对模型进行估计，研究结果表明，我国农村居民收入的边际消费倾向自改革开放以来经历了四次大的波动，这四次波动的原因都与农村居民收入水平和预期的支出水平变动有关。我国农村居民的消费水平在经济出现通货膨胀时会随着价格水平的上升而增加，在经济平稳运行阶段与价格水平负相关，这一现象与经济规律一致。[4] 胡东兰、田侃、夏杰长（2013）采用 1978—2010 年的年度时间序列数据实证分析了中国财政支农支出对农村居民消费的影响;[5] 毛雁冰、秦鹏亮（2012）对收入分配机制对居民消费的影响进行了分析，发现居民收入增长与经济发展不同步，居民收入结构缺乏合理性，城乡居民收入分配差距不断扩大和收入分配的财政调节机制及社会保障体系不完善等因素在很大程度上制约着居民消费。[6] 杨琦（2011）[7]、胡帮勇和张兵

---

　　① 储德银、刘宏志：《收入来源结构、边际消费倾向与农村居民消费》，《地方财政研究》2012 年第 2 期。

　　② 燕姗姗、王杜春：《农村社会保障与消费结构的相关性分析》，《商业时代》2011 年第 20 期。

　　③ 涂玉华：《农村社会保障支出对促进农村居民消费需求的影响研究》，《经济经纬》2012 年第 4 期。

　　④ 汪上、李宝礼：《我国农村居民消费影响因素的动态研究——基于状态空间模型的实证》，《湖南社会科学》2012 年第 1 期。

　　⑤ 胡东兰、田侃、夏杰长：《中国财政支农支出对农村居民消费影响——实证分析与政策建议》，《财政研究》2013 年第 1 期。

　　⑥ 毛雁冰、秦鹏亮：《收入分配机制对居民消费的影响分析》，《消费经济》2012 年第 1 期。

　　⑦ 杨琦：《农村基础设施建设对农村居民消费需求影响的实证研究》，博士学位论文，西南财经大学，2011 年。

（2011）①，袁芳英和许先普（2009）②、谭江蓉和杨云彦（2012）③ 等学者还从基础设施、金融服务、货币政策、人口年龄等方面研究了居民消费的影响因素。

三　河南省居民消费及其影响因素研究

马荣贵（2007）运用投入产出法研究了河南省农村居民消费对全省经济的带动作用，并对消费发展趋势进行了预测。④ 张慧、刘斌、刘国芳（2009）根据2001—2008 年的统计数据，运用灰色关联分析方法对河南省农村居民消费结构进行了实证研究，得出了河南省农村居民的消费依然呈现基本生活需求型和重实物消费的特征，并且正从基本生活需求型向更高层次转变。⑤ 苗亚萍（2009）根据2001—2007 年的统计数据，运用 ELES 模型对河南省农村居民的消费需求弹性进行了分析。⑥ 肖婷婷（2009）采用面板数据并运用 ELES 模型对河南省农村居民消费结构从基本需求、收入弹性和边际消费倾向等角度进行了分析。⑦ 杨伟锋、刘永萍（2010）使用2008 年河南省农村居民按不同收入等级分组后的人均纯收入和各类消费支出的截面数据，运用 ELES 模型分析了当期的消费需求收入弹性。⑧ 梁田、单贝（2010）对河南省农村居民的消费变动情况进行了分析，并探讨了影响河南省农村居民消费的因素主要

---

① 胡帮勇、张兵：《农村金融深化对农户消费需求影响的实证研究》，《云南财经大学学报》2011 年第6 期。

② 袁芳英、许先普：《攀比效应下货币政策与城乡居民消费的关系研究》，《农业技术经济》2009 年第2 期。

③ 谭江蓉、杨云彦：《人口流动、老龄化对农村居民消费的影响》，《人口学刊》2012 年8 月。

④ 马荣贵：《河南省农村居民消费对经济带动作用的实证分析与预测》，《市场透视》2007 年第10 期。

⑤ 张慧、刘斌、刘国芳：《河南省农村居民消费结构的灰色关联分析》，《河南农业大学学报》2009 年第4 期。

⑥ 苗亚萍：《河南省农村居民消费需求结构实证分析——基于扩展线性支出系统模型研究》，《决策与信息（下旬刊）》2009 年第7 期。

⑦ 肖婷婷：《农村居民消费结构浅析——以河南省为例》，《调研世界》2009 年第11 期。

⑧ 杨伟锋、刘永萍：《河南农村居民消费结构分析》，《黄河科技大学学报》2010 年第4 期。

是收入水平、消费环境和消费观念等。① 张书杰（2010）依据 1989—2008 年河南省农村居民消费支出与收入的相关数据，运用回归分析法找出了它们的数量关系及基本规律。② 马向晖（2011）运用 ELES 模型对河南省中原城市群，豫北，豫西，豫西南区和黄淮区四大经济区的农村居民消费状况的差异性进行了分析，结果表明：统筹好河南省区域农村消费水平必须从收入、政策、企业、体制、价格等因素着手。③ 何卫华（2012）对 2011 年河南省农村居民的消费状况进行了分析，并指出了影响当前农村消费需求的影响因素。④

首先，消费总量的增长是由收入水平决定的，收入与消费存在长期均衡与短期波动已经成为主流经济学家们的共识。其次，消费价格水平对消费需求的影响也是显而易见的，它直接影响了消费者的购买欲望和购买成本。另外，城镇化的发展对农村居民的消费需求也有重要影响。我国的城镇化率每提高 1%，从长期看，农村居民消费需求就会增长 0.59%，而农村居民短期消费需求就会增长 0.3%。⑤ 最后，农村基础设施建设、消费环境、消费市场、消费文化以及社会保障水平等因素都会影响到农村居民的消费需求状况。

这些研究成果从不同视角分析了不同时期河南省农村居民的消费问题，对提高河南省农村居民消费水平具有重要意义，也为后来学者研究河南省农村居民消费需求的工作奠定了基础。但这些研究也同样具有局限与不足：一是研究的方法相对单一，大多采取回归分析等一些经典的统计分析方法进行比较浅显的研究。二是基于静态分析的研究较多，能够反映河南省农村居民未来消费需求趋势的动态分析较少。三是这些研究往往只关注河南省农村居民消费需求的某些方面，缺少相对全面综合

① 梁田、单贝：《河南省农村居民消费变动及对策研究》，《商业时代》2010 年第 35 期。
② 张书杰：《河南省农村居民消费支出与收入关系的实证研究》，《经济经纬》2010 年第 4 期。
③ 马向晖：《河南省四大经济区农村居民消费状况差异分析》，《开发研究》2011 年第 2 期。
④ 何卫华：《关于河南省扩大农村居民消费的路径思考》，《商业经济》2012 年第 6 期。
⑤ 蒋南平等：《中国城镇化与农村消费启动——基于 1978—2009 年数据的实证检验》，《消费经济》2011 年第 1 期。

性的研究。①

综上所述，国内目前有关消费水平和消费结构影响因素的理论分析框架尚未形成，比较常见的影响因素包括经济发展水平、收入、价格、产业结构等。

第二节　农村消费的影响因素探析

影响农村居民消费需求的因素可以归结为三类：第一类是农民的收入水平；第二类是宏观经济发展和农业的发展、消费品的价格水平、消费环境等；第三类是农村居民勤俭节约的消费伦理及消费习惯，其中，收入是最直接并起决定性作用的因素。②

一　农村居民收入水平

农村居民消费需求是指农村居民为了满足消费需要并且具有货币支付能力的支出，货币支付能力也即购买能力是影响农村居民消费实现的重要决定力量，归根到底还是农村居民收入水平的问题。收入是消费的前提，收入水平的高低决定着消费能力的高低，直接影响着居民的消费信心、消费欲望和消费潜能。收入是消费的基础，是形成购买力的源泉。只有具备一定的收入基础时，居民才能满足正常的消费需求。消费需求会随着收入水平的增加而增长，从低水平向高水平过渡。当收入发生变化时，消费者对某些商品的消费需求也可能会发生变化，进而影响消费结构，最终向优质结构过渡。从长期来看，消费总量的增长是由收入水平决定的。因此，收入水平是影响农村消费需求最重要、最基本的因素。收入和消费呈现出明显的正向变动关系，收入水平提高就意味着农村居民购买力提高，相应地使农村消费需求扩大，这样必然使农村居民消费结构发生变化，向更高的水平演变。农村居民收入水平是拉动消

---

① 宋博：《河南省农村居民消费需求预测及影响因素分析》，硕士学位论文，华北水利水电学院，2012 年。

② 宫志诚：《农村居民消费影响因素分析及建议》，《金融发展研究》2009 年第 6 期。

费需求的主要因素，同时也是提高农村居民消费水平的一个重要因素。① 近几年，由于河南省农村居民家庭人均收入的不断增加，人们的消费水平也越来越高，人们的消费心理逐渐向提高生活质量转变，从而带动了很多产品和服务的需求。从长期来看消费总量增长是由收入决定的，或者更明确地说，消费总量增长问题就是一个收入的增长问题。正因如此，任何一种消费函数理论，都会把收入列为决定消费的首要变量。②

农村居民内部的收入差距也会影响消费需求。不同收入阶层具有不同消费倾向。低收入者的消费倾向高，而高收入者的平均消费倾向低。如果农村居民内部的收入差距较大，收入往往过度集中于高收入者手中，农村其他中低收入者可拥有的总体财富缩小，导致农村总体消费倾向下降。收入差距与居民消费之间存在负相关关系，收入差距越大，居民消费越低。③ 具体来看，2015 年，河南省农村居民人均收入 13667 元，20% 的高收入组和 20% 的低收入组的收入分别为 29533 元和 6155 元，其比值约为 4.8∶1，农村居民内部收入差距明显。农村居民消费性支出为 7887 元，20% 的高收入组和 20% 的低收入组的消费性支出分别为 12098 元和 5819 元，其比值约为 2.1∶1。较大的收入差距影响了总体消费水平。

农村居民的收入结构也可以影响其消费需求。按收入来源分，农村居民收入可分为工资收入、经营收入、转移收入和财产性收入。温涛等（2013）的研究认为，农民各项收入对各项消费作用强度存在明显差异，家庭经营收入仍然是其分项消费支出的最主要影响因素；虽然财产性收入在农民收入构成中占比远远低于其他各项收入，但其边际消费支出倾向却最大，而转移性收入则主要影响农民的衣食住行等基本生活消

---

① 宋博：《河南省农村居民消费需求预测及影响因素分析》，硕士学位论文，华北水利水电学院，2012 年。

② 胡宝娣：《中国农村居民消费影响因素的实证分析》，博士学位论文，西南大学，2010 年。

③ 韩立岩、杜春越：《收入差距、借贷水平与居民消费的地区及城乡差异》，《经济研究》2012 年第 S1 期。

费需求。① 其他相关研究结果也表明，诸如工资性收入、家庭经营性收入或转移性收入等占据收入主体的基础性收入并不能明显拉动农村居民的消费需求，而类似于财产性收入等非基础性收入其拉动作用却较强。因此，通过农村居民的收入结构的调整可以促使农村居民消费水平和结构的改变。

二　农村居民消费价格水平

消费价格水平是影响消费需求的重要因素之一，它对消费需求的影响也是显而易见的，它直接影响了消费者的购买欲望和购买成本。物价水平高低对居民消费具有重要的导向作用和抑制作用。在一定的条件下，消费品价格水平直接影响了居民消费水平的高低和消费结构的改善。收入水平不变时，消费者能买多少商品和服务，直接受商品价格的影响。消费价格水平的变动一般会对消费支出产生两个方面的影响。一方面是对消费需求量的影响，价格水平上升，消费需求量降低，反之则需求量升高；另一方面是对消费成本的影响，价格水平提高使消费者在购买和以前相同数量的东西时付出更多的成本。然而，一般情况下，消费水平对于消费者具有刚性，价格水平提高时消费者甘愿为维护以前的最高消费水平而付出高昂的成本。这里有一个价格弹性的概念。生活必需品的价格缺乏弹性，其价格水平提高，需求量不会有明显的减少。河南省农村居民现阶段的生活性消费支出大多用于满足生活必需品的需求，消费支出对于价格水平的弹性一般小于1，消费量不会随着消费价格水平的波动而出现大的波动。因此，当价格水平上升时，价格对消费支出额的拉升强度往往比价格上涨使消费数量减少而带来的影响大得多，从而导致消费价格水平的上升带动生活性消费支出的上升。②

三　农村流通设施和消费环境

市场是产品流通的场所，而流通是社会再生产中连接生产与消费的

---

① 温涛、田继华、王小华：《农民收入结构对消费结构的总体影响与区域差异研究》，《中国软科学》2013 年第 3 期。

② 宋博：《河南省农村居民消费需求预测及影响因素分析》，硕士学位论文，华北水利水电学院，2012 年。

重要环节。市场流通体系主要包括流通渠道、流通场所和流通组织三个方面。首先，农村地区的市场流通渠道一般较长，这样就会增加商品流通的交易环节，从而增加商品的交易成本。其次，农村流通场所欠缺严重影响交易关系的稳定，这也从另一方面增加了交易费用。就交易关系而言，稳定持久的交易双方不仅可以增加相互了解和信任，减少欺诈和交易纠纷，而且可以缩短交易谈判时间，节省采购和销售费用，从而大幅度地降低交易成本。再次，广大农村地区的流通组织规模一般都较小、组织化程度也较低，这不仅导致了交易成本过高，而且造成了市场秩序混乱，伪劣假冒商品充斥市场，严重损害消费者权益，大大影响了农村居民的消费欲望。最后，流通组织供给结构不合理。生产和销售企业对农村市场缺乏深入的调查了解，严重缺乏为农民服务的观念和意识，工业品开发长期以城市市场为中心，多数商品的品种、功能、价格不能适应农民的消费需求，缺乏刺激农民消费热情的动力。这是当前农村市场发育不健全，流通渠道不畅的重要因素。[1] 一些原有国有和集体的商业、供销、物资等农村销售网络明显萎缩，不能发挥主渠道作用。个体工商户虽然活跃，但在运输、经营、仓储设施等方面局限性较大。农村生产最需要的优良种子、农药、化肥以及农副产品加工和存储设备等方面新产品也相对不足，农村大宗耐用消费品供需断层，从而使农民本来就很有限的购买力难以充分发挥。

居民的消费行为是在一定的消费环境中发生的。消费环境是制约农村居民消费需求的重要因素，并且会从多方面影响农村居民消费结构的优化、升级。落后的商业硬件设施影响了农村居民消费。目前农村市场硬件方面存在布局不合理、规模偏小、设施简陋、配套不全等问题，有的只好以路为市、以棚为市。一些商品的购买需要进县城，既麻烦又增加购买成本，一定程度上抑制了消费；在软件上，郊区农村一些消费性产业尚未兴起，专业特色市场或批发市场相对缺乏，中介机构和组织不完善，中介人才缺乏。消费软硬环境不佳，也影响消费愿望的实现。

从现实来看，河南省农村市场环境还有待于进一步改善。第一，因

---

① 詹兆雄：《影响农村消费的主要因素与扩大农村消费的对策》，《农业现代化研究》2009 年第 2 期。

为不完善、不成熟的市场经济，让一些假冒伪劣产品充斥市场，商品质量难以保障，严重侵害了消费者的权益，必然降低消费者的消费需求。第二，农村生活配套设施不完善，也严重影响农村居民的消费热情和消费意愿。在河南省农村地区，由于长期以来对农村基础设施建设投入不足，农村交通、通信、水电等基础设施不能满足消费者的需要，严重制约了农村居民对现代化工业产品的消费。近年来，河南省农村基础设施虽然得到较大的改善，但仍然存在不少问题。如电价高昂和农村的供电限制会严重影响到人们对电视机、电冰箱和空调等家用电器的消费需求。

四　农村居民消费观念

由于消费者的决策往往有一种偏见，例如主观的期望、个性的偏好、选择的意向、日常的习惯、传统的嗜好等。因此，消费习惯和消费观是影响消费需求的重要因素。① 消费观念是指人们对消费水平、消费方式等问题总的态度和总的看法，消费观念的形成既是民族文化长期积淀的结果，又是社会现实的直接反映。消费观念决定着人们的消费偏好，消费偏好又影响着人们的消费行为。消费观念影响消费者的消费偏好，也影响消费者对其消费环境的评价，影响人们对消费场所、消费方式的选择，甚至消费观念也直接影响人们的未来预期和未来消费。在我国特别是广大的农村地区，人们大多遵守着勤俭节约的传统道德准则，不能正确地处理勤俭节约与合理消费的关系，片面强调节约，不愿消费，更不可能接受贷款消费的超前消费方式，尤其是在农村。长期以来，农村居民崇尚节俭，以俭为荣、以奢为耻。加之自给自足的生活模式，让农村居民形成了不想花钱的消费观念。这种传统消费观念，基本上是源于农村文化的平民化消费观念，在现实生活中表现为：一是大多农民信守节俭的传统，商品讲究实用、耐用，讲究解决生活必需。消费习惯固化于只买必需的、便宜的，一定程度上抑制了消费需求，不利于形成合理的消费结构，造成消费倾向长期偏低。绝大多数农村居民只重

---

① 张春华：《扩大农村居民消费需求问题研究——基于天津农村居民实证分析》，硕士学位论文，天津大学，2014 年。

视物质消费,忽视精神文化消费。二是消费方式畸形,有的农村居民请客送礼,相互攀比,婚丧嫁娶,大肆挥霍,甚至不惜清空积蓄;从而造成了消费不可持续的严重后果。三是储蓄意愿较强,一般多积累少消费,先积累后消费,这也就导致了低消费倾向。

五 社会保障水平

社会保障是各种具有经济福利性的、社会化的国民生活保障系统的统称,它的含义很广泛,包括社会救济、社会福利和社会保险等。社会保障强制性要求居民参加社会保险,因而降低了居民对未来不确定性的感受,提高了居民应付未来意外事件发生的能力。社会保障降低了居民的当期可支配收入,但同时为居民提供了退休后的养老金。因此,社会保障作为国家或政府调节居民收入的一种手段,必然会对居民的收入水平和收入路径以及对未来的预期产生影响,进而影响到居民的储蓄决策和消费行为。[①] 社会保障可以促进社会公平保障低收入群体的基本生活,从而提高居民整体的消费水平。所以社会保障是社会公平的"调节器",在经济生活中发挥着重要的收入再分配功能。社会保障制度的建立提高了低收入阶层的消费倾向和消费能力。赵新安和程义全(1999)认为,福利国家的社会保障与消费之间存在显著的正相关关系。社会保障体系不健全,老百姓预期支出增加,因此只好压缩即期消费,增加储蓄以预防不测。[②] 社会保障制度健全,居民增加消费。福利保障使居民消费需求和边际消费能力得以有效扩大。从现阶段看,农村居民收入预期增加较慢,而住房、养老、医疗等预期支出却在增加,社会保障制度如果不能及时到位,必然会挤占当期消费。

我国相当部分社会保障的内容将整个农村居民排挤在保障体制以外,农村社会保障一直处于中国社会保障体系的边缘。中国农村居民的社会保障主要是落在家庭的保障上。随着经济社会的发展,非农化与城镇化进程的加快,以及其他客观因素的影响,必然要求我们重新审视现

---

① 胡宝娣:《中国农村居民消费影响因素的实证分析》,博士学位论文,西南大学,2010 年。

② 赵新安、程义全:《启动消费需求的关键是完善社会保障体系》,《天津商学院学报》1999 年第 5 期。

行保障制度的安排。因为现行的农村保障体系难以承担起农村居民社会保障的全部负荷，已无法适应广大农村居民身处包括自然风险和市场风险双重风险的现实。农村社会保障体系是社会主义新农村建设的重要组成部分，对构建和谐社会起着重要的推动作用。但到目前为止，农村依然是我国社会保障制度建设的薄弱环节。农村社会保障制度最主要的内容有：农村最低生活保障制度、农村医疗保险制度、农村养老保险制度三大方面；然而目前河南省广大的农村地区在这三个方面都存在很大的欠缺。农村社会保障体系建设相对滞后使农村居民在市场经济中处于弱势地位，以致他们的安全感十分欠缺，在社会不能为他们提供保障的情况下，农民只有采取自己保障自己的办法，即为将来储蓄。农村居民即使收入有了一定提高，增加的部分收入也不能用于消费，更多地进行储蓄，以备不时之需。这对农村消费市场的启动十分不利。农村社会保障体系建设相对滞后增加了农民的负担，减少了农村消费者的即期消费，降低了农村消费者的预期收入，使农村居民消费存在后顾之忧，抑制了他们的消费信心。

六　城镇化水平

城镇化水平一般用一定地域内城镇人口数占人口总数的比例来表示。城镇化水平体现了工业化发展水平和经济社会结构状况，是反映城市发展状况的宏观经济指标，也是衡量城市发展程度的数量指标。城镇化的发展对农村居民的消费需求也有重要影响。刘厚莲（2013）研究认为，人口城镇化率与居民消费率呈正相关关系，但从中可得到连续增加1%的城镇化率所能增加的居民消费率呈递减趋势。[1] 潘明清等（2014）城镇化的积聚效应大于外部成本效应，所以总体而言，城镇化促进了居民消费增长。[2] 付波航等（2013）认为，城镇化水平与我国居民消费率呈正向关系，城镇化水平每提高1%，居民消费率就增加0.04%，城镇化通过提升居民消费能力、改变居民消费习惯和扩展消费

① 刘厚莲：《人口城镇化、城乡收入差距与居民消费需求——基于省际面板数据的实证分析》，《人口与经济》2013年第6期。
② 潘明清、高文亮：《我国城镇化对居民消费效应的检验与分析》，《宏观经济研究》2014年第1期。

领域等途径间接地提高了总体消费水平，预计这一正向作用还会增强。① 姜玲、高文玲（2013）利用 2000—2010 年 31 个省份的面板数据，设定动态面板数据模型，运用广义距方法研究了我国城镇化与农村居民消费的关系，分析结果显示：城镇化能提高农村居民的消费水平；习惯显著影响农村居民的消费行为。② 随着城市化进程的加快和消费结构升级，发生了很大的变化。近几年城镇化进程的加快，使越来越多的农村剩余劳动力向城镇转移，在有效提高了农村居民收入水平的同时也提高了他们的支付能力；与农村相比更加便捷舒适的消费环境极大地催生了他们的消费欲望；与此同时，由于长时间地和城镇居民生活在一起，城镇居民的消费观念深深地影响了农村居民，使得他们更愿意消费了。这些都从不同角度推动了农村居民的消费需求水平。

2013 年河南省城镇常住人口为 4123 万人，比 2007 年增长22.46%，城镇化率为 43.8%，高于 2007 年 9.5 个百分点。中心城市和县城 2007—2013 年累计新增常住人口、户籍人口分别为 650 万人和 310 万人，分别占全省新增城镇常住人口、户籍人口的 85.4% 和 93.9%，是河南省城镇化发展速度最快、质量最高、城乡面貌变化最大的时期。截至 2015 年年底，全省常住人口城镇化率达到 46.6%。③

七 财政支农政策

财政支农政策对农村投资等经济因素具有重要影响，也在一定程度上影响农村消费。增加用于农村公共事业建设的财政支出，可以减少农村居民在就业、教育和医疗等方面的支出，相当于提高他们的收入水平。财政农业支出在增加农民人均人力资本数量、加快农村产业结构调整、缩小区域差异性等方面发挥了较大作用。

胡书东（2002）发现，以扩大财政支出、加快基础设施建设为重

---

① 付波航、方齐云、宋德勇：《城镇化、人口年龄结构与居民消费——基于省级动态面板的实证研究》，《中国人口资源与环境》2013 年第 11 期。

② 姜玲、高文玲：《城镇化与农村消费——基于我国 31 个省（区）动态面板数据模型的实证分析》，《投资研究》2013 年第 1 期。

③ 河南省政府网站：《河南省人民政府关于印发河南省新型城镇化规划（2014—2020 年）的通知》，http://www.henan.gov.cn/jrhn/system/2016/01/18/010614385.shtml。

点的积极财政政策对民间消费确实能够起到拉动作用。财政支出增加对民众特别是农村居民消费具有带动作用，而不是挤出作用；扩大以基础设施、社会保障体系建设为重点的财政支出规模，对农村居民消费能够起到拉动作用的根本原因在于，我国经济社会发展水平特别是农村基础设施、社会保障体系落后，加快我国特别是农村基础设施、社会保障体系建设在短期内能够直接增加国内需求，长期有助于夯实国民经济发展的基础。[1] 李永友、丛树海（2006）强调政府支出对受流动性约束的城镇居民和农村居民的消费均有拉动作用。改革开放以来，致力于总需求管理的财政政策调整，不仅没有对私人部门的消费产生挤出效应，反而对私人部门的消费产生挤入效应。[2] 韩林（2009）通过研究分析了我国目前财政农村支出与农村居民消费增长之间的正相关关系。[3] 吕炜等（2010）关注了经济体制进程中的社会不公平因素和政府财政支农行为对农村消费需求的影响，通过对中国省级面板数据的研究发现，财政支农政策与行为很大程度上增进了农村消费水平。[4]

八　农村货币政策

财政政策和货币政策是政府干预宏观经济的主要手段，面对国内有效需求不足，居民消费率缓慢下降的趋势，货币政策如何配合财政政策将重心转移到扩大国内需求，刺激消费，尤其是农村居民消费，对我国经济方式转变和经济持续稳定增长，具有重要的现实意义。我国货币政策对农村居民消费会产生怎样的影响，其效果如何，这与我国特有二元经济结构有密切关联。我国农村经济社会发展落后，农村金融尚处于培育和发展阶段，货币传导机制不完善，货币政策有效性难以发挥。但是，随着我国市场经济的完善，金融改革的不断深化，货币政策的有效性会逐步显现出来。货币政策对国民经济作用是多方面的、多渠道的，

---

① 胡书东：《中国财政支出和民间消费需求之间的关系》，《中国社会科学》2002 年第 6 期。

② 李永友、丛树海：《居民消费与中国财政政策的有效性：基于居民最优消费决策行为的经验分析》，《世界经济》2006 年第 5 期。

③ 韩林：《财政农业支出促进我国农村消费增长分析》，《消费经济》2009 年第 6 期。

④ 吕炜、孙永军、范辉：《社会公平、财政支农与农村消费需求》，《财经科学》2010 年第 1 期。

通过影响农村投资、农村贷款等亦可对农村消费产生影响。[①]

利率是国家宏观调控的重要经济杠杆。传统经济理论认为,利率上升有利于增加储蓄、抑制消费;利率下降有利于减少储蓄,刺激消费。利率也是影响消费总量的因素之一。然而,20 世纪 90 年代以来,我国已连续多次下调利率,但分析结果表明,利率下调并未产生预期的效果,消费、储蓄和投资对利率变动均无弹性。近些年兴起的农村消费信贷,对促进农村消费增长具有一定作用。消费信贷的出现是为了调节资金获得与消费需求之间的时间差,调动资金市场的余缺。贷款由金融机构发放,用于消费者在消费市场上获得最终的商品与服务。近十年,农村经济飞速发展,农民收入不断提高,农民的金融意识也随之逐渐增强,对农村消费信贷的需求也呈上升趋势,农民对信贷方面的服务也提出了更高更广的要求。落实发展农村消费信贷,有利于缩减农户购买消费的储蓄期,促进即期消费,创造当期有效需求,进而完成消费结构的完善和升级。[②]

第三节 扩大农村消费需要关注的重点领域

在分析了影响农村居民消费的各因素之后,我们已经清楚了相关因素是如何影响农村消费总量和消费水平。随着农村经济的发展,农村居民的消费环境和消费观念已悄然地发生改变。要想扩大农村消费,需要关注若干重点领域。信息技术对流通方式的创新影响很大,催生了电子商务和网络购物等新的流通方式,对扩大消费产生了重要作用;消费信贷是一种新兴的消费理念和消费方式,已经在城市居民消费中蔚然成风,随着国家信贷政策的发展和城乡人口的流动,势必会对农村消费产生重要影响;农村消费品流通体系建设不足,危害农村居民的消费质量提高和消费能级的提升,影响农村居民消费需求的扩大。所以,消费信贷、网络购物体系、农村消费品流通体系将是未来消费品流通体系建设

---

① 胡宝娣:《中国农村居民消费影响因素的实证分析》,博士学位论文,西南大学,2010 年。

② 蔡峰:《浅谈我国农村消费信贷》,《黑河月刊》2017 年第 4 期。

的重点，是扩大居民消费的突破点。① 另外，结婚消费和住房消费也是需要关注的重点领域。

一　消费信贷

消费信贷是以消费者未来的购买力为放款基础，旨在通过信贷方式预支远期消费能力，来刺激或满足个人即期消费需求。

消费信贷业务，是现代经济发展中兴起的一项新型金融业务，较为典型地体现了现代经济金融发展的基本特点和要求。现代经济的发展，主要是通过社会的消费来引导生产，消费信贷在推动消费方面则起着很重要的作用。但在消费信贷业务发展过程中存在一个不可忽视的弊端，那就是农村消费信贷发展的严重滞后，这也是近几年来农村消费市场持续低迷的一个重要的原因。②

陈力朋、陈锦然（2015）利用中国 2001—2009 年的省级面板数据，分析农业信贷支持对农村居民消费支出的影响，结果表明：农业信贷支持对农村居民消费支出的提高具有正向影响，在控制一系列经济社会因素后，农业信贷支持水平每提高 1%，农村居民人均消费支出将提高 0.146%。但是，与民生支出和财政支农支出相比，农业信贷支持对农村消费支出的促进作用较小，未能发挥应有作用；此外，我国农业信贷支持对农村居民消费支出的影响存在区域差异，对中部地区的影响最强，而对东部地区的影响最弱。③ 曲晓洁等（2016）以 1985—2015 年中国农村居民消费支出与农村信贷额的年度数据为基础，运用向量自回归模型实证考察了农村信贷冲击对农村居民消费的影响，实证分析表明：农村信贷额对居民消费增长有促进作用，并且具有明显的正向拉动效应。长期来看，农村信贷额在促进农村居民消费支出的效果并不显著。④

---

① 丁超勋：《扩大消费长效机制的消费品流通体系研究》，中国社会科学出版社 2016 年版。

② 李晖：《发展农村消费信贷开拓农村消费市场》，《商业研究》2015 年第 18 期。

③ 陈力朋、陈锦然：《农业信贷支持对农村居民消费支出的影响——基于省级面板数据的实证分析》，《西部论坛》2015 年第 3 期。

④ 曲晓洁、孙英隽：《我国农村信贷额与农村居民消费的动态计量分析》，《中国林业经济》2016 年第 3 期。

虽然我国农村居民收入水平低，但储蓄率却较高，其中一个重要原因就是现有的农村消费信贷发展水平较低，其用于消费的资金有限。中央政府及有关部门高度重视农村金融市场的发展，近几年来，相关部门连续出台政策鼓励和支持金融机构针对农村消费的需求，创新农村金融产品和金融服务，推出新的消费信贷业务品种。农村的信贷主体分为：提升消费层次的农户、规模化经营的农业企业，以及农村基础设施建设的地方政府，这些主体都具有农村消费信贷的旺盛需求。农村的交通条件、通信物流、能源基础设施等方面的升级变化，优化了农村消费环境，增强了农户的消费动机和意愿。此外，消费的种类结构也相应地发生了变化，用于食品、衣物等消费弹性系数小的需求极大减少，进而转向自身发展、休闲娱乐、装修、汽车、健康和旅游等消费的效用增强。在我国农村居民人均储蓄约束条件下，进行大额长期消费急需外部融资的支持，对农村消费信贷将产生大量需求。农村消费需求的增长，对消费信贷总量的需求也相应地增加。但是，在我国农村地区，商业化和货币化程度相对较低，尚未形成农村严格的商业规则，更无信息披露的约束机制和激励机制，农业生产过程几乎没有规范完备的会计记录，小规模的经营模式决定了农业生产资金一般不通过银行等金融机构进行结算，信贷机构则无从准确掌握和识别信贷客户的还款能力和风险因素。[1]

由于河南省农村人口众多，消费信贷的潜力是巨大的，消费信贷在农村存在广阔的发展空间。农村信贷对农村居民消费存在两种作用路径：一是直接效应，即通过消费性信贷直接产生消费；二是中介效应，即通过生产经营性信贷支持带动农村生产、提高农民纯收入进而提高消费，农民纯收入在中介效应中充当了中介变量（陈东、刘金东，2013）。[2] 对于直接消费，主要是通过医疗、住房、教育、耐用消费品等进行消费，这种消费支出对储蓄周期要求比较长，如果发生支出需求时，往往在短时间内难以筹够资金，这就需要借助信贷进行消费；对于

---

① 胡元聪、羊海燕：《供需因何错配——农村消费信贷制度供给侧改革的法经济学分析》，《湖湘论坛》2017 年第 1 期。

② 陈东、刘金东：《农村信贷对农村居民消费的影响——基于状态空间模型和中介效应检验的长期动态分析》，《金融研究》2013 年第 6 期。

中介效应是通过生产经营性信贷来增加经济水平，进而提高消费水平。①

当前，农村消费信贷存在问题有：

（1）金融机构贷款用途单一。目前，金融机构对农村投放贷款主要是生产性贷款，消费贷款未能得到足够的发展。据对 500 户农民调查显示，56.8% 的农民表示对消费贷款有需求，其中，住房贷款和教育贷款两类占比高达 65%，对大额耐用消费品贷款、医疗消费贷款、住房装修贷款、汽车贷款等需求相对较低，占比分别为 15%、9%、7%、4%。②

（2）农村居民承贷能力差。消费者的承贷能力是判断消费信贷等级的重要依据。近几年，农民收入虽然持续增长，但增长速度缓慢。尽管这个问题已得到国家重视并采取一系列扶持措施，但效果并不乐观。2016 年，河南省农村居民家庭人均净收入是 11696.74 元，这种收入水平只够农民应付日常消费，用于承担贷款就显得有些力不从心。

（3）农村经济环境落后。其主要是指消费环境差、基础设施落后。金融机构的网点数量少，加以农村空间的断隔分布特点，使有些农户很少有机会接触到金融机构，对各类消费信贷业务的相关信息尤其闭塞。由于缺少联络渠道，即使需要金融服务，也很少或很难想到求助于信用社等金融机构，甚至部分农户从未接受过任何金融机构提供的服务。

（4）农民受传统观念约束，消费心理底线难以突破。我国社会对于现代消费观念的宣传力度不够，农民的消费观念仍然传统、保守。中国传统文化中弘扬量入为出、多挣少花，这种根深蒂固的观念从早期的具有自给自足特点的小农经济开始到现在，仍根植在大多数农民心中。农民们或许可以接受用贷款来购买生产性资料，但一般不会为了消费性资料而贷款提前消费。

当前，发展农村消费信贷的对策有：

（1）丰富农村金融服务主体。由于涉农金融存在利润低、风险高的现状，不少商业金融机构布局农村业务时都十分谨慎。可以说，当前

---

① 李滨伍：《关于状态空间模型和中介效应检验的长期动态背景下农村信贷对农村居民消费的影响研究》，《现代经济信息》2015 年第 3 期。

② 蔡峰：《浅谈我国农村消费信贷》，《黑河学刊》2017 年第 4 期。

整个金融改革发展最为薄弱的环节就是农村金融。目前，农村信用合作社在农村信贷中充当主力军作用。村镇银行近几年发展也较快。截至2013年年末，全国共有987家村镇银行开业，贷款余额3632亿元，同比增长55.8%，其中80%以上投向"三农"领域。国务院办公厅发布的《关于金融服务"三农"发展的若干意见》中指出：中国农业银行、邮政储蓄银行、中国农业发展银行和国家开发银行这四大金融服务主体将作为农村金融改革的"主力军"，通过对这些银行涉农业务的更加明晰定位，以达到增强农村金融服务质量的目的。完善相关法律法规和配套政策，提供良好外部环境。由于农民带给金融机构的利润预期相对较低，再加上监管难、风险不确定等因素降低了金融机构对农村消费信贷的发放兴趣，同样限制了农村消费信贷的供给。因此，政府应该多出台实施一些涉农金融机构的奖补政策，如金融机构在偏远农村地区加设机构网点给予其一定的资金补贴，或者对发放涉农贷款较多尤其是农民个人消费信贷占比较高的金融机构给予一定的资金奖励等。这样就可以在发放农村消费信贷的意愿上改善供给不足的现象。①

（2）大力发展农村消费信贷业务。农村居民的消费潜力需要农村消费信贷的大力支持。目前在农村应大力推广以下几种消费信贷业务：一是住房消费信贷。中国农村居民大约将收入的1/5用于居住消费支出。由于住房投资金额较大，对多数农村居民而言，如果没有农村住房消费信贷支持，很难早早圆上"新房梦"。特别是随着农村劳动力向城镇的转移，新生代农村居民在城镇购房日益普遍，所以，很有必要专门针对农村居民开展有特色的住房消费信贷。二是汽车消费信贷。随着公路在农村的"三通"和农业机械化程度的提高，农村居民对小汽车、农用车、摩托车等的需求也越来越强烈。特别是近几年国家惠农政策中对于农村居民购买农机具的补贴，使农村居民购车欲望更加旺盛。但对于农村居民而言，无论是购买家用小汽车，还是购买大型农用机械，投资都较大，多数农民往往无力购买。因此，各大农村金融服务主体应该通过开展汽车消费信贷，提升农村居民消费能力。三是家庭耐用消费品

---

① 恽晓方：《浅析我国农村消费信贷存在的问题及解决对策》，《经济师》2015年第8期。

信贷。对彩电、冰箱、洗衣机、空调等大件家庭耐用消费品，农村居民有较强购买意愿，但农村居民的购买能力有限。"家电下乡"政策有效地刺激了农村居民对这些大件家电的需求，但由于补贴额度有限，很多农村居民购买意愿仍然处于压制状态。各大农村金融服务主体可以通过开展家庭耐用消费品信贷业务，带动农村居民家庭耐用消费品支出。四是高等教育消费信贷。高校的扩招让农村有更多孩子跨进大学的校门，但高校并轨收费制度的实行也使很多优秀农村学生交不起学杂费，特别是民办高校每年学费超过万元，使很多农村家庭对高等教育望而却步。各大农村金融服务主体可以通过开展高等教育消费信贷业务，化解农村居民在高等教育上的流动性约束，人力资本积累的改善也将为农村学生提供更大的发展空间，使高等教育消费信贷形成一种良性循环。[1]

降低农村消费信贷的风险。农村消费信贷存在的风险问题是限制农村消费信贷发展的重要因素，因此，要改善农村消费信贷的发展现状，就必须要降低农村消费信贷的风险，让农村金融机构可以"无后顾之忧"地将资金贷给农民。降低农村消费信贷的风险应该从三个途径入手：首先，要改善农民的信用状况、降低消费信贷风险的关键就是要提高农村的收入水平。其次，应尽快建立个人信用体系以降低信用风险。有效的个人信用机制，不仅可以很好地改善由信息不对称带来的信用风险，而且能对农民形成一种制约，从而减少道德风险的事件发生。最后，面对无法掌控的自然风险所造成的信贷风险，可以通过建立有效的农业保险机制的方式来分散农村消费信贷的风险。[2]

二　消费品流通体系

作为一个农业大国，农村居民面临消费升级的机遇，农村消费市场有着巨大的消费需求释放空间。长期以来，我国流通网络建设薄弱，农村流通发展滞后，农村市场是扩大内需的重点。目前，农村消费品流通体系的落后，在一定程度上制约了农村经济的发展和农村消费需求的扩

---

① 张莉莉、朱文奇：《提升我国农民消费能力分析》，《中国商贸》2015 年第 8 期。

② 恽晓方：《浅析我国农村消费信贷存在的问题及解决对策》，《经济师》2015 年第 8 期。

大。黄国雄（2000）指出农村流通的和谐发展是促进商业系统优化、扩大内需的重要组成部分。柳思维（2005）从博弈论和信息不对称角度分析了农村商贸市场对于农村消费的促进作用。李骏阳等（2011）使用偏最小二乘法，定量研究了流通业对农村消费的影响程度。现有研究表明，流通对消费具有导向、促进和保障的作用。特别是在农村，农村流通业和消费彼此制约，相互促进，农村流通体系发展速度和规模直接影响到居民消费需求的实现效果，进而影响消费结构与消费方式的升级。加强农村消费品流通体系建设，是搞活农村流通，扩大农村消费的重要举措，也有利于建立扩大消费的长效机制。

农村居民消费需求个性化、多样化，需要农村消费品零售业态的多元化；农村居民消费的高度化和成熟化，要求加强农村流通体系的休闲服务功能；农村居民对价格的敏感性要求消费品流通体系更具效率化。农村流通体系发展不畅成为农民消费升级和扩大消费的障碍，突出地表现在政府对农村流通体系的政策和资金支持不足、农村流通设施建设滞后、农村流通主体组织化程度低、经营模式单一、流通秩序混乱、农村物流发展滞后等方面，影响了消费者的积极性，制约了消费需求的实现。扩大农村消费，必须从以下多个方面进行努力。

加强政府领导和规划，完善政策法规。各级政府应充分重视，强化责任意识，成立专门的领导机构和办事机构，相关部门密切配合，形成全力支持、齐抓共管的农村现代流通网络建设工作局面。同时，要做好农村现代流通网络的规划制订工作，按照现代流通发展的要求，把相关的农产品批发市场、农村供销合作社、农产品专业协会、农村经纪人队伍等纳入规划范畴。加强农村商业网点的发展规划与分类指导，对现有商业网点资源进行整合，使商业网点形成布局合理、业态较齐、功能较全的局面，逐步建成以县城为龙头、以乡镇为骨干、以村为基础的农村流通网络。制定农村现代流通网络建设标准和管理规范，推进农村现代流通网络服务的标准化、规范化和科学化。加快研究和制定规范农村商品流通活动、农村流通主体和市场行为等方面的法律法规和行政规章。加强农村地区的流通基础设施建设。加强基础设施建设，以改善农村的消费环境，为扩大消费创造条件。首先，继续抓好农村道路的规划、建设、管理和维护。建设农村地区第三方物流配送体系，降低配送成本。

其次，继续发展农村电网，对其进行铺设或改造。此外还应加强用电和收费管理，进行合理收费。电价的降低有利于刺激农村家用电器的消费，为更多的家电进入农村创造条件。在供水方面，要改进农村的供水设施和水质，尽快发展自来水供应系统，逐步实现农村饮用水自动化，这将扩大洗衣机、热水器等在农村的消费。最后，加强农村信息化建设，使农村居民方便地获取信息，与外界的联系方式更加多样化，激发农村电子商务市场的开拓。

规范农村市场秩序，改善农村消费环境。要加强农村市场监管，加大执法力度，严厉打击生产和销售假冒伪劣产品的违法行为，打击欺行霸市、强买强卖等不法行为，打击坑农害农的虚假违法广告行为，健全农村消费者投诉受理机制，保护农民合法权益，确保农村消费需求的顺利实现，这对于扩大消费需求具有不可估量的作用。要支持面向乡镇的农村集贸市场和大型农产品批发市场的建设与改造工程，加强对农村集贸市场和专业批发市场的技术改造和规范管理，改善市场环境。积极开展符合农村特点的节假日消费和旅游消费活动，不断创新消费形式和消费内容，为农村居民提供多样化消费需求实现的途径。政府、流通组织和消费者都从自身出发，才能改变农村消费流通市场秩序混乱的现状，为满足消费升级、扩大消费提供和谐的市场环境。

进一步推进"万村千乡市场工程"。以县城和中心城镇为重点，以村、乡镇为基础，进一步引导城市连锁超市向农村延伸，鼓励有实力的流通企业改造"夫妻店""代销店"，发展特许经营、销售代理。引导各类大中型流通企业利用品牌、配送、管理等优势，通过投资或加盟连锁的方式建立或改造农村消费品零售网络。支持各类中小型企业自愿结合，统一采购、统一建立销售网络。充分发挥供销合作社在农村物流中的作用，利用其点多面广的优势，提升连锁配送网络在农村市场中的功能，完善农村社会化服务体系。引导各类大中型流通企业直接到试点县市的乡镇投资建立连锁零售企业改造原有供销社。

大力推进流通组织网络使用多样化。进一步扩大农家店的覆盖面，积极拓展农家店经营服务范围，逐步实现农家店收购农副产品、搭建综合服务平台、推动农副产品创自有品牌、进超市等"一网多用"功能。支持农村流通组织参与"家电下乡""汽车下乡"等工作，推动工业消费品的农村推广。以小城镇零售网点为依托，扩展零售企业的服务功能，逐步实现消费品、农资、药品、图书等"一网多用"，并开展收购农副产品，搭建综合服务平台，不仅可以使原有网点增强实力改善经营，还可以满足农村居民的多种服务需求，培育新的服务领域，创造消费环境，活跃市场。

农村传统集会的完善和管理。农村集贸市场是农村商品经济活动的中心和推动器。我国农村集贸市场一般分为三类：传统的农村集市、在乡镇政府驻地开办的集贸市场、企业及其他组织和个人开办的市场。集市上的零售经营者以路为市摆摊设点，销售各类日用品、农副产品。农村集市是发展农村零售业的较好的场所。由于农村集会点多面广流动性大，农民消费维权意识普遍不强，从根本上消除农村集会假冒伪劣商品需要大力度的整肃治理。工商行政管理部门是集会交易的主管机关，工商管理部门可以划定特定的区域形成不同的市场，交给不同的市场经营者，要求市场经营者登记备案，对流动商贩做实名管理，工商部门还要在不同的市场加强工商法规宣传，让市场经营者做好农民消费者权益的维护和争议的处理，同时还要联合质检卫生防疫和新闻媒体等相关部门，形成合力实施综合治理。①

三 网络购物

信息技术的高速发展，创造了新的消费品流通方式，电子商务发展势头迅猛，许多大型的 B2C 电商企业和 C2C 交易平台成为消费者进行消费品选购的重要甚至首选的平台。在传统消费品流通渠道进入成熟期盈利下降的时候，网络购物异军突起，成为扩大居民消费品需求的新大陆。

网络购物，包括发生在互联网企业之间（Business to Business，B2B）、企业和消费者之间（Business to Consumer，B2C）、个人之间（Consumer to consumer，C2C）、政府和企业之间（Government to Business，G2B）通过网络通信手段缔结的商品和服务交易。本书中的网络

---

① 丁超勋：《扩大消费长效机制的消费品流通体系研究》，中国社会科学出版社 2016 年版。

购物仅指 B2C 和 C2C 购物。

据中国电子商务研究中心（100EC. CN）监测数据显示①，2016 年中国网络零售市场交易规模达 53288 亿元，相比 2015 年的 38285 亿元，同比增长 39.1%。预计 2017 年全年中国网络零售市场交易规模有望达 75693 亿元。2016 年中国网络零售市场交易规模占到社会消费品零售总额的 14.9%，较 2015 年的 12.7%，增幅提高了 2.2%。网购用户规模：据中国电子商务研究中心监测数据（100EC. CN）显示，2016 年，我国网络购物用户规模达到 5 亿人，相比 2015 年的 4.6 亿人，同比增长 8.7%。

随着电商模式的丰富多样，电商品类也被不断细分。跨境、母婴、农村电商成为各企业的发力点，并实现了从发展到完善，完善到优化的一系列飞跃转变。

电商们纷纷聚焦在农村这个市场，一方面是城市的电商用户开始遇到增长"瓶颈"，电商巨鳄们希望激活广阔的农村市场用户；另一方面也为农产品拥抱互联网提供了无限机遇，而这必将对传统的农产品行业带来巨大冲击。2017 年 4 月 10 日，国内电商巨头京东 CEO 刘强东宣布将在全国开设超过一百家京东便利店，其中一半在农村。不难看出，这是京东针对农村市场转换了拓展思路，以实体的方式"渗透"农村市场。而阿里、苏宁、国美等也纷纷把农村电商作为未来主要战略之一，不断在县与村一级建服务站、代理点，寻找合作伙伴，角逐广大的农村市场。据中国电子商务研究中心监测数据（100EC. CN）显示，2015 年农村网购市场规模达 3530 亿元，2016 年农村网购市场规模达 4823 亿元，同比增长 36.6%，2017 年全年将达 6000 亿元。

注册用户、成交量及交易额的大幅持续增长在一定程度上反映出消费者购买途径偏好已逐渐从实体商店转向虚拟网络。随着生活节奏的加快及网络通信技术的日臻完善，网络购物有望成为消费者的主要购物方式。考虑到消费者的年龄差距、城乡差别，网络购物目前主要集中于城市低年龄层的消费者中。随着中国消费者知识层次的提高、接触网络可

---

① 《2016 年度中国网络零售市场数据监测报告》，中国电子商务研究中心，http://www. 100ec. cn。

能性的增加及农村物流及网络接入服务的增长，网络购物的市场份额将长期存在增长空间，这将必然挤压其他零售业态的市场份额。

《中共中央关于制定国民经济和社会发展第十三个五年规划的建议》提出，要积极发展电子商务，加强市场流通体系建设，发展新型消费业态，拓展新兴服务消费。在电子商务条件下，消费者可以利用网络扩大搜寻范围，由于网络打破了时空限制，使消费者仍然可以用较少的机会成本扩大搜寻范围，从而使市场效率提高。网络购物的优势在于：

消费者可获得与传统购物方式不同的购物经验，满足消费者求新、求异、追求时髦的心理。网上的产品丰富多样、价格低廉、富有特色，能极大地满足消费者对个性化产品的需求，也能满足一些对价格非常敏感的消费者需求。节省购物成本和购物时间，消费者足不出户就能取得产品的相关信息，节省购物时间及交通成本，方便、省时，也可免除购物疲劳。网络展示降低了信息的不对称性，消费者可以在"零成本"的情况下对各种同类产品进行分析比较，系统、全面地了解产品，消费者可以同时打开多个购物网站，浏览多个店铺中同一类商品的价格，获取价格最低、质量最优的产品。网络购物无时间和地点限制的特点，也使消费者能够随时选购全国甚至是世界各地的各种产品。网络购物平台中丰富多彩的多媒体产品展示方式极大地刺激了消费者的消费欲望。

尽管目前网络购物发展很快，成为新的消费热点，但仍存在一些问题，需要在发展的过程中予以解决，才能在扩大消费中发挥更大作用。目前，网络购物的问题主要表现在：

网络购物在全国的普及率不高，偏远落后地区及老年群体市场占有率低。从宏观层面来看，我国网络购物在地域上发展相当不平衡，主要集中在经济发达省份和城市，经济发达省市网购者占全国网购网民数的1/3以上。从学历层次上看，学历越高，网上购物比率越高。在普通市民和农村居民中，网购的比例偏低。购物者的知识水平、收入水平、年龄、对新的消费方式的认同感极大地影响着网络购物的发展。

物流配送体系薄弱。网络购物呈大跨步发展趋势，而物流配送的发展速度却跟不上，这样就制约了网络购物的发展，每到过节前后或者大促销活动后，多家快递公司会出现"爆仓""停运"等现象。另外，由于配送从业人员的素质较差，经常出现配送不及时、邮件损坏、调包等现象的发生，使买家退换货难。因网购经销商和物流公司相互推诿，消费者通常要承担物流配送不及时和物品破损所致损失。相对而言，B2C购物网站自建物流的方式尚能满足用户的送货需求，但是对于 C2C 市场的广大用户，目前的物流体系无论从服务态度还是质量上都在满足市场需求上存在欠缺。

网络支付平台存在一定风险性。中国互联网络信息中心提供的一份调查显示，30.4% 的非网上支付用户是因为感觉不安全、担心资金被盗而不使用，还有 11.8% 的非网上支付用户担心账户信息泄露。由于安全支付方面的问题，导致利用网络窃取钱财的实例时有发生。不断见到媒体纷纷报道的诸如网银客户资金被非法转账、客户被虚假连接错误支付款项等一系列网上支付负面案例，使许多客户对网上支付的安全性产生了诸多怀疑。

商品知情权难以保证，导致双方的诚信缺失问题。网络展示产品信息具有不完整性，顾客对质量、售后服务认知存在不确定性。由于网络购物是在虚拟市场进行的，消费者无法真实地了解该商品的具体情况，只能通过图片、广告来比较辨别，买卖双方无法以面对面的方式进行洽谈、交易，具有明显的不确定性，容易导致诚信缺失问题。

有关法规的不完善使消费者投诉困难。由于网络购物还是个新兴事物，一些相应的法规市场管理措施等没有及时跟上，而且，由于网络的虚拟性，常常让消费者维权无从下手。网络购物维权难的困难主要表现在两个方面：一方面是维权成本过高；另一方面是维权执法困难。交易信用管理、安全认证、在线支付、税收、市场准入、隐私权保护、信息资源管理等方面的法律法规还在研究和制定上，给执法造成了一定困难。

四 结婚消费

婚姻乃人生大事。如今，结婚已经逐渐成为农村居民家庭消费最为集中的事由。结婚消费作为农村家庭消费的重要组成部分，既体现了一定社会的婚姻行为规范，也反映了农民的消费观念和农村的社会文化生活。

结婚消费，主要包括彩礼、嫁妆、婚宴、置办婚房和家居用品消费等。彩礼是指男方家庭支付给女方家庭的各种资源；嫁妆是指女方家庭及亲属赠送给新娘的各种财物，有些学者还提出"间接嫁妆"，指"女方家庭将男方所送的彩礼作为嫁妆返还给男方，财物的转移形式采用了嫁妆的名义，但实质上仍是男方所送的彩礼"，这一现象在我国农村普遍存在；婚宴是把婚姻大事公之于众，获得大家认可的一种重要形式；置办婚房和家居用品是农村结婚消费的重要组成部分，房子好与差直接反映了男方家庭的经济状况。此外，还有婚礼程序项目消费，即迎亲租车、扎花车、新娘化妆、拍摄婚姻现场等。

随着经济的发展和居民生活水平的提高，农村居民的生活方式、思想观念也有所改变，进而影响到了农民的婚姻消费、结婚风俗。随着现代思想的渗入，传统习俗的剥离，传统的婚姻文化和婚姻观念发生了巨大的衍变，以"六礼"——纳采、问名、纳吉、纳征、请期、亲迎为特点的传统婚姻程序在不断地简化，但人们对婚姻大事的重视并没因此而削弱，表现在结婚消费上，就是农村结婚的花费越来越高。在婚姻消费中，通过父母为子代建房、筹备婚事，家庭财富一步一步实现了转移，这对子代婚后家庭代际之间的关系产生了很大影响。

我国农村结婚消费在家庭消费支出中的比重越来越大，普遍出现结婚高消费现象，呈现出炫耀性消费的特征。农村经济的发展、商品的丰盛及收入的增加为农村结婚高消费提供了物质基础和条件。同时农村社会的面子意识、身份认同及关系网络等内在特质在结婚消费上呈现的炫耀性、攀比性和效仿性则助长了高消费的趋势。[①]

在河南省农村，尤其是对于家中有一个或多个适龄男青年的家庭来讲，娶妻生子将是一个美好而又沉重的话题。围绕结婚而进行的诸多开支，越来越成为家庭经济的重要负担。

关于河南省农村结婚消费的变化，侯俊芳（2014）的研究认为：第一，彩礼由实物化转变为单一金钱化。改革开放以来我国中部农村地区的彩礼发生了质的变化：在品种方面，彩礼由多样实物化向单一金钱

---

① 张小莉、李玉才、孙学敏：《当前中国农村结婚高消费现象的社会学分析——基于炫耀性消费理论的视角》，《农业经济》2017 年第 1 期。

化趋势发展，由日常生活用品逐渐转变为高档奢侈品；在投入比重方面，彩礼的投入强度越来越大，消费数额越来越高，远远高出同时期农民人均收入水平，成为当地结婚消费的一大项目。第二，嫁妆投入强度逐渐呈现弱化趋势。随着河南省农村地区城镇化、现代化进程的不断推进，广大农民对婚房及家居用品提出更高的要求。这一方面体现了改革开放以来我国农村经济快速发展，人民生活质量显著改善；另一方面也表明了农村结婚消费水涨船高，婚房和家居用品消费所占比重不断增大，成为一笔不菲的开支。第三，婚礼项目具有浓厚的现代化气息。河南省农村地区不断与城市接轨、融合，表现出强烈的现代化气息，农村年轻人追求潮流、时尚，使日常婚礼程序项目不断推陈出新，消费也随之呈现快速增长的趋势，发展成为一项新的婚姻消费。①

　　关于河南省农村居民结婚高消费的原因，学者们从经济、社会、心理和文化等因素对此进行了深入分析。从经济因素来看，农民收入渠道多元化，生活水平显著提高，为结婚消费高涨提供了必要的经济基础；从社会因素来看，伴随着我国城镇化、现代化进程的不断推进，农村大量剩余劳动力流入城市，导致农村大量女青年流失，男女比例失调，农村男青年面临着严峻的择偶困境，不得不支付高额彩礼以取得婚姻成功；从心理因素来看，从众心理、"面子"观念与盲目攀比心理等因素交织在一起，举办婚礼更加气派，花费随之高涨；从文化因素来看，消费主义和都市文化已渗透到农村居民的生活中，潜移默化地改变了农村居民的消费观念，更多的农村青年不再满足农村生活现状，对现代化的城市生活充满了向往和追求，在结婚消费上纷纷效仿城市人。此外，结婚消费高涨还与陈旧落后的婚姻观念、农村教育文化水平落后等因素有关。②

　　河南省农村是一个乡土文化社会。"几千年来在我国农村形成的农村特有的道德、习俗、人伦关系等乡土文化，使得中国农村形成了以个人为中心、向血缘基础上的家庭扩展，再按人际交往的远近亲疏继续向

---

　　① 侯俊芳：《改革开放以来中部农村结婚消费变迁研究——以河南省 D 村为个案》，硕士学位论文，河南师范大学，2014 年。

　　② 侯俊芳：《改革开放以来我国农村结婚消费研究述评》，《传承》2013 年第 3 期。

外延伸的'圈层结构'"（费孝通，2006）。① 当前农村结婚消费在具有常态功能之外，同时具有塑造形象、构建身份等社会学意涵。结婚消费逐渐成为居民凸显在同质性群体中的地位并被高质性群体认同的一种象征途径。基于此，农村青年的结婚消费越来越具有表现意味和象征意义，逐渐成为农村居民经济实力、身份地位、家族威望的展示形式。通常来讲，结婚消费一般包括"彩礼、嫁妆、婚房和新婚家居用品、婚宴及婚礼程序项目"。尽管当前我国农村居民家庭人均可支配收入持续增长，但农村家庭人均消费支出同样不断提高。而其中结婚消费往往需要农村家庭几年的收入积蓄，成为农村家庭支出的重要组成部分。

五　住房消费

对农村家庭，尤其是消费意愿强烈的家庭，改善性住房消费需求有巨大的拉动作用。全国农村家庭有较强消费意愿，但支付能力不强。东部地区农村家庭有较高的住房消费意愿和支付能力，中部地区农村家庭消费意愿较高、支付能力不足，西部地区消费意愿和支付能力都较弱。②

住房消费不仅包括为结婚而准备的新房支出，还包括旧房改造、改善性居住等。据《河南省统计年鉴》显示，河南省 2015 年农村人均住房面积 63.6 平方米，住房价值 3.1 万元，居住消费占据农村居民消费总支出的 20.2%，是除食品消费外占比最大的部分。河南省农村居民人口众多，且多呈散落居住，农村地区家庭聚集的情况比较明显，农房对农民的意义重大。农村住房既是生活资料又是生产资料，生活和生产空间并未分离；农村居民自有住房率和人均居住支出均不断走高。③ 住房作为基本的生活资料以及耐用性，会影响农村居民的长期消费，在居民总消费支出中占很大比重。陈自芳（2011）认为，住房是我国农民消费弹性最大的需求之一，它是带动其他各类消费的一个关键因素。全

---

① 费孝通：《乡土中国》，上海人民出版社 2006 年版。

② 张大斌、凡华农、邓大才：《中国农村家庭住房消费需求微观经济分析》，《农业技术经济》2011 年第 9 期。

③ 陈丽：《农村居民平均住房消费倾向及其影响因素分析》，《湖北农业科学》2015 年第 5 期。

国农民 8 种不同消费在总消费中的比重变化，住房消费比重明显上升，仅次于食品支出。[①] 杨伟锋等（2010）认为，随着收入的提高，农村居民消费支出将增加 35.93%，其中边际消费倾向最大的是住房消费，为 13.43%。说明农村居民在消费总支出增加的基础上，居民对居住支出比重增加最大。[②]

住房消费对农村居民总体消费具有重要影响。住房问题关系民生，以住房建设撬动农村消费需求，大有潜力可挖。农村住房改造建设具有扩大内需与改善民生的双重功效。邢大伟等（2016）分析了住房资产和生产性固定资产对消费的影响，研究表明，农村家庭的金融资产、住房和生产性固定资产均对居民消费有显著的促进作用，但是金融资产对居民消费的作用大于固定资产；对于家庭固定资产而言，住房资产对消费的作用大于生产性固定资产；研究还发现，农村家庭可支配收入、户主年龄特征及家庭规模对家庭消费的差异性具有一定的解释力。[③] 住房消费能拉动其他行业需求，增加有效需求。启动农村住房建设与危房改造工程必将拉动消费。住宅产业关联度高，住房工程产业链长。据世界银行调查分析，房地产业能带动建筑、建材、建筑设备、农林、轻工、冶金、机械、家电、家具、金融保险、装饰装潢、中介服务等 30 多个行业 70 多个产业的发展。住房改造建设，是增加投资、扩大内需的有效手段。[④]

第一，要合理引导农村居民的住房消费。在各级政府重视的情况下，应当通过广播、电视、农村宣传栏、干部口头宣讲等多渠道、多方式向农民宣传政府的经济发展政策和经济发展规划，积极引导农民住房消费观念的改变，引导农村社会成员在住房消费方面量力而为，克服住房浪费现象，做到适度消费、在满足基本住房需求后，更多地将资金用

---

①　陈自芳：《农民收支结构对收入与消费的影响——兼论提高农民收入促进消费的对策》，《中共浙江省委党校学报》2011 年第 2 期。

②　杨伟锋、刘永萍：《河南农村居民消费结构分析》，《黄河科技大学学报》2010 年第 4 期。

③　邢大伟、唐婷：《农村居民家庭住房资产和生产性固定资产对消费的影响》，《金融纵横》2016 年第 12 期。

④　应红烈：《浙江农民住房消费需求强烈——关于浙江农村住房改造和扩大消费的调研》，《观察与思考》2010 年第 10 期。

于投资、自身及子女的教育等方面，拓宽农民消费领域，提高消费质量和层次，变生存型消费为发展型消费。减少农民在住房消费方面互相攀比，注重数量而不注重质量的现象，形成健康的消费观。

第二，逐步促进农村住房产权流转。要解决农村住房产权流转问题，难免触及农村土地制度和农村现有运行方式等根本问题。首先，建立从产权取得、流转、担保到产权登记等完善的农村房地产管理法，明确其法律关系和法律地位。其次，完善农村房屋产权登记，建立城乡一体化的房屋产权管理制度。最后，培育规范的农村房屋产权流转市场，鼓励自愿、有偿流转。出台有关政策，培育规范的农村住房交易市场，统一城乡住房交易政策，规范交易行为，鼓励农民自愿、有偿流转住房。加快推进农房抵押和按揭贷款，盘活农民的住房资产，充分发挥住房资产的财富效应；加大生产性固定资产投资力度，为农民收入增长奠定基础，从而促进农村居民消费持续快速发展。

第三，科学规划农村住房建设。目前，我国村镇建设缺乏规划，布局散乱现象普遍存在，这种现象存在诸多弊端：导致土地浪费严重、阻碍了农业生产机械化的进程和规模经济的发展、房屋质量差且安全保卫措施落后、公共基础设施建设困难等，严重束缚了农村城镇化和现代化的发展，不利于农民生活水平的稳步提高。目前，农民建房多是根据村庄规划和地形、面积，自行设计图纸，有的就凭自己的想象，亲戚之间互相效仿，所以建起的住房结构单一，功能单一，布局不合理，占地面积大而且不美观。应考虑由政府组织建筑设计部门，按照适合国情省情，体现民族风格，符合当地农民生活习惯的要求，设计推广标准的农村住房，推荐的住房外观形式应该多样化，供农民任意选择。①

---

① 王建香：《新农村建设背景下山东农民住房消费问题研究》，《消费导刊》2009 年第 9 期。

第六章　河南省农村流通和消费专题调研

关于河南省农村消费和流通近年来的热点问题，笔者带领学术团队展开了若干专题调研，包括对农村地区药品流通和消费现状、万村千乡等流通工程对消费的影响、洛阳市流通和消费现状、农民工消费特点等，目的是把握这些问题的实际情况，以丰富和完善对河南省流通和消费整体的研究。本书把对这些热点问题调研的过程和结论呈现出来，以飨读者。

第一节　农村医药流通现状和改进对策

目前基层老百姓反映强烈的"买药贵"问题，引起各界人士高度关注，在今年"两会"期间成为热议话题。此前政府采取了多项措施进行规范管理，进行了多项医药流通改革，然而现实中政策的实行效果如何，还有待观察。本次调研对于社会公众、医务人员和药品经销商分别设计了不同的问卷并进行了走访调查，得出了一些基本结论，通过研究，提出了改进的对策。

一　调查背景

药品流通是指药品从制药企业到最终消费者的全过程，是药品由生产商、批发商和零售商（医院或药房）向消费者移动过程中所经过的各个环节，以及涉及的各方面利益主体的统称。医药行业是我国国民经济的重要组成部分，2013—2015 年医药制造业相关企业营业利润分别为 4053.06 亿元、4562.6 亿元和 6089.91 亿元[①]，呈高速上升趋势。我国已经形成了比较完备的医药工业体系，发展成为世界制药大国。据国家统计局数据显示：2014 年仅医药制造业私营工业企业就有 3120 个。[②]然而，医药市场蓬勃发展的同时各种问题也接踵而至。

（一）药品价格过高，流通分配不合理

药品是民众在特定情况下为保障自身健康、维持生命的必需品，消费者在药品经营的各环节中处于被动地位，药品价格越高，消费者消费压力越大。虽然国家并未开放所有药品的定价权，但我国市场经济体制发育尚不完善，行业法规还不健全，经营者素质参差不齐，药品流通环节过多，使药品出厂后加价过多等因素导致大部分药物的价格远高于成本，给消费者带来很大的经济负担。此外低价普药现处于越来越不利的竞争地位，进口药品、合资药品占领医院大部分市场份额。调查显示，最近几年新药的销售额已占领城市医院药品销售额的 40%。在一些大城市的大医院，进口药的销售量占 50% 以上，合资药品占 30% 左右，普药只占 20% 以下。[③]

（二）以企业为中心的技术创新体系尚未形成

新药创新基础薄弱，医药技术创新和科技成果迅速产业化的机制尚未完全形成，医药科技投入不足，缺少具有我国自主知识产权的新产品，产品更新慢，重复严重。化学原料药中 97% 的品种是"仿制"产品。老产品多、新产品少；低档次与低附加值产品多、高技术含量与高附加值产品少；重复生产品种多、独家品牌少。有些产品如庆大霉素、扑热息痛、维生素 B1、甲硝唑等制剂有几十家甚至上百家企业生产。即便是新产品，重复生产现象也很严重，如二类新药左旋氧氟沙星制剂就有 34 个企业生产、克拉霉素制剂有 35 个企业生产。应用高新技术改造传统产业的步伐较慢。多数老产品技术经济指标不高，工艺落后，成本高，缺乏国际竞争力。

---

① 资料来源：国家统计局网站，http：//data.stats.gov.cn。
② 同上。
③ 隋娜娜、朱虹：《探讨药品流通领域存在的问题及解决方法》，《2011 年中国药学会药事管理专业委员会年会暨"十二五药事管理学科发展与药品监管工作建设"学术研讨会论文汇编》，2011 年。

（三）医药流通体系尚不健全

在计划经济体制下形成的三级批发格局基本打破以后，新的有效的医药流通体系尚未完全形成，非法药品集贸市场屡禁不止。再加上生产领域多年来的低水平重复建设，致使多数品种严重供大于求，流通秩序混乱，治理任务艰巨。①

（四）我国医药企业集中度低，竞争力弱

虽然我国医药企业发展迅速，但大部分规模小、集中度低、效益差、缺乏核心竞争力。多数企业专业化程度不高，缺乏自身的品牌和特色品种。企业的生产集中度远远低于先进国家的水平，这也使我国药品流通中附加成本过高，利润过低。尤其是我国加入 WTO 后，外国医药企业开始抢占中国市场，新兴医药营销企业发展迅速，龙头企业主导医药流通市场，同时不正当竞争的存在也使企业竞争更加白热化。

（五）医药行业的不正当竞争，流通环节秩序混乱

医药行业竞争越来越激烈，一些机构为了获取更大的利润常采取不正当的手段经营，比如，"挂靠"经营现象较为严重，很多无证人员以有证企业的名义，并利用企业提供的便利条件从事医药生产、经营活动。药品不正当采购、倒买倒卖、偷税漏税现象十分猖獗。很多医药企业通过"返点"进行贿赂，支配着众多医院药品购销行为。虚假广告越来越多，劣药假药流入市场，许多保健药充当药品销售。这些不正当经营的行为严重扰乱了药品流通的正常秩序，影响了药品流通环境。

（六）配送网络不健全，医药物流发展相对落后

我国在 2000 年 7 月 1 日实行了《药品经营质量管理规范》（GSP），其中运输管理方面还是一个空白。虽然近年来我国加强了对药品运输的管理，但仍存在一些不足，目前我国药品物流集中度低、管理水平差、流通效率低，物流成本与发达国家存在很大差异。我国药品配送主要由生产企业负责，具有地域和运输条件限制，发达地区的城市药品流通企业过度集中而第三终端和基层的药品配送网络未能全面有效覆盖，致使药品采购配送的中间环节较多，药品流通成本过高。

---

① 《2013 年中国医药行业现状分析》，中国报告大厅，http://www.chinabgao.com/k/yiyao/situation.html。

　　为解决以上问题，政府提出了医药改革。自 1985 年提出医药改革以来至今已有三十多年的时间。2008 年 10 月 14 日政府发布了《关于深化医药卫生体制改革的意见（征求意见稿）》，向社会各界征求意见。该医改（征求意见稿）历时两年，由 16 个部门、国内外 9 个机构平行研究，提交了十个参考方案，医改协调小组还广泛听取了地方政府和医院院长的意见，在此基础上最终形成，并于 2009 年 3 月 17 日正式提出关于深化医药卫生体制改革的意见。此次医药改革在医药改革史上具有重要意义，在此基础上政府又发起了多轮医药改革。2015 年 5 月 5 日发布了《关于印发推进药品价格改革意见的通知》（发改价格〔2015〕904 号）。该意见规定自 2015 年 6 月 1 日起，除麻醉药品和第一类精神药品外，取消原政府制定的药品价格。在 2017 年"两会"期间药品体制改革问题仍备受关注，李克强总理指出要全面推开公立医院综合改革，全部取消药品加成。各地"两会"政府工作报告中也均有提及，如北京市的《政府工作报告》中明确提出，协调推进医疗、医保、医药联动改革，全面实施医药分开，大力推行药品阳光采购，完善基本药物制度。目前医药改革已进入深水区和攻坚期，利益调整更加复杂，体制机制矛盾凸显。

　　卫生部公布的第五次全国卫生服务调查数据显示：我国约有 12.7% 的居民有病不就医，17.1% 的居民应住院而不住院。[1] 作为医疗卫生体系的最终端——社会大众对中国现有绝大多数的医疗卫生机构最直接的印象就是"看病难，看病贵""吃得起肉抓不起药"。[2] 这其中很大一个原因就是医院"以药养医"专开贵药。药品价格过高已经成了百姓的一块心病，同时也是当今医药改革的"瓶颈"之所在，不可谓不重要、不紧迫。

　　解决如此紧迫而又关系重大的问题已迫在眉睫，为了深入地了解医药改革和药品流通对药品价格的影响，我们决心选题"医药改革真的使药价降低了吗?"

---

　　① 徐玲、孟群：《第五次国家卫生服务调查结果之二——卫生服务需要、需求和利用》，《中国卫生信息管理杂志》2014 年第 3 期。

　　② 钱涛：《当前药品价格过高的原因分析及法律解决办法》，《现代商贸工业》2007 年第 7 期。

我们的调研就是在此背景下进行的，希望能通过调研探查出老百姓对药价的感受如何，医药改革是否降低了药价，如果没有，又是哪些环节抬高了药价。

二　调查过程

课题组首先查阅了相关资料，进行了文献分析，深入了解药品价格的制定标准以及医药改革和药品的流通途径。从相关资料中我们了解到：中国医疗服务市场规模巨大，并且在人口老龄化、城镇化、财富增长以及基本医疗保障制度等因素的驱动下迅速扩容。与此同时，医改政策正向纵深发展。政府持续加大投入以确保全民享有基本的医疗卫生服务，同时鼓励社会资本投资以提升服务质量满足民众多层次、多元化的需求。新医改的深入为社会资本进入医疗服务行业带来了机遇，同时也在深远地影响市场格局。药品底价查询网中罗列了万余种药品的供货价和零售价，药品的零售价普遍比供货价高出3—10倍，不少药品高出数10倍。

我们决定针对不同的人群设计不同的问卷，首先，广大人民群众是药品消费的主要群体，针对人民群众，我们设计了问卷《医药改革使药品更贵了吗?》。其次，药店是药品流通的重要环节，针对药品经销商，我们设计了问卷《基层医药流通问卷调查》。最后，医务人员是医患关系中的主导，针对医务人员，我们设计了问卷《医药流通调查问卷》（见附录1）。

在问卷的发放过程中，最初我们将调研的范围定在河南省的农村地区。将调研的对象确定为广大人民群众、药品经销商、医务工作人员等，之后我们分头设计问题，然后再放到一起进行汇总、筛选，深度挖掘药品的价格和流通的相关问题，选定各项单独问题之后，我们按照问题的类型、难易程度确定问题的顺序：①针对广大人民群众的调研问卷：首先是问卷填写人员的相关背景，例如年龄区间、家庭住址等；然后按药品价格、医药改革以及药品流通的顺序安排问题；最后询问问卷填写人员希望政府在药品流通以及药价控制方面做出哪些努力。②针对药品经销商的调研问卷：首先是该药店的基本情况，例如药店的地址，能否刷医保卡等；然后重点询问关于药品价格和药品流通方面的问题；

最后询问药品经销商对减少医药流通环节的合理化建议。③针对医务人员的调研问卷：首先是该医务人员的基本信息，例如工作地点、从业时间等；其次就是针对药品价格、药品流通和医药改革的相关问题；最后则是询问广大医务人员对医药流通方面的合理化建议。

设计好了问卷之后，我们深入河南省南阳市、周口市、洛阳市等地区的农村，进行调研。

在请药品经销商帮我们填写问卷的过程中，我们发现现在药店的经营模式与超市的经营模式极为相似：都采用连锁经营的方式，例如"好一生大药房""开心人大药房""健康大药房"等。这些连锁大药房实施规范化管理，统一采购配送药品，统一经营管理规范，采购同销售分离，全部的药品均通过总部统一采购。虽然连锁大药房更加规模化、效率化，但却也造成了药品经销商对于药品的定价和流通途径不甚了解，对我们的调研工作也造成了一定程度的影响。

此次调研共发放大约 600 份问卷，收回有效问卷有 560 份。调研结束之后，我们对调查结果进行了详尽的数据分析，得出以下结果。

三　调查结果和基本结论

不同的人群对药品价格变动的感受程度是不同的，对医药流通过程的关注度也不同，为了可以更加真实客观地反映目前基层对药价高低的感受以及对医药流通方面的看法和意见，调研小组分别对社会公众、医务人员、药品经销商三类人群开展调查，现将人们较为关注和反映突出的问题分三部分综述如下：

（一）社会公众方面

（1）九成社会公众参加了医疗保险，并在看病买药时六成人会选择可以报销的医疗单位。除 19.23% 的社会公众认为报销后的药价是以正常药价按报销比例报销外，其余 80.77% 的社会公众并没有感受到药价报销的优惠。首先反映了医疗保险的普及很广泛，但是因为药价报销适用范围小，部分药品不能报销，而且报销的比例又不能在很大程度上面解决老百姓"看病难，买药贵"的问题，导致公众认为报销后的药价并不会有很大变化。

（2）社会公众多数会根据医嘱、自身经验及亲朋好友的推荐去买药，而买药的地点 79.91% 是在药店，47.86% 会去诊所，其余则会去大医院或者其他地方。这反映了大众心理认为药店的药价相对便宜而且种类较多，而医院因为流通环节相对多药价偏高，只有较少的人会选择去医院买药。从统计结果可以看出，医生本身用药习惯和患者自身判断以及亲朋推荐都会对个别药品的流通及价格产生不同程度的影响。

（3）只有 2.99% 的公众对于医药改革表示很了解，43.16% 的公众对医药改革了解不多，而高达 53.85% 的公众完全不了解医药改革。在了解医药改革的这些人群中，了解最多的药改政策是"药品限用"（27.35%），其次是"招标降价"（19.23%）、"暗扣改为明扣"（14.1%）、"药品流通差率的改革"（8.97%）和"两票制大范围使用"（3.42%）。这个现象表现出有关部门对于医药改革的宣传力度以及整个社会的关注度还不够，同时也表现出改革的不到位。

（4）对于药品价格的制定标准 75.64% 的公众对此不了解，而医药改革之后一半左右的人认为药价没有什么变动，这些都说明了药品价格的制定标准还不够透明化，公众对此不了解，从而让有些人有机可乘，在中间环节进行加价，使药价上升。正因如此，82.05% 的公众都认为药价有虚高的情况存在，甚至其中有 44.44% 的人认为虚高的情况十分严重。大医院药价虚高的现象尤为明显。在公众心中，大医院的药价最贵，而药店和诊所相对来说价格相差不多。

（5）药品应区分于一般商品。在物价普遍上涨的社会背景下，55.56% 的社会公众认为药价的涨幅比一般商品的涨幅要高，说明了药品价格的制定与监管方面存在一定的问题。同时由于药品与其他一般商品差别较大，76.5% 的社会公众认为药品流通应该区别于其他一般商品，在流通环节上做到高质量、严把关。

（6）在医药改革之后，对于"看病难，买药贵"这个问题，59.4% 的公众认为只解决了一部分，而只有 11.54% 的人认为作用很明显，剩下的人则认为改革并没有作用，甚至不知道改革究竟对此问题是否起到作用。这样就需要我们继续深化改革，逐步攻克这个"看病难，买药贵"的难题。

（二）医务人员方面

（1）对药品流通方面政策的了解相对社会公众有所增加。有

66.66%的医务人员对于相关政策有了解但是了解不多，有16.67%的医务人员对相关政策很了解，但还有16.67%的医务人员对此表示并不了解。不过现在大医院、乡镇卫生院的工作人员分工清晰明确，药品采购由专人负责，大部分医务人员对自己分内之事关心较多，不太关注单位药品的流通情况。

（2）医务人员单位进药途径较为统一。高达88.89%的医务人员单位是从医药公司购进药品，12.96%的单位是从上一级医疗单位购进药品，有12.96%的单位是从药厂直发药品，剩下的进药途径则是从其他一些地方。较为统一的进药途径有利于国家有关部门的监管与控制流通，以降低药品的价格。有48.15%的医务人员认为除去医药公司环节，药品直接从药厂到医疗单位这种方法可行，有38.89%的医务人员认为部分可行。这样可以减少流通环节，以达到降低药价的效果。

（3）医务人员同社会公众，普遍认为药价涨幅高，医药改革对药价影响较大。而在医药改革之后，由于药品垄断等种种原因，一半左右的医务人员认为药品种类相对减少，而供应量不如从前。

（4）医药改革对医务人员本身也产生一定影响。48.15%的医务人员认为对自己的生活水平有较大影响，44.44%的医务人员认为对自己的生活水平影响不大，仅有7.41%的医务人员认为对自己的生活水平没有影响。这也能从一定程度上反映药品的利润变少了，使医疗机构单位的盈利减少，从而使医务人员生活水平有所变动。

（5）有44.44%的医务人员所在单位会根据医生的建议来采购药品，而62.96%的医务人员更倾向于为患者开可医保报销的药品。当然，对于有医保的患者和没有医保的患者，57.41%的医生都不会区别对待。同时，医院也允许患者拿着医生的处方出去买药。以上几方面从一定程度上降低了药品的价格，使患者能买到相对便宜的药品。

（6）医药改革之后，依然有40.74%的医务人员认为医药改革对解决"看病难"问题没有作用，11.11%的医务人员不知道医药改革对解决"看病难"问题能起多大的作用，仅有3.7%的医务人员认为医药改革对解决"看病难"问题作用明显。医务人员不认为取消药品加成，通过调整医疗服务价格，能控制医药费用，只有2/5的医务人员认为在一定程度上得到了缓和。

（三）药品经销商方面

（1）单体药店发展前景困难。目前中国的单体药店大多分布在城镇及社区，按城市、城镇、农村分布占比约为2∶6∶2。困难有如下几个方面：一是在新版GSP的硬性要求下大部分单体药店无法承受增加的软硬件投入，同时药店必须配备执业药师，而现在执业药师缺口大，供需不平衡。二是单体药店相比连锁药房高出5%以上的成本。三是单体药店是被医改政策相对忽略的经营实体。另外，网上药店的快速发展也在不断地侵蚀药店的利润。单体药店可以选择成立省、县二级联盟或者加入连锁来找到新的出路，为消费者提供质量可靠、价格适中的药品。①

（2）药店普遍都能刷医保卡。从调查来看，94.29%的药店都可以刷医保卡，而5.71%的药店不能刷医保卡，其原因是由于该药店是新开的药店，因申请医保定点药店需要一定的时间。总体来说，绝大部分药店都可以刷医保卡。这样买药的人通过医保卡就能享受到应有的优惠。②

（3）药店的进药途径。根据调查问卷的数据来看（可多选），85.71%的药店是从医药公司进货，而34.29%是从药厂直发药品，还有8.57%的药店是从药品交易资格国A证书的网站等其他地方进购药品，而我们调查中没有发现从大医院或者卫生院等地进购药品的药店。有些药店是中西药相结合的药店，除了以上几种进货途径还有从医药流通市场直接进购中药。有些药店的进药途径不止一条，而其中的一条途径又不知道有多少中间商。药价的抬高和进药的途径以及中间流通的环节有着密不可分的联系。

（4）药价经过医药改革不减反增。出人意料的是医药改革本是为了降低药价使社会公众不会出现"看病难，买药贵"的问题。但是，有71.43%的药品经销商认为改革后药价不降反而增加，20%的药品经销商认为没有什么差别，只有8.57%的药品经销商认为药品改革后药

---

① 《单体药店现状、困境与出路》，中国药店，http：//www.ydzz.com/news.php？col=67&file=49028。

② 《2015国务院取消医保定点审批最新消息》，http：//www.cnrencai.com/shebao/yiliao/258973.html。

价有所下降。自 2015 年 6 月 1 日起，政府将定制药价的任务交给市场，并同步完善药品采购机制，强化医保控费作用，强化医疗行为和价格行为监管，建立"以市场为主导的药品价格"形成机制。虽然还制定了"药品零差价"的政策，即医疗机构或药店在销售药品的过程中，以购入价卖给患者，医疗机构或者药店一般将会得到政府的补贴，这样是为了减少药品销售过程中过多的中间流通环节，最后使虚构的药价降下来。但是，药价高的根源并不在于此，这只是其中的原因之一，由于药价上下限被放开，药厂药店反而抬高了药价，从而导致了药价不降反增的现象。

（5）药品经销商对于药品监管及其法律法规还有价格的制定标准知之甚少。在调查过程中，我们发现：只有一半的人对于药品的监管和其法律法规有所了解，1/3 的人都表示不清楚，而剩下的人则是完全不了解。而药品价格的制定方面只有 5.71% 的人是很了解的。如此看来，一是政府监管力度不够强；二是从业人员对自己相关的法律法规意识淡薄；三是药品价格的制定标准还不够透明。

（6）药品涨幅大于其他一般商品，流通应该区别于其他一般商品。药品与其他物品区别有以下几点：①生命关联性。若没有对症下药，或用法用量不适当，均会影响人的健康，甚至危及生命。②高质量性。《中华人民共和国药品治理法》规定："药品必须符合国家药品标准。"③公共福利性。作为商品的药品，其本钱较高而客观上又不得高定价。④高度的专业性。零售处方药和甲类非处方药的药房，必须配备执业药师。⑤品种多样性。疾病的种类在不断增多，客观上需要多种药品来防治疾病。由此，药品是不同于其他一般商品的，应该在流通的时候加以区分。我们要在区分的同时控制好价格的变化幅度，这样才能为公众带来更大的便利。

同时，根据社会公众、医务人员以及药品经销商对于医药流通方面给我们提出的宝贵意见，我们进行了整理，有如下几点：①减少流通环节，合理控制药价。②政府因地制宜进行宏观调控。③价格透明化。④提高医生待遇。⑤加强监管。⑥增加种类。⑦进货渠道正规化。⑧报销比例提高。

总之，通过三种调查问卷的数据显示，有待我们发掘与分析的问题仍有很多，下面将对于药品价格变贵的问题从各方面加以分析。

四　存在问题

医改是世界难题，医药问题占群众"买药贵，看病难"因素的70%，医保和医疗问题占30%。由于医药卫生领域的问题太严重，2016年，全国至少浪费一万亿元的医药费用，每年还在以20%左右的速度在增长。医药改革与流通存在的问题亟待解决。

通过对医疗机构、药品经销商、社会公众三方面的问卷调查结果及深层次的分析，我们认为药品改革与流通阶段中产生的问题最终使药品价格变贵且居高不下的原因来自各个方面。通过对2017年"两会"热点"医疗改革"的解读，又据我们仅有的认知并经过多重学习与参考了解，认为药品改革与流通过程主要存在的问题归类为国家相关政策、政府监管部门、医药流通企业、医药卫生机构、社会公众五个方面。

（一）国家相关政策方面

近几年，药品生产流通实现了由计划控制向市场化经营的转变，改变政府专营局面。形成国有、民营、外资经济共同构成的多元化流通主体，出现多种流通模式共存的药品流通体系。为了规范药品流通秩序、降低药品价格，政府制定了各种政策体系。但长期实行以药养医、公立医院垄断药品销售等体系，加之价格管理、市场监管、招标采购和医保支付制度尚不完善，流通领域还存在市场集中度低、流通环节加价过高、流通秩序混乱、流通行业发展布局不合理、流通现代化水平低等问题。① 目前所有的政策还不足以完全地、彻底地解决这些问题，政府仍需加大药品流通的监管力度。药品流通产业最早进入市场化改革，政府对其一直持鼓励态度，加快了药品流通行业的发展。

政府为减少药品销售过程中的流通环节，把虚高的药价降下来制定出药品零差价等各种政策，但流通过程多只是药价高的原因之一。最根本的还是政府投入不到位，非营利性医院不得不"以药养医"。

2017年3月"两会"期间，李克强总理提出"全面推开公立医院综合改革，全部取消药品加成，协调推进医疗价格、人事薪酬、药品流

---

① 郭春丽：《我国药品流通行业存在的问题及政策建议》，《中国物价》2013年第7期。

通、医保支付方式等改革"。公立医院的收入中药品收入占医院收入的30%—40%，全国1977个县市全面取消药品加成后公立医院仅靠医疗服务收入和政府补贴会加大运行风险。若不采取提高药价获取利润的方式，公立医院则无法正常经营，故政府应加大对公立医院的及时补贴。

政府制定的价格和招标机制不完善。目前我国制药企业生产的药品有十几万种，已经放开由市场调节的药品，占所有药品的90%以上，这些药品的价格高低，取决于企业意愿，政府管不了其虚高定价。政府对少数药品价格的规定，对全社会药价起不了多大调控作用，大多药品流通环节中加价也不可控制。药品限价不能太高，也不能低于成本，成本太低生产无法进行或出现造假行为。对一些廉价药，政府可以为调动生产积极性给予补助政策。

政府通过控制医药流通环节控制药品价格，制定的体系也要适应医药行业的发展。

（二）政府监管部门方面

（1）药品流通监管力度不够。2015年北京严打假药犯罪的治理活动取得丰硕成果，2016年"山东疫苗事件"引起药品监管部门的高度重视，这些事件从侧面反映出药品流通监管部门的执行力出现问题。在现有的药品监督体系中，药品生产、流通环节可谓环环相扣，如果在从生产到流通再到销售全过程中，药品监管部门加大监管力度，造假药者便没有任何缝隙可钻，市场上假药就不会泛滥成灾。[①] 监管部门亟须进一步明确监管分工和职责，加大惩罚力度，追究刑事责任，规范药品生产、流通、销售行为。就能在源头上遏制造假药行为，规范药品流通市场，保障患者生命的健康。

（2）基层监管网络没有发挥作用。基层监督协管网络建立容易，效果不佳。一是协管员、信息员安全监管知识不够，很难发现问题而发挥举报协查作用。[②] 二是工作积极性不高，不认真实行监管任务。三是怕遭人报复，或受贿赂。这些都使监管部门工作不起多大成效，药品流

---

① 《强化流通监管，打击药品造假需完善惩戒体系》，中国制药网，http://www.zyzhan.com/news/Detail/59816.html。

② 赵成：《基层药品流通监管工作中存在问题及解决对策建议》，《中国民族民间医药》2008年第12期。

通环节出现各种问题，药品价格层层提升。

（3）药品广告监管存在问题。药品广告作为传播药品的一种方式，不但起到宣传、引导消费者正确选购药品的作用，也成为企业促销的一种手段。广告监督管理部门的疏漏就会使各种虚假广告出现。进行违法的药品广告宣传，误导消费者，干扰了药品流通市场的秩序。据资料可知，药品广告的审查机关与监督管理机关分属于工商部门和药监部门，这种权责不统一、审查与监管分离的管理体系造成监管工作的脱节，不利于药品广告监督。

除了以上列举的问题，还有部分监管部门执法装备较落后、监管部门内部自身存在问题等，由此，药品流通时监管部门需要及时发现工作问题并解决，维护药品流通市场的稳定秩序。

（三）医药流通企业方面

我国医药流通企业普遍存在规模小、集中度低、效益差、布局不合理，缺乏核心竞争力等问题。药品批发企业仍按照行政区划而不是按照药品的合理流向设置，这使药品流通领域成本过高，利润过低。药品流通企业在经营活动中，不仅要承担流通保障责任，还需承担质量保障责任。

随着合资企业进口药品的不断增加，流通企业形成大设网点、大开药店之风，导致商业企业数目剧增。出现医药企业经营成本高、整体经济效益低下的不利局面，最终导致我国的药品流通领域出现严重的"多小散乱"和药品市场机制畸形的问题，成为医药快速发展的"瓶颈"之一。

（1）医药行业竞争越来越激烈，流通秩序混乱，一些机构为获取更大利润而采取不正当的手段经营：①"挂靠"经营现象较为严重，很多无证人员以有证企业的名义，并利用企业提供的便利条件从事药品生产、经营活动。②药品不正当采购，倒买倒卖、偷税漏税现象十分严重。③很多医药企业通过"返点"进行贿赂，支配着众多医院药品购销行为。④虚假广告纷繁出现，假药劣药流入市场。非基本药物流通中存在大量没有任何经营资质、"暗箱操作"的隐性交易者，以"挂靠"经营、过户销售等方式参与流通，不仅增加了药品流通的费用，抬高药品价格，还破坏正常的流通秩序，这些不正当经营行为严重扰乱了药品流通的正常秩序，影响了药品流通的环境，以致药价居高不下。

（2）以企业为中心的技术创新体系尚未形成。新药创新基础薄弱，医药技术创新和成果迅速产业化的机制尚未形成，医药科技投入不足，缺少具有我国自主知识产权的新产品，产品更新慢，重复品种多，独家品牌少。

（3）制度执行不到位。部分药品经营企业对 GSP 的认识仅停留在表面上，未体现在药品购、销、存各环节。日常检查中发现，企业存在药品分类不清、温湿度记录不符合要求、销售处方药未登记等问题，制度执行不到位，达不到购销药品"可追溯"的要求。

（4）现行药品集中采购制度存在缺陷。新医改以来开展的以省为单位的网上集中招标采购，对规范医疗机构采购行为、减少流通环节、降低药品价格具有重要作用。但不少地方将招标采购异化为纯粹的降价行为，一味地强调降价，导致价格越招越低，品规越招越少，严重扰乱市场竞争秩序。招标主体的确定违背了医疗机构产权关系或财政隶属关系，使招标主体与采购主体分离，招标后，不能确保合同履行，很难做到招采一致、量价挂钩。

（5）部分药企商行为违法。部分药企为了保证药品进入政府采购目录，对组织投标招标人员进行行贿。严重扰乱了流通市场的秩序，处于政府的监管盲区。药品流通企业的管理与规范不到位。"十三五"规划要求，严厉打击临床数据造假行为，严肃查处药品生产偷工减料、掺杂使假、擅自改变工艺生产等违法违规行为，加大信息公开力度。

（四）医疗卫生机构方面

现在医疗卫生机构大多还是计划经济体制，而药品和医疗器械行业是市场经济体制，医疗机构与药业机构的不协调形成了医药商业贿赂。又因为药品流通企业集中度不高，与处于垄断地位的医疗机构的谈判能力低下，竞争不充分的医疗机构更具有交易上的优势，加重商业贿赂，因此成本提高。

（1）医保机构尚未有效发挥引导药品价格和监督处方行为的作用。医保机构作为医保参保人群利益的集中代表，组织化程度高，可以从供给端影响生产流通企业，对药品生产流通和药价形成具有决定性影响。另外，医疗机构与医疗服务和药品提供者不是按照市场规则进行价格谈判，部分地区实行的按人头付费等未达成一致，从而影响了医保对医疗机构的监管，在一定程度上约束了医疗机构的积极性。

（2）医院营利与非营利不分。据相关资料统计，在我国医疗机构中，非营利性医院占大多数，但实际上，很多非营利性医院已是追逐利润的营利性机构，而非为社会提供医疗服务等公共产品的非营利机构，却以非营利名义从药品销售中获利。一方面仍享受政府财政补贴，享受免交税费、免交土地占用费等优惠政策；另一方面获取药品进销差价和收取高额检查费，成为医院利润的主要来源。

（3）医药组织受贿。现在药品采购都是政府招标，挂网采购，中间环节却存在一些水分。有部分药企为了保证药品能够到患者手中，对医院、医生进行行贿，医生在推销过程中吃了回扣，患者成为回扣的承担者。

（五）社会公众方面

药品流通分配的不合理，使患者在药品经营的各环节中处于被动地位，药品价格越高，患者的消费压力越大。虽然国家已对部分药品的价格进行限定，但市场经济体制发育尚不完善，经营者素质参差不齐，药品流通环节花费，药品出厂后加价过多等因素导致大部分药物的价格远高于成本，给消费者造成很大的经济负担。

垄断消费者自由选择权。中国医药分业管理不严格，医疗机构基本垄断药品分销的终端市场，医院具有较强的垄断地位，形成医院以及医院相关环节的利益团体在药品销售过程中的不可撼动的话语权。消费者拿着医生开的处方，由于种种限制因素（如有的药品社会药房没有销售、医院的密码处方），不得不在医院药房购药。作为患者，救命要紧，基本上就是医院卖什么价格就只有接受的份，再贵也只能吃闷亏。

垄断原材料药价格。中药的原材料成本仅几块钱，经生产者垄断后药价翻倍提升，以及缺少药品业创新人才，通过进口弥补短缺的急药反而提高了药价。

患者由于医药流通知识的欠缺，对药品出厂价与售价的高低无判断能力，购药时无法商讨价格而接受较高的价格。

五 对策建议

生老病死，是人的一种自然属性，谁也躲不过，"看病难，看病贵"一直是困扰公众的一件大事，而在造成这一问题的因素中，医药问题占70%。医药改革是世界性难题，而中国医疗改革的问题更是难上加难。从2009年新一轮医改以来，取得了一定的成效，但仍不尽如人意。对此我们提出以下四点对策建议：

（一）减少流通环节，进药渠道正规化

尽快全面推行"两票制"（药品生产企业到医药流通公司开一次发票，医药流通公司到医疗机构开一次发票），通过整合药品经营企业仓储资源和运输资源，加快发展药品现代物流，鼓励区域药品配送城乡一体化，为推进"两票制"提供基础条件，借此减少药品流通领域中间环节，提高流通企业集中度，降低药品虚高价格，净化流通环境。

对于临床用量大、采购金额高、多家企业生产的基本药物和非专利药品，坚持集中大量采购原则，由省级药品采购机构集中招标采购；对于专利药品和独家生产药品，建议在推进公立医院药品集中采购的过程中，采取统一谈判的方式，把价格降至合理区间。

《关于完善公立医院药品集中采购工作的指导意见》（国办发〔2015〕7号）提出分类采购的新思路，要求对部分专利药品、独家生产药品，建立公开透明、多方参与的药品价格谈判机制，并实行集中挂网采购。各地要及时将国家药品价格谈判结果在省级药品集中采购平台上公开挂网。医疗机构与企业签订采购合同，明确采购数量，按谈判价格直接网上采购。在采购周期内，医疗机构的采购数量暂实行单独核算、合理调控。谈判药品的生产经营企业要确保药品的质量安全和供应保障。医疗机构从药品交货验收合格到付款的时间不得超过30天。促进互联网和现代医药物流融合发展，鼓励生产企业改进结算方式和创新谈判药品配送服务，满足患者用药需求，保障药品供应及时。

（二）提高医生待遇，摒弃"以药养医"

自实行药品零差价（是指医疗机构或药店在销售药品的过程中，以购入价卖给患者，医疗机构或药店一般将会得到政府的补贴）以来，由于医院医生和乡村医生在零差价管理后会出现很大的利益受损，绝大多数的医生生活水平受到较大的影响，再加上客观因素，如列入零差价范围的药品品种不齐全、供应得不到保障等，造成难以满足患者用药需求、药品流通企业配送的积极性不高、医院用药意愿并不强烈、药店客户部分流失，最终导致从整条医药产业链来看，生产企业、商业流通企业、医院、药店似乎都不满意药品零差价政策，而最重要的是，患者也没有明显感受到政策带来的好处。

要想真正让药品零差价政策落到实处，让老百姓确确实实地感受到政策带来的好处，就必须做到建立以循证医学和药物经济学为基础的基本药物评价体系和遴选调整机制，研究和优化基本药物目录的数量、结构，保障患者用药需求，提高医生的福利待遇，提高医务人员总体工资水平，并对所有公立医院逐步推进取消药品加成政策，统筹考虑当地政府确定的补偿政策，精准测算调价水平，同步调整医疗服务价格，摒弃"以药养医"。

（三）加强监督管理，加大宣传力度

据我们调查统计结果来看，民众对相关政策了解程度极低，维权意识淡薄。因此，各地要坚持正确导向，推进信息公开，接受社会和舆论监督。加强总结评估和舆情监测，积极回应社会关切，开展政策宣传和培训，努力营造良好的社会舆论环境。

在社会公众层次上，加大相关医药改革政策的宣传力度，以公益广告的形式在媒体上传播，利用媒体的力量向公众渗透相关的法律政策，开设医药专用消费者投诉热线；在国家层次上加强综合监管，推进和巩固国家药品供应保障综合管理信息平台与省级药品集中采购平台互联互通，信息共享。强化药品不良反应监测，完善药品安全预警和应急处置机制。加强药品市场价格监管和反垄断执法，严厉查处扰乱市场价格秩序行为。坚决遏制药品购销领域腐败行为，抵制商业贿赂和行业不正之风。加强宣传引导，建立商业贿赂企业黑名单制度，对出现回扣等商业贿赂行为的药品生产和流通企业，取消其供货资格。

（四）建立完备法规，发挥网络优势

随着药品集中挂网采购措施的推行，互联网售药成为可能。但是药品毕竟与普通商品不同，它既要讲究有效性，更要求安全性。如果没有一整套严谨规范的法律法规制约，让这种销售脱离了监管视野，可能会给公众健康带来不必要的伤害。因此，目前我国对互联网零售药品采取谨慎态度。

为了形成医药行业全民监督的氛围，营造良好的社会舆论环境。我们可以利用网络，发挥互联网的优势，在全国范围内建立一个统一的医疗信息服务平台，公开药品和医疗器械的价格，以及医疗服务信息，供全社会查询、使用、监督，开通举报热线，设立专门的监督举报机构，对公众反映的问题及时调查，并公开反馈结果，对有问题的企业、单位、个人进行依法处理。

依法治国，使不法分子无机可乘，严打黑心药企、不良厂商、无德医务人员。建立完备法规，发挥网络优势，营造整个社会对医药行业的监督管理环境，有利于促进医药改革，降低药品虚高价格，减轻群众用药负担，维护群众合法权益，引导医药产业健康发展。

第二节　河南省农民工消费特征调研

随着经济的发展和城市化的推进，农村大量青壮年劳动力进城务工，给农村消费带来了深刻变化。深入地研究农民工群体的消费状况和消费特征，对于全面把握河南省农村消费的特点具有重要意义。为此，我们展开了对农民工消费的专题调研，并探讨了对其进行消费促进的对策。

一　调查背景

近年来，随着改革开放和城市经济的发展，催生了一个特殊的群体——农民工，这是我国农民的一项伟大创造，是历史发展的必然产物。农民工带动了城市的发展，没有他们就不可能有城市的繁荣，农民工的勤劳与汗水铸就了城市的高度工业化，城市 GDP 的很大一部分都是农民工创造的。这些都是可以直观看到的，另外他们在促进城市发展的同时也提高了农村居民的生活水平。由于农业收入较低且增长缓慢，长期在家务农只能让他们勉强维持生计，所以在城市打拼才是他们增加财富提高生活水平的主要渠道。他们用汇回或带回的钱款维持家庭生计和子女的教育费用，不但提高了家庭生活水平还改变了下一代的命运。

城市的技术和市场经济观念对于他们回乡创业来说是一笔宝贵的财富，农民工从城市的发展和生活中吸取经验并把这些经验转化为实际行动，这对于他们的家乡来说无疑是一种进步，久而久之农村的落后面貌会慢慢得到改善。农民外出务工，为城市创造了财富，为农村增加了收入，为城乡发展注入了活力，成为工业带动农业、城市带动农村、发达地区带动落后地区的有效形式，同时促进了市场导向、自主择业、竞争就业机制的形成，为改变城乡二元结构、解决"三农"问题闯出了一条新路。① 农民工对于工业化、城镇化、现代化的发展来说是重大的力量，所以解决好农民工在城市中的工作问题是非常迫切的。

2008 年国际金融危机，导致我国出口急剧下降，中国经济振兴最根本的出路是要刺激内需，这是拉动中国今后几十年经济发展的重要力量，这已经成为政界乃至经济学界的共识。② 这也理所当然使得扩大内需成了应对金融危机的重要经济政策。就长期而言，对我国这样一个发展中大国来说，拉动经济增长的最主要力量仍然是国内需求，这是我国经济发展的坚实基础。③

农民工占全国人口的 20% 左右，这是一个庞大的群体，如果想要更好地实施扩大内需政策，这一群体的消费问题是非常值得我们重视的。这也是本调研的主要内容和观点。农民工大多从事生产工作，他们来城市打工都是为了养家糊口，这就导致了他们不太追求物质生活，在衣、食、住、行方面都比较节俭。造成这种现象的主要原因是收入过低，过低的收入可能只够维持家庭的生计，所以他们没有多余的钱进行消费。试想，如果能给这一庞大群体提高收入，这将会形成一个多么巨大的市场啊！农民工的潜在消费能力是非常可观的，尤其是对家电类和服装类，倘若能提高农民工的收入，必定能带动这些行业的长期发展。另外农民工对于日用工业品和建材的需求也是不可小觑的，农民工对于市场来说是股巨大的力量，有了这股力量的注入，相关产业的

---

① 《国务院关于解决农民工问题的若干意见》，中国政府网，http://www.gov.cn/zhuan-ti/2015 - 06/13/content_ 2878968. htm。

② 于丽敏：《农民工消费行为影响因素研究》，博士学位论文，中南大学，2010 年。

③ 胡晓勤：《新时期农村职业教育发展问题研究》，硕士学位论文，湖南农业大学，2009 年。

发展必将更加繁荣。农民工基数庞大，如果能打开这一市场，必能拉动内需带动经济发展。除此之外，这也有助于拉动城乡两地的消费市场，缩小城乡之间的贫富差距和消费结构，具有极大的政治、经济和社会价值。在产业方面，既促进了产业结构的调整又能带动产业的发展，这对于战胜经济衰退保持经济的持续增长有很大的帮助。另外，政府如果掌握了农民工的消费现状和特征，就可以针对农民工消费存在的问题制定出一系列的政策以促进农民工生活水平的提高，从而提升农村居民的生活水平。

农村剩余劳动力长期以来都是我国国情之一，改革开放深入使这一问题得到了缓解，农村剩余劳动力随着改革开放的热潮逐渐趋于进城务工，农民工便就此产生。进入城市参与城市建设是历史的必然选择，因为只有这样农村剩余劳动力才会得到有效的转移，并且农村居民进城打工这一现状还将持续很久。在这种现状下研究农民工的消费状况就变得非常有意义，这也是本专题的主要研究内容。

二　数据和样本状况

调研组于 2017 年 3—6 月在河南省洛阳市、周口市进行了问卷调查活动，调查对象主要是河南省本地务工人员，调查问卷见附录 2。此次活动主要以发放调查问卷为主、访谈为辅的方式进行，发放问卷共计 500 份，回收 492 份，回收的问卷中有效问卷有 480 份，此次调查活动有效回收率达到了 96%。被调查农民工的基本特征如下。

（一）性别

在调查执行的过程中问卷的分发是随机的，调查结束后通过整理发现男性占被调查人数的 55%，共计 275 人，女性占被调查人数的 41%，共计 205 人，2.4% 的人未回答性别问题。

（二）年龄

被调查对象的年龄分布情况见表 6 – 1，从表中可看出农民工的主体年龄都集中在 26—35 岁，其次是 18—25 岁的人群。

（三）受教育程度

问卷结果显示，初中和小学文化程度的人数所占比例为 10%，文化程度为高中、中专、职高、技校的人数较多占 55%，大专文化程度的占20%，本科文化程度的占11%，以上数据说明我国实行的九年义务教育制度的成果还是非常显著的，新一代农民工的整体教育水平是有所提升的。

表 6-1　　　　　　　　　　调查对象年龄分布

年龄（岁）	人数（人）	比例（%）
18—25	103	21.46
26—35	264	55.00
36—45	60	12.50
46 以上	53	11.04

注：由于四舍五入的原因，最后数值可能不等于100%；下同。

（四）在城市务工年限

在城市务工2年以内的占43%，超过两年但是低于五年的人数所占比例为32.6%，打工年限超过五年的占10.4%。

（五）工作所属职位

本次调查问卷涉及了大部分职位，主要有部门负责人、领班（组长、班长等）、业务员、技术员、操作工、杂工等，以上职位人数分布比例见表6-2。

表 6-2　　　　　　　　　　调查对象职位分布

职位	人数（人）	比例（%）
部门负责人	56	11.67
领班	80	16.67
技术员	62	12.92
业务员	108	22.50
操作工	125	26.04
杂工	29	6.04
其他	20	4.17

（六）工作所属行业

农民工的所属行业分布情况如表6-3所示。从表中可看出制造业、餐饮业、建筑业和运输业承载了大部分的农民工。

表6-3 调查对象所属行业分布表

行业	人数（人）	比例（%）
建筑施工	20	4.17
餐饮娱乐	24	5.00
制造业	255	53.13
运输快递	73	15.21
其他服务业	61	12.7
个体户	17	3.54
其他	30	6.25

三 农民工消费特征调查结果

农民工是一个特殊的群体，那么他们的消费行为又有什么特征呢？研究表明，农民工的消费行为也是异于其他群体的。这一群体的消费观念以农村居民长期以来形成的消费观念为基础又深受城镇居民消费方式的影响，形成了农民工特有的消费行为。

本专题从农民工的衣食住行等方面的消费为切入点，通过对调查数据的整理和分析得出河南省农民工的消费特征。

（一）服装消费

一个人的穿着打扮往往可以透露出这个人的生活状态和生活态度，对于农民工来说，繁重的工作使他们没有太多的时间去考究自己的穿着。此次调查数据显示，大部分农民工的日工作时间超过10个小时，再除去休息和吃饭的时间，他们能用于考虑穿着的时间少之又少。另一方面，农民工从事于制造业、建筑业和运输业的人数较多，这些行业都是一些脏活累活，显然也没有必要去在意穿着。最重要的是，他们都是来自农村的朴实农民，他们的身上都有着勤劳节俭的中华民族传统美德，所以他们不会去攀比衣服的华丽和贵重。这一系列的因素都使他们更倾向于选择一些廉价的衣物，他们追求实用，另外他们不会胡乱消费，只根据自己的真实需求和实际消费能力来选择适合自己的衣服。但是调查数据显示越来越多的新生代农民工受到城市居民消费方式的影响，这些人在购买衣物时会考虑衣服的品牌和款式，价格高一点也能接受。他们的年龄一般在 18—24 岁，文化程度是高中或以上，他们希望自己能像城镇居民一样生活，工作之余也开始注重生活质量。笔者认为，这是一种好的发展趋势，生活质量的提高有助于人的素质提升。那么农民工每月用于服装的消费金额是多少呢？调查发现，61% 的农民工每月用于服装的消费额度都是低于 300 元的，有 28% 的农民工每月用于购买服装的消费是 301—500 元，每月用于购买服装的钱数超过 700元的农民工人数所占比例约为 3%。图 6 – 1 是根据本次调查数据绘制的饼状图。

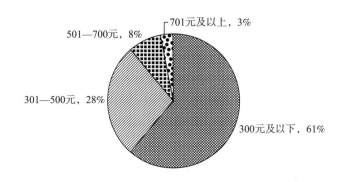

图 6 – 1　服装消费支出金额比例

调查还发现农民工购买衣物的场所主要是价格较低的批发市场和商场，也有部分新生代农民工选择网上购物。计算机网络技术的快速发展带动了电商行业的发展，这也为人们的消费方式增加了选择，这种快捷的消费方式越来越得到人们的认可，但这种方式对于传统的农民工来说还未得到推广和普及。

（二）食物消费

俗话说"民以食为天"，一日三餐对于我们任何人来说都是不可缺少的存在。那么，农民工在食物方面的消费也是非常值得我们关注的。在农村的传统观念中，人们对于吃穿用度都比较节俭，简单的吃饱饭就是他们的追求，而农民工也是带着这种对于吃饭的观念来进行食物消费的。对于他们来说吃饱饭，有力气干活就行，他们对食物只是有着最简单和原始的需求。调查数据显示超过 60% 的城市农民工每月用于食物的消费数额小于 300 元，而这部分人的收入大都在 3000 元以下。对比总收入，农民工的食物消费所占比例平均为 19% 左右，而我国农村居民家庭恩格尔系数为 40.4%，城镇居民恩格尔系数为 36.3%，都远高于农民工食物消费额所占比例。图 6-2 是农民工每月花在食物上的数额所占比例的情况图。

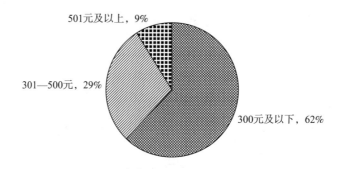

501元及以上，9%

301—500元，29%

300元及以下，62%

图 6-2 食物消费支出金额比例

调查结果显示，农民工的月平均伙食消费仅有 456.48 元，大约占月收入的 18.68%。也就是说，农民工每天用于吃饭的支出大概是 13.83 元，这显然是一个非常低的数字。近年来，社会整体的消费水平虽然有所提高，但农民工的消费状况依旧不容乐观。与此同时，生活环境的改变和受城市居民的消费和饮食习惯的影响，农民工的饮食习惯和行为也有了一定的改变。具体如下：在农民工群体中，特别是一些年轻的农民工不再仅仅局限于工厂的食堂里的或是自己做的饭，他们会选择在工厂附近的餐厅或者利用节假日的时间在超市购买自己喜欢的食物，用来改善自己的饮食；工作的稳定和工资的上升也影响着农民工的饮食消费行为，具体表现在他们越来越注重营养均衡和用餐的氛围，而这些都在慢慢向城镇居民的饮食行为靠拢。

（三）住宿消费

普通的农民工并不愿意花高价钱去租住城市住房，他们往往与工厂的同事们或者工友一起合住在公司的集体宿舍或者是比较简易的出租屋内，还有部分农民工甚至会因为没有固定的工作而居无定所。但是，他们在农村的家却一点也不比城市住房差，研究发现，农民工中存在一种普遍的现象"城中简陋，回家盖房"。之所以出现这种现象，一方面是受传统农村观念的影响，其主要原因还是城市日趋走高的房价。但随着农民工的收入增加和农民工受到城市观念的影响，越来越多的农民工愿意租住一些设施完备、环境优雅的城市住房。在农村自家盖的房子的房屋格局以及装修风格也不同程度地参考了城市住房，这对于农民工在住房方面的消费状况来说也是一种好的发展方向。

（四）休闲娱乐消费

繁重的工作导致农民工的空闲时间过少，加上有限的经济收入，农民工的娱乐休闲方式比较单调，根据调查得知，70%以上的农民工的娱乐方式为看电视，大约20%的农民工的娱乐方式为聊天、打牌，大约10%的农民工的娱乐方式为逛街。在调查研究时发现，年轻的农民工群体更希望融入城市的主流娱乐方式中，同样地和城市居民一样享受生活带来的乐趣。

研究发现，农民工向往城镇居民的休闲娱乐方式，但由于他们的收入低下并且工作繁重，所以他们没有多余的钱和精力去享受娱乐。

四　河南省农民工的消费特征的深度分析

（一）恩格尔系数失灵

恩格尔系数（Engel's Coefficient）是食品支出总额占个人消费支出总额的比重，它是以19世纪德国的统计学家恩斯特·恩格尔的名字命名的。恩格尔系数达59%以上代表着贫困，50%—59%代表着温饱，40%—50%代表着小康，30%—40%代表着富裕，低于30%代表着最富裕。在各项支出中食品支出的灰色关联度（0.893398）最大，表明农民工食品支出与收入关系密切，食品支出仍然是影响生活消费总支出的主要因素，居于主导地位。[①] 虽然调查表明农民工的收入高于农村居民收入，但是就恩格尔系数来说，农民工的恩格尔系数只有16.31%，这是一个非常低的数字，正常情况下这代表着农民工的生活处于很富裕的水平，但事实并非如此。

---

① 刘湘海：《基于生命周期的家庭资产配置模型》，硕士学位论文，天津大学，2008年。

本次调查数据显示，农民工的月平均收入为 2795.8 元，而食物消费支出金额每月平均为 456.48 元，占收入总额的 16.33%。也就是说，农民工的恩格尔系数为 16.33%，这一数值远远低于 30%。这与恩格尔系数中的现象是远远不符的。现在恩格尔系数不仅用来说明居民的消费水平和结构，还成为联合国组织判定一个国家和地区的生活发展阶段标准。①

对于这种情况的产生也是有其合理性的，通过研究调查数据发现，由于大部分农民工的收入普遍不高，所以他们在食物的支出上无论是绝对值还是相对值都是不高的。农民工的食物消费支出绝对值较低主要有两种情况，分别为吃住在工厂和不吃住在工厂。吃住在工厂里的农民工们由于一日三餐的基本饮食都在工厂里，外出进行食物消费只是为了调剂一下口味或获取营养，用来满足人对食物的多样化和不同口味的需求。而不住在厂里的农民工们，食物都需要自己花钱解决，而在城市物价上涨和农民工收入普遍偏低的环境下，大多数农民工不舍得在食物方面进行过多的花费，他们基本上都是本着"吃饱就行"的原则，能省则省。农民工的收入虽然比不上城镇居民的收入但却是高于农民的收入的，但奇怪的是，农民工的恩格尔系数既低于城镇居民（36.3%）又低于农村家庭（43.1%）。但无论是在上述的哪种情况下，农民工用于食物消费的支出的比例都是很低的。他们仅仅是维持了基本的生理需要，在这样的情况下，恩格尔系数已经无法再体现出它本身的价值，不能再反映出农民工的真实生活质量状况。

（二）基本生活消费结构失衡

1. 银行存款比例偏高

调查数据显示，农民工的银行储蓄和收入也有着极大的关联关系，仅仅次于食物支出。农民工将他们收入的 33.26% 用来存入银行，这是一个很大的比例。农民工的工作和生活的不稳定性，导致了农民工的储蓄率偏高，既高于城镇居民又高于农村居民。

2. 通信和交际的支出所占比例偏大

在农民工的各项支出中，通信和交际方面的支出占他们总收入的比

---

① 高玉伟：《生命周期与城镇居民消费》，硕士学位论文，南开大学，2009 年。

例也是比较大的。在农民工群体中，中青年农民工所占比例较大，在与家乡距离较远的情况下，通信支出自然而然地排在前列。传统农民在生活方面都是自给自足，他们交往的圈子往往是家人或者同村的熟人，范围比较狭小。而对于农民工来说，在进入城市生活以后，他们所面对的不仅是家人和朋友，更多的是陌生的人和环境，同时城市中不同的生活和消费理念也冲击着他们原本的思想，这些因素都使他们的交际范围越来越大，在通信和人情往来方面的支出也越来越多。

3. 衣着支出较少

农民工衣着支出占收入的比例居倒数第二位，仅仅高于医疗支出。农民工本质上都是朴实的农民，他们都有着节俭的品德，其普遍认为量入为出即衣服够穿就行，并且在进行衣物消费时，他们大多会选择一些价格低并且耐穿的衣服。而在工厂的生活中，大部分的工厂会要求工作时间应穿着工作服，这也降低了衣着的需求，从而导致了衣着的关联系数比较靠后。

4. 医疗支出位居倒数第一位

由于农民工的年龄结构的关系，医疗支出在所有的支出比例中占最后一位。在接受调查的农民工中，有 72% 的农民工年龄在 18—35 岁，这个年纪正值人身体的最好时期，故而生病的情况会比较少。除此之外，现阶段我国的农村医疗保险已经得到了全面的完善，农民工即使是生了大病，也会选择回家医治。

（三）汇款所占比例较高

调查结果显示，大部分农民工会将自己的一部分收入汇回家中。然而令人意外的是，汇款比例约占收入的 42%，这样的高比例大大地减少了农民工的其他各项消费支出，从而对农民工的消费结构产生巨大的影响。与在农村劳作的农民相比，农民工的收入是有所提升的，但与城镇居民相比仍处于一个较低的水平，他们大多数都只是满足了生活的基本需求，根本谈不上什么生活质量。他们的消费基本上都是建立在"必需"的基础之上，这也使农民工的消费结构单一且高度同质。

五 河南省农民工消费状况影响因素的研究

基于消费理论和数据的可获得性，本专题主要从农民工受教育水平、农民工个体特征和其家庭特征、农民工收入、农民工银行存款和汇款等方面来完成影响因素的选取。

（一）农民工受教育水平

在城市务工的农民工受教育水平普遍偏低，但随着义务教育的普及和人们思想观念的转变，越来越多的农民工开始重视自己的文化水平和技术水平。本次调查数据显示，农民工的受教育水平越高其消费能力也就越强。其实这一现象的本质还是和收入有关，受教育水平的高低决定了农民工能从事什么样的工作，工作又决定了收入，究其根本还是收入影响着农民工的消费状况和消费水平。图6-3是农民工受教育水平和收入状况分布。

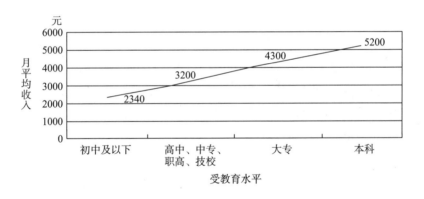

图6-3 农民工受教育水平和收入状况分布

（二）农民工个体和其家庭特征

农民工的消费与其自身特征以及家庭特征都有着密切的关系。在个体特征和家庭特征方面，本专题从农民工是否婚配及家庭孩子个数为切入点，结合调查数据得出农民工个体特征和家庭特征对其消费的影响。图6-4、图6-5分别是农民工婚否与消费的关系图和农民工子女个数与消费的关系。

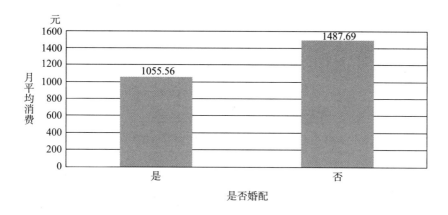

图6-4　农民工婚否与消费关系

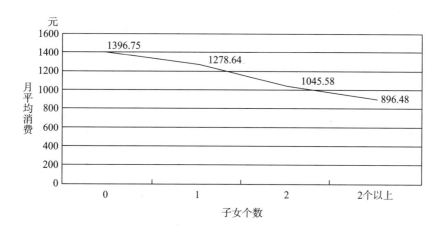

图6-5　农民工子女个数与消费关系

（三）农民工收入

没有收入就谈不上支出，收入与消费的关系是显而易见的，但部分人愿意享受高收入带来的高消费。因此，比往年研究将收入列为影响农民工消费的直接因素，收入直接影响消费无论是从理论还是实践方面来说都是成立的。农民工由于其群体的特殊性，导致了收入是满足他们衣食住行这些基本需求的直接因素。这也是本专题的主要观点。因此，提升农民工群体的个人收入是迫在眉睫的问题，只有农民工的收入提升了才能促进经济发展，刺激农民工消费，图6-6是收入与消费的关系。

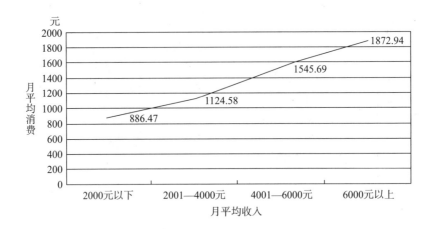

图6-6　农民工收入与消费的关系

（四）农民工银行汇款和存款

农民工在满足了本人的基本消费之后，会将剩余的大部分收入用于银行储蓄或者是汇往家乡，这样做一方面是作为家庭收入的重要经济来源，另一方面是考虑长远。但这种行为也减少和抑制了农民工在城市中的消费。

在调查中还发现一个有趣的现象，有部分农民工会拿出部分收入购买金银寄回家中，这种现象也表明了农民工群体存在着很大的消费潜力。因此研究认为，各地政府应采取措施以鼓励农民工消费，从而带动当地的经济增长。

六　调查基本结论

影响农民工消费的因素有许多，有直接因素也有间接因素。农民工的学历、婚姻状况和家庭子女数量是影响消费的间接因素，而收入和银行存款及汇款是直接因素，但是农民工消费受收入的影响最大。消费理论和本研究的数据都表明收入越高，消费也会越高。但是，由于农民工的收入水平普遍较低，使他们的消费行为呈现出特有的特征。即使农民工和城镇居民有着相同的收入，他们的消费水平也是低于城镇居民的，这是由于大多数农民工其从事的行业特性，享受不到国家规定的"五险一金"的待遇。而且农民工的消费需求大多没有城镇居民的迫切，这与他们根深蒂固的农村保守消费观念和在城市工作的诸多不确定性有关。从大的层面来讲，我国没有相关的农民工工资增长制度，这意味着即使企业的效益有所提升，农民工的工资也不会因此而增长。更有拖欠农民工工资的黑心企业，使农民工在城市中的生活极其艰难，更别说消费了。所以，农民工只能尽量少地消费，以应对在城市中可能遇到的各种各样的问题。

受教育水平虽然和农民工的消费没有直接联系，但也是不可忽略的因素之一。受教育水平的高低影响着收入，而收入又是影响农民工消费的直接因素，所以可以得出农民工的消费水平与受教育水平呈正相关关系的结论。另外此次调查还发现，越来越多的青年农民工开始重视对自身技能的培训，他们愿意拿出自己的一部分收入去参加一些专业技能培训班。

农民工的婚姻状况也影响着他们的消费，已经结婚了的农民工月平均消费金额低于未婚的农民工。这也是合情合理的，结婚后就会由个体变为家庭，生活中琐碎的事情会越来越多，这使他们不得不减少消费来应对婚后其他的各种各样的压力。未婚的农民工只需考虑自己就行，生活压力较小，消费时的顾忌也少。另外家庭子女的个数也与农民工的消费有关，子女的个数越多，消费水平越低。这是非常容易理解的，抚养子女长大是一笔很大的支出，在收入既定的情况下，子女越多的农民工只能通过压低自身消费来保证抚养子女的支出。

存款和汇款越多，农民工消费也会越少。大多数的农民工都有存款和往家里汇款的行为，存款是为了应对以后生活的突发事件，汇款是为了满足家里的生活开支。虽然都是必要的行为，但是也影响着农民工的消费，因为存款和汇款增多了，农民工用于消费的钱数就少了。

另外，相关制度的健全和完善也是影响农民工消费的因素之一。我国城乡居民在住房、教育、医疗、养老等许多方面有着不同的待遇，这种不公平待遇使农民工缺乏社会保障也造成他们在消费上的不安。即使他们有钱也不敢花，其更愿意把钱存起来用于应对突发事件和养老。除此之外，由于在城市中具有诸多的不确定性，农民工的储蓄意识都非常强。这些不确定性大致有以下几种：失业导致的收入中断；工资能否定时定量发放；突发病症；是否遇到天灾导致家里收成不好；物价的上涨。如此多的不确定性都会导致农民工储蓄意识的增强和消费需求的降低，因为只有这样才能应对突如其来的风险。

结合上文，我们可以总结出限制农民工消费水平的两个方面的原因：一是收入较低，没有多余的钱可用于消费。这就要求国家出台相关政策强制企业建立完善的农民工涨薪机制，增加农民工收入，并严惩拖欠农民工工资的企业。二是由于诸多的不确定性造成的有钱不敢消费。改善这一问题的有效方法是减少城镇居民和农村居民在福利制度等方面的差异，健全社保、医保以及教育等制度和法律法规，这样才能增加农民工的消费信心，让他们在消费时没有后顾之忧从而促进农民工的消费。

七　河南省农民工消费促进机制探析

（一）建立农民工收入提升机制

收入是影响农民工消费的直接因素，因此提高农民工收入是改善消费的根本方案。但由于提升收入的标准是不确定的，所以农民工自己无法衡量自己的薪资是否处在一个合理的水平上，而企业大多不愿为工人涨薪，这就造成了农民工涨薪的困难性。要想解决这一问题，就需要政府建立健全制度化的农民工涨薪机制。

农民工收入的提升对于政治和经济都有重要的意义。这一举措在政治方面响应和落实了党中央心系农民、为人民服务的核心思想，国家的发展成果应该与农民共享。在经济方面，增加收入能促进农民工的消费，而消费能拉动内需，使我国的经济增长由量往质转变。

在增加农民工收入这一问题上，企业必须要做到公平对待。对于技术和劳动熟练程度相同的劳动者在从事同种工作时，不分性别、年龄、民族、区域等差别，只要提供相同的劳动量，就获得相同的劳动报酬。在国外许多国家如美国、加拿大等，都有《工资法》，还有针对企业的《平等报酬法》，这些国家的企业必须遵守这些法律和规定，对所有员工同等对待。当前《劳动合同法》规定劳务工享有与用工单位的劳动者同工同酬的权利，这是一大亮点。① 对于用工单位无同类岗位的工作，用工单位应依法参照其所在地相同或相近岗位的劳动报酬来确定薪资。但是由于法律界限不够明确，劳动仲裁对于同工不同酬的问题发生劳动争议也没有具体的处理办法。这就需要政府完善相关法律，维护好劳动者获取合理报酬的权利。

（二）健全农民工社会保障制度

由前文结论可知，农民工存款比例比较高，而且结婚以后消费变得更低，这都说明在城市中的不确定性严重影响着农民工的消费。要想解决这一问题就要完善农民工社会保障体系，让他们消费的时候没有后顾之忧，这样农民工有钱的时候才愿意去消费。

现时期的我国正处在转型的时期，要想更好地实现工业化和城镇化发展，就必须要重视农民工这一群体，完善农民工的社会保障体系势在必行。农民工的社会保障问题是农民工个体、企业和国家三者利益关系的问题。农民工因其自身的一系列特征导致了建立统一的农民工社会保障制度的困难性。农民工的流动性非常强并且人数众多，很难让社会保障政策覆盖到每一个人。而应当坚持广覆盖、保基本、多层次、可持续的方针，社会保障水平应当与当地经济社会发展水平相适应。② 事实上，改革开放以来，我国已经实施了很多的解决方案，针对农民工的社会保障问题，并且直到现在还在积极探索适合中国国情的社会保障制度。一旦农民工的社会保障制度和城镇居民接轨，农民工的消费现状将有很大的改善。

在现代高度工业化的社会中，社会保障制度是必不可少的。从一定意义上来说，社会保障制度能促进就业。虽然大部分的农村剩余劳动力选择进城打工，但也有不少人认为在城市中工作没有保障不愿进城打工。针对这一问题，完善农民工社会保障制度起着决定性的作用。由此可见，社会保障制度和促进就业相辅相成，是不可分割的整体。有了就业保障，农民工就可以安心地在城市里面打拼，他们的思想也会逐渐地

---

① 袁志刚、宋铮：《消费理论新发展及其在中国的应用》，《上海经济研究》1996 年第 6 期。

② 张洁：《基于消费角度的城乡收入差距研究》，硕士学位论文，西北农林科技大学，2009 年。

向城镇居民靠拢，消费水平自然而然地就会增长。城乡一体化的劳动力市场体系的建立是急需解决的问题，只有这样才能促进农民工的公平就业，刺激农民工的消费。

我国有句古话叫"养儿防老"，由此可以看出我国人民根深蒂固的养老观念。如果养老得不到保障，农民工就会自己存钱养老，这样一来就会大大降低他们的消费。大多数农民工从事的都是脏、累、险的工作，在这样的现状下如果工伤保险和养老保险得不到保障，这对他们来说是非常不公平的。但在普及农民工养老保险这一问题上是有很大难度的，农民工的流动性极强这一特征导致他们的社保的不稳定性。社保在何处交？退休之后又在何处领？这些都是棘手的难题。如果能在全国范围内建立统一的社保制度，这些问题将能得到有效的解决，这也是在为建立全国统一的劳动力市场打基础。

（三）完善农民工户籍制度

在现有的户籍制度下，农民工永远都不可能打破界限改变自己的身份。这也是目前我国的国情之一。对于农民工来说，他们清楚地知道自己永远不可能落户城市，所以他们都尽量地把自己的收入存入银行或寄回家乡，这样一来消费便会大大减少。虽然现阶段国家已经在积极完善农村基础设施建设，但对于长期在城市打工的农民工来说，他们既享受不到农村的福利政策，在城市中又没有完善的社会保障措施，这会使他们没有归属感。如果这一问题持续得不到改善，农民工就不能和城镇居民一样共享改革开放的经济成果，这会严重打击农民工工作的积极性。

改善我国目前的户籍制度是城市农民工的迫切需求，这一制度的完善能大大提升那些长期在城市中工作并且有稳定收入的农民工的信心，这样他们才会以更高的热情积极投身于城市建设中，这对于经济的增长和社会的稳定都是有重大意义的。

（四）其他

除上述促进机制外，完善农民工住房政策也是有益的措施之一。各省市日益增长的房价让农民工放弃了在城市中买房的想法，他们大多住在工厂提供的宿舍里，租房对他们来说是很奢侈的事情。本研究表明，住房问题也是影响农民工消费状况的因素之一。各级政府应密切关注城市农民的居住情况，积极采取相应措施以保证农民工在城市中的基本生活。

另外，农民工自身也要有所改变，本书建议农民工每年应至少参与一次技能培训，以提升自身的技能。自身技能的提升不但能增加农民工的收入，促进消费，还能提升他们的自信心，有助于他们在城市中越来越好的生活。这方面也需要政府和企业的配合，政府和企业可以积极宣传提升技能重要性和好处，并定期为农民工举办技能提升培训活动。

第三节　洛阳市流通和消费现状与问题

一　洛阳市居民消费的现状分析

（一）消费总量和构成状况

随着城市经济的发展，洛阳市消费总量发展迅速。2014 年，洛阳市以支出法国民生产总值核算的最终消费支出为 14596391 万元，其中，居民消费支出为 9418067 万元、政府消费支出 5178324 万元（如表 6 - 4 所示）。从构成来看，居民消费占最终消费的比例为 64.5%，低于全国 75% 的水平，体现了消费需求的低迷。最终消费率（最终消费占GDP 的比重）为 44.5%，也低于全国水平 55% 左右的水平，说明消费需求对经济增长的贡献率较低。

表 6 - 4　　2014 年洛阳市（含市县）支出法国民生产总值　　单位：万元

指标 县市	支出法 GDP	最终消费支出	居民消费支出	政府消费支出
洛阳市	32845734	14596391	9418067	5178324
偃师市	2212200	735593	505653	229940
孟津县	3488774	900657	609640	290107
新安县	1408071	616875	445859	171116
栾川县	1338446	753153	504547	248606
嵩县	1247814	575423	316375	259048

续表

县市 \ 指标	支出法 GDP	最终消费支出	居民消费支出	政府消费支出
汝阳县	2077595	777015	534498	242517
宜阳县	1438018	655686	436431	219255
洛宁县	2810272	1532993	1091474	441519
伊川县	3806238	1083991	764216	319775

资料来源：《洛阳统计年鉴（2015）》。

（二）消费水平状况

随着经济水平和收入的提高，洛阳市居民消费水平呈上升趋势。2014年，按照当年价格计算，洛阳市居民消费支出14103元/人，比上年增长27%，其中城镇居民消费水平为19971元/人，农村居民消费水平为8010元/人，城镇居民消费水平远远高于城镇居民消费水平，是后者的两倍还多，显示出城乡消费的巨大差别。

（三）消费结构状况

随着居民消费水平的不断上升，消费结构也逐渐趋于合理化。从表6-5可以看出，食品支出在居民消费总支出中不断下降，娱乐教育文化服务支出、交通和通信支出等在总支出中所占的比重则逐年上升，这些都反映出居民消费结构的优化。

表6-5 城市居民消费结构

消费支出类型 \ 年份	2012		2013		2014	
	绝对值（元）	构成（%）	绝对值（元）	构成（%）	绝对值（元）	构成（%）
城镇居民人均消费性支出	14927	100	15968	100	18380	100
食品支出	4273	31.6	4458	27.9	4924	26.8
衣着支出	1884	12.6	1944	12.2	2268	12.3
家庭设备及用品支出	1286	8.6	1489	9.3	1693	9.2
娱乐教育文化服务支出	1966	13.2	2199	13.8	2431	13.2
交通和通信支出	1631	10.9	2183	13.7	2483	13.5

续表

年份	2012		2013		2014	
数值 消费支出类型	绝对值 （元）	构成 （%）	绝对值 （元）	构成 （%）	绝对值 （元）	构成 （%）
医疗保健支出	1195	8.0	1290	8.1	1693	9.2
居住支出	1564	10.5	1585	9.9	2008	10.9
其他商品和服务支出	678	4.5	820	5.1	880	4.9

资料来源：《洛阳统计年鉴（2015）》。

根据洛阳市统计局发布的《2014 年洛阳市城市发展公报》统计显示，2014 年，市辖区人均 GDP 达到 61742 元，按当年人民币兑美元平均汇率测算，洛阳市市辖区人均 GDP 突破了 1 万美元大关。由于在岗职工工资增加和最低工资上调，加之企业离退休职工退休金连续 11 年上升，城市居民生活水平明显提高。城镇住户调查资料显示，城镇居民人均消费性支出为 18380 元，比 2000 年增长 3.3 倍，年均递增 11.0%。城镇居民的发展型与享受型消费快速增长，2014 年达到 9180 元，比 2000 年增加 7553 元，增长 4.6 倍，年均递增 13.2%。其中，人均交通通信支出为 2483 元，比 2000 年增加 2226 元，增长 8.7 倍，年均递增 17.6%；人均家庭设备及用品支出 1693 元，增加 1386 元，增长 4.5 倍，年均递增 13.0%；人均娱乐教育文化服务支出为 2431 元，增加 1959 元，增长 4.2 倍，年均递增 12.4%。每百户城镇居民家庭拥有的移动电话为 215 部、计算机 75 台、电冰箱 90 台、洗衣机 97 台，分别比 2000 年增长了 19.5 倍、7.3 倍、13.9% 和 11.5%。城镇居民人均住房建筑面积达到 37.9 平方米，比 2014 年增加了 26.5 平方米，市民的居住条件明显改善。

洛阳市农村居民消费结构也在优化的过程中。下面分别从食品消费、衣着消费、居住消费、家庭生活用品消费、交通通信消费、教育文化娱乐消费、医疗保健消费等方面说明农村居民消费结构的变化。

①食品消费。2015 上半年，洛阳农村居民食品消费支出人均 887 元，占消费性支出的比重为 23.3%。食品消费仍是农村居民消费最主

要的支出。②衣着消费。2015 年上半年，洛阳农民衣着消费支出人均
378 元，占消费性支出的比重为 9.9%。衣着消费占农村居民消费性支
出近一成，收入的稳步增长，让农民的消费观念和审美理念不断提高，
越来越注重衣着的款式、花色、质地和鞋及饰品的搭配，高档的化纤、
毛料、皮料服装也日益受到农民的欢迎。③居住消费。调查显示，2015
年上半年，洛阳农民居住消费支出人均 874 元，占消费性支出的比重为
22.9%。生活的逐渐富裕，让洛阳农民生活方式趋向城市化；居住环境
的不断改进，让装修生活用房支出成为农民居住消费的"新宠儿"。
④家庭生活用品消费。上半年，洛阳农民生活用品消费支出人均 359
元，占消费性支出的比重为 9.4%。手头宽裕了，不断扩宽眼界的农民
更愿意选择新潮、现代化的耐用消费品，农民家庭出现了浓厚的现代化
生活气息。⑤交通通信消费。2015 年上半年，洛阳农民用于交通通信
消费支出人均 666 元，占消费性支出的比重为 17.5%，随着收入和生
活水平的提高，家用汽车正在进入农民家庭；而通信市场的火热，让农
民们在享受更低资费的同时，也能够更加方便快捷地与外界联系，丰富
自己的生活。⑥教育文化娱乐消费。2015 年上半年，洛阳农民用于教
育文化娱乐消费支出人均 339 元，占消费性支出的比重为 8.9%。随着
物质消费的不断满足，洛阳农民对文教娱乐等精神消费的需求不断加
大，消费领域不断拓宽。或是参加老年秧歌、腰鼓队等民间活动，或是
参团外出旅游，或是到 KTV 等娱乐场所消费，这些活动成为 2015 年农
民文教娱乐消费的新亮点。⑦医疗保健消费。2015 年上半年，洛阳农
民用于医疗保健消费支出人均 238 元，占消费性支出的比重为 6.2%。
随着农村新型合作医疗的全面实施，极大地减轻了农民负担，加之生活
的不断富裕，让农民越来越注重自身健康，关注生命、享受生活，已逐
渐成为农民生活发展的主流。①

二 洛阳市消费品流通体系的现状分析

(一) 洛阳市流通规模不断扩大，但增速有所下降

随着社会经济的发展和居民消费需求的扩大，洛阳市社会消费品零

---

① 《洛阳市上半年农村居民可支配收入稳定增长》，洛阳市统计局，http：//www. lytjj.
gov. cn/index. htm。

售总额从 2008 年的 5770830 万元上升到 2014 年的 14292067 万元，增长了 2.5 倍。批发和零售业是流通业的主体，占比超过 90%。如表 6 - 6 所示。

表 6 - 6 　　　　　　洛阳市社会消费品零售总额状况 　　　　　　单位：万元

年份		2008	2009	2010	2011	2012	2013	2014
社会消费品零售总额		5770830	6872925	8161830	9635440	11147801	12691980	14292067
按地区分	市	3176783	3781411	7205269	8439973	9758120	11096610	12477327
	县	1156794	1383120	—	—	—	—	—
	县以下	1437253	1708394	956561	1195467	1389681	1595370	1814740
按行业分	批发和零售业	4835634	5692301	6936905	8101140	9368405	10765646	12066886
	住宿和餐饮业	878102	1106883	1151184	1447245	1678677	1926334	2225181
	其他行业	57094	73741	73741	87055	100719		

资料来源：《洛阳统计年鉴（2015）》。

从社会消费品零售总额的增长率来看，洛阳市近年的社会消费品零售总额年增长率都在 12% 以上，说明流通规模呈较高的增长趋势。但是增长率却从 2008 年的 23.3% 下降到 2014 年的 12.6%，降幅明显，显示出流通规模增长速度的下降（如表 6 - 7 所示）。

表 6 - 7 　　　　　　洛阳市社会消费品零售总额增长率 　　　　　　上年 = 100

年份		2008	2009	2010	2011	2012	2013	2014
社会消费品零售总额		123.3	119.1	119.0	118.1	115.7	113.9	112.6
按地区分	市	123.8	119.0	120.0	117.1	115.6	113.7	112.4
	县	124.9	119.6	—	—	—	—	—
	县以下	121.1	118.9	110.8	125.0	116.2	114.8	113.8
按行业分	批发和零售业	122.2	117.7	118.3	118.5	115.6	113.9	112.1
	住宿和餐饮业	128.7	126.1	123.1	115.4	116.0	113.7	115.5
	其他行业	149.0	129.2	100.0	118.1	115.7		

资料来源：《洛阳统计年鉴（2015）》。

（二）流通方式多元化，流通渠道多样

流通方式是商品由生产领域到消费领域过程中所采用的方法和形式的总和，其职能在于以具体的方式去连接生产和消费，实现在这一过程中的所有参与者的经济利益。流通方式会随着经济的发展、科技的进步和消费者需求的变化而经历从简单到复杂、由单一到丰富、从低级到高级、从传统到现代的过程。洛阳市的消费品的流通方式也经历了从传统流通方式到现代流通方式的转变。以连锁经营为代表的现代流通方式和以电子商务为代表的新型流通技术在洛阳得到了充分的发展。

具体来看，2014 年，批发业的连锁总店的商品销售额已经达到23960 万元，零售业的连锁总店的销售额达 1546707 万元，超过独立门店的一半。洛阳市零售业态呈多样化发展趋势，几乎涵盖了国内所有的零售业态。电视电话购物、邮购、网上商店、自动售货亭等无店铺零售方式发展良好。其中，网上商店的商品销售额为 15132 万元，成为越来越多消费者的选择。

（三）流通市场主体多样，但外资企业较少

随着流通业改革开放的持续进行，洛阳市流通市场主体由原来的国有和集体控股为主，逐渐向以私人控股为主。以批发业为例，2014 年，限额以上批发业国有控股的销售额为 2193944 万元，而私人控股的销售额为 3691937 万元。值得注意的是，批发业的港澳台资和外商控股的企业几乎为零。零售业的状况是，国有控股的销售额为 1094880 万元，私人控股的销售额为 2753899 万元，几乎是国有控股的 3 倍。零售业港澳台控股和外商控股分别为 130834 万元和 13745 万元，所占比例非常低。所以，洛阳市应当继续加大对外开放，着力引进外资流通企业。

三　洛阳市消费品流通体系促进消费存在的问题分析

（一）城乡二元流通结构阻碍了统一消费市场的形成

由于历史和制度的原因，洛阳市消费品流通城乡之间在流通规模、流通主体、流通客体、流通渠道方面存在诸多差别，"在城市的流通体系之外，存在一个相对独立的农村流通体系"（李骏阳，1994）。城市现代化商业与流通体系已经相对成熟，而以集贸市场和小型零售企业为主体的农村流通体系则相对落后，进一步造成农村居民的"低消费陷阱"。从个人收入分配和城乡收入差距情况来看，"我国消费品市场存在二元结构，即低收入消费者群体的市场和高收入消费者群体的市场同时并存"（金明玉，2007），而低收入者消费群体大部分居住在广阔的农村。洛阳市消费品流通体系的城乡分割增加了社会交易费用，使农村流通体系游离于社会大流通的系统之外，阻碍了广大农村居民消费品消费水平的升级。

洛阳市消费品流通体系城乡分割表现在：①城乡流通主体有差异。城市流通主体多为大型流通企业，规模和专业化程度较高；农村流通主体规模偏小，以"夫妻店"为常见形态，呈现散、小、乱、差的特点，从业人员素质不高，服务意识不强，产品质量参差不齐。②城乡流通制度有差异。改革开放以后的城市流通和商业规划都是在政府的指导下完成的，而农村的流通制度变迁则是各级政府、农村集体经济组织和农民个体等多种利益主体博弈的渐进过程，具有非正式的特点。③城乡流通对象有所不同。城市流通的消费品已经供过于求，而且多为耐用家电消费品、家用汽车、通信工具、健身、娱乐以及奢侈品等中高端消费品；农村的消费品多为基本的日常必需消费品，商品的价格和档次较低，甚至是城市淘汰的品牌。④城乡物流体系分割。洛阳市大中城市的商业繁荣发展，甚至到了过剩的地步，多种零售商业业态，如连锁商业、仓储式商店、大型超市等随处可见，上海、北京等大城市的人均商业面积甚至超过了纽约、伦敦等世界著名商业城市，电子商务在城市的发展更是迅速，给城市居民的消费生活带来极大便利。在物流方面，城市的商业场所密集分布，物流基础设施完善，能够迅速地把商品从生产者手中转移到消费者手中。而广大农村商业设施分散，道路、通信等基础设施落后，信息不畅，技术落后，影响了供应商和消费者之间的沟通，使农村物流体系发展滞后，严重制约了农村的消费。从城乡社会消费品零售总额的差别可以看到其巨大的差距。

（二）流通市场结构不合理影响消费升级

消费品流通体系结构反映了消费品流通体系内部各要素之间的比例关系和相互联系，流通结构问题是流通体系的关键问题，尤其是在"调结构、稳增长"的经济背景之下。流通结构包括很多方面如空间结构、业态结构、组织结构、所有制结构、批零结构等，洛阳市消费品流通体系结构不合理的现象在上述各个方面均有所体现，下面分别说明之。

业态结构指的是流通业各种业态之间的比例关系，是消费品流通体系结构的重要组成部分，尤其是零售业态结构。随着外资零售业的进入，洛阳市的零售业各种业态纷纷出现，不同业态之间的边界模糊化，新兴业态发展浮于表层。"这种'突击模仿'使原有的时空层次被完全掩盖，显然难以形成由内而外的良性滚动成长态势，市场上每出现一种新业态都有众多商家迅速效法跟上，企业之间很难拉开档次，形成经营梯度，结果是多种业态相互混战，在浅层次上多元并存，低效率运营"（毕红毅等，2009）。所以需要引导不同业态错位经营，合理进行业态布局。

流通组织结构即是流通产业内部的资源配置结构及其关联性，也是流通产业内大中小企业间的相互关系格局。洛阳市流通体系组织结构存在产业集中度低、规模效益差、产业进入壁垒低等原因而导致的地区垄断与过度竞争并存等问题。产业集中度反映了市场垄断或者竞争程度的高低，据李修国（2011）测算，2006—2009年我国零售行业的CR4值分别为2.87、3.44、4.15、5.01，与发达国家相比，集中度较低。2010年零售百强企业商品销售总额为6641.2亿元，占社会消费品零售总额中的比重为10.6%，总体上处在偏低的水平，而美国这一指标在20世纪90年代就高达60%。流通组织规模出现非均衡发展的两种趋势，一种是盲目扩张和片面追求大型化，造成重复建设和规模不经济；另一种趋势是众多流通企业的规模呈小型化发展，造成过度竞争。盲目扩张和小型化使流通体系的组织结构向两极发展，难以形成规模经济，流通组织结构松散，所以洛阳市缺乏具有国际竞争力的现代化流通集团。

洛阳市流通体系的所有制结构由中华人民共和国成立初期国有及集体经济占主导转向改革开放后的个体经济占主导，目前已经形成了多种经济成分、多种流通渠道、多种经营方式并存的格局。然而在社会主义市场经济中，洛阳市国有流通资本的控制力不应被削弱，要控制经济发达区域的流通和重点领域的商品流通。另外，外资流通资本参与洛阳市流通体系建设，因其资金雄厚，实力强，市场占有率不断增加，吸引了越来越多的消费者。

（三）流通体系运作效率低下制约消费者购买力

流通效率"是一个衡量流通整体质量的概念，指商品在单位时间内通过流通领域所实现的价值量与流通费用之差"（李辉华，2005），李骏阳（2009）认为，流通效率主要表现为商品的流通过程中所占用的流通时间和所消耗的流通资源，应包括流通速度和流通成本两个层面的含义。本书所指消费品流通体系的效率是指消费品流通过程中流通产出和流通成本的比值，考察的是消费品的流通速度和流通成本，流通速度越快，效率越高；流通成本越低，效率越高。洛阳市消费品流通效率较低，突出地表现为商品周转速度低，货物流通过程损耗大，物流费用占 GDP 的比重大。

洛阳市物流费用中保管费、管理费偏高反映出的问题是库存太大，周转太慢。2014 年洛阳市批发和零售业的库存额占销售额的比重为 7%左右，而美、德、日的非制造业（含批发和零售业）的商品库存占销售额的比重为 1.14%—1.29%。洛阳市商业流动资产周转率较低，而日本非制造业（含批发和零售业）周转率为 15—18 次，国际零售巨头沃尔玛、家乐福的周转率甚至达到二三十次。

商品在流通过程中的损耗过大也是我国消费品流通效率不高的表现。由于我国第三方物流不发达，物流技术装备落后，运作模式粗放，导致货损货差过大。例如，与居民生活密切相关的果品蔬菜在物流过程中的损耗率为 25%—30%，肉类损耗率为 12%，水产品为 15%，发达国家的果蔬损耗率一般控制在 5% 以内，美国仅为 2%。发达国家的易腐食品在流通过程中的冷藏率为 80%—90%，而我国冷藏运输率不到 20%，洛阳市的比例更低。

（四）农村流通环境差阻碍农民消费扩大

在过去的近十年间，洛阳市农村流通体系得到很大的改观，农村流通业总量、从业人数、流通业固定资产投资以及劳动生产率都得到大幅度的增长。事实上，自进入 21 世纪以来，洛阳市政府为改变农村流通业的落后现状，缩小与城市间的差距，促进农村消费的增长，先后颁布和贯彻了一系列促进改善农村流通业的政策。如贯彻了商务部 2005 年推出的旨在推动现代农村流通发展的"万村千乡市场工程"；2006 年，

商务部为切实解决农产品"卖难"问题，促进农民增收，启动了支持
100 家大型农产品批发市场和 100 家大型农产品流通企业的"双百市场
工程"；2007 年，为促进农村消费和家电产品在农村地区的流通，财政
部和商务部实施了"家电下乡"的政策。这些政策的实施构建了完善
的农村现代流通网络，促进了农村商品流通的配送和仓储等能力，完善
农村流通的基础设施建设和环境，拓宽了农村商品的流通渠道，提高了
农村商品流通的效率，推动农村流通业的发展。

　　虽然近年来洛阳市农村流通业得到快速的发展，但是与城市相比，
农村流通业还处在较低的水平。由于洛阳市多年以来受"重生产、轻
流通"和"重城市、轻农村"等思想的影响，使洛阳市农村流通体系
建设明显滞后于城市。第一，农村流通业态及经营方式仍很陈旧。农村
居民人均固定商业面积不足 0.1 平方米，仅为大城市的 1/10，农村市
场实行连锁经营的交易额占农村总交易额的比重也不足 10%，夫妻店、
食杂店仍然是农村生活消费品流通的主要形式，农村超市等新型业态发
展滞后。农村各类商品市场的数量虽多于城市，但大多数规模较小，层
次较低，主要是摊位式交易，属于商品市场的初级形式，设置分散，实
力单薄。农村商品交易市场平均每个乡镇仅 1.5 个。农村日用消费品
90% 以上通过对手交易销售，农村商品流通的信息化建设处于起步阶
段，农村批发与零售市场采用电子商务交易技术以及农村居民通过网上
购物的水平处在较低的水平。第二，农村流通市场主体规模小，实力
弱，大市场与小生产的矛盾突出，劳动生产率处在较低的水平。经营方
式落后，从业人员专业素质低。农村流通产业的市场集中度一直不高，
在传统的流通组织（主要是供销社）的职能逐渐弱化后，洛阳市大量
出现的面向农村新型流通企业由于起步比较晚，再加上地区保护主义致
使农村市场分割，使洛阳市农村流通产业的市场集中度更低。第三，与
城市相比，洛阳市农村流通企业在服务（商品）和物流上有明显的不
足。在服务（商品）方面，销往农村的商品差异性不大，农村流通企
业在销往农村地区的商品组合上，专门开发与设计适合农村居民的产品
不多、不全，而且不少流通企业将城市滞销、过时的商品低价推向农
村。由于流通服务差异化程度不足，并且在当前买方市场的现实下，工
业品和农产品供应丰富，农村流通企业一般都能以相似成本采购到同行

经销的产品，因此相互之间容易模仿，这些就造成了农村流通产业差异化低的结果。第四，与城市相比，农村在物流方面的不足是导致农村流通成本高的主要原因。大多数农村商业连锁企业，形式上是总部统一送货，但因缺少商品配送设施，配送体系不完善，配送中心个数少，覆盖的半径范围小，使连锁店的进货与以往传统的进货没有本质区别，导致不能降低流通费用，没有体现连锁经营的规模效益和管理优势。第五，与城市相比，农村流通市场管理混乱，缺乏有序统一的管理。农村流通法律法规和政策不健全、市场监管乏力。涉及农村流通的一些重要法律法规尚未出台，地区封锁仍时有发生，阻碍了全国统一市场的形成。农村市场存在有法不依、执法不严的现象，不少执法部门重复检查、盲目检查，以罚款代管理，干扰了农村商品流通的正常经营秩序。农村市场劣质商品流通、乱涨价、欺行霸市等问题比较突出，农民利益时常受到损害。

第四节　河南省东部农村消费和流通市场调查报告

一　调查目的

近几年由于国家大力发展现代流通方式，农村商品流通体系建设初具成效，已初步形成了由多元化市场主体参与的、涵盖农副产品、日用工业消费品和农业生产资料市场的农村市场体系，多形式、多渠道的农村商品流通体系的基本框架开始逐步形成。然而，由于长期以来受城乡二元经济结构影响和农村生产力水平较低的制约，在商品流通体系建设中"重城市、轻农村"，在农村工作中"重生产、轻流通"，致使农村商品流通体系建设的投入严重不足、发展速度迟缓。农村流通体系的不完善直接或间接地影响了农村消费需求的扩大。

为了解河南省东部农村消费现状，研究河南省东部农村消费中存在的问题，改善农村居民消费环境，提升农村居民的生活质量，推动河南省东部农村社会的进一步发展。为此，河南科技大学管理学院特进行此次现状调查，本报告作为该项目成果的一部分。

二 调查方法

本次调研采用典型调查（消费者状况）和全面调查（流通组织状况）相结合的方法，主要以问卷调查和访谈相结合的方式进行。此次调查共发放消费者问卷 250 份，回收有效问卷 200 份；发放流通组织调查问卷 40 份，回收有效问卷 21 份；总体消费市场调查（村级）4 份，均为有效。

三 调查过程

调查时间为 2016 年 1 月 7—21 日，地点为河南省鹿邑县试量镇碾李村、郎庄村、张庄村和胡寨村。

鹿邑县位于豫皖交界的河南省东部，属河南周口市。鹿邑县东邻曹操故里安徽亳州市，北与历史文化名城商丘市相连，是古代思想家、道教学派创始人老子（李耳）的故里。鹿邑县东距京九铁路 30 千米，北近陇海铁路 70 千米，311 国道和正在建设的许亳高速公路贯穿全境，省道商临路、老沈线、鹿柘路纵横交错。全县辖 9 镇 13 乡，人口 116 万。目前县城区面积 18.6 平方千米，常住人口 16.7 万人。

试量镇位于鹿邑县西，距县城 25 千米。辖镇北、建设路、文化路、镇东 4 个居委会，任庄、李屯、翟集、马刘、李金兰、后杨楼、杨楼、崔大、孙庙、付庄、夏集、时庄、程庄、余庄、金砦、薛桥、郎庄、碾李、南丁、胡砦、胡小楼、曹庄、段楼、丁铺、丁大 25 个行政村。鹿新运河东西贯境，311 国道和郸（城）柘（城）公路过境。

本次调查的碾李村、郎庄村、张庄村和胡砦村位于试量镇东南部，各村平均 1000 人左右，村民以务农和外出务工为生活来源。

四 调查结果

（一）当地农村消费市场状况总体调查统计

本次调研所涉及的四个行政村中，共有杂货店 8 家，其中碾李村和郎庄村各有 3 家，张庄村有 1 家；共有专业店 3 家，都分布在郎庄村；超市 7 家，其中碾李村 2 家，胡寨村 3 家，张庄村和郎庄村各 1 家；便利店共有 3 家，分布在郎庄村；农贸市场有 2 家，分别在胡寨村和郎庄村。

四个行政村中均没有以农民为主体的合作销售组织，也没有消费品批发市场，更没有连锁商店进入。农村消费品零售市场有 2 家，分布在郎庄村和胡寨村，每年的市场规模分别是 450 万元和 140 万元。

本地区属于万村千乡工程覆盖的范围，每个村有一家属于"万村千乡"工程的小型超市，但各村都没有改造农家店的具体计划。"万村千乡"工程对促进当地居民的消费有一定的积极作用。没有双百工程、新网工程和其他的大规模流通工程涉及。在本镇范围内，没有农超对接或农产品进社区之类的农产品对接新模式，农户生产出来的农产品，要么自己使用，要么到集贸市场上出售，或者直接卖给附近商贩。

在所调查的四个村中，每年居民关于消费品的投诉量将近 200 件，投诉类型主要为产品质量差和伪劣产品；而居民投诉的途径大部分是自己找商家，通过工商部门、消费者协会或其他途径的极少。该地假冒伪劣商品较普遍，主要存在于农业生产资料、日用品、食品饮料、家电器材和化妆品等中。

（二）当地流通组织现状

该地区较早受到市场经济大潮的影响，消费品市场发展活跃，但主要集中在镇上，由于村里离镇上不远，加之交通便利，居民的日常生活消费需求基本上可以得到满足。村级市场发展也相对良好，能保证村民的就近购买。本次对农村流通组织的调查采用全面的地毯式调查方法，对四个村中现存的流通组织都进行了走访，共涉及大大小小 21 个商店。下面根据问卷的设计顺序，对所调查的四个村的流通组织发展状况进行基本介绍。

（1）首先针对流通组织的名称，本次调查看来，名称比较混乱，起名也较随意，多是以经营者的名字来命名，调查中还发现若干无名小店。具体名称见表 6－8。

（2）再来看商店的业态性质。所调查的 4 个村共 21 家商店中，8 家杂货铺，3 家便利店和 7 家超市。它们分别在总体中所占的比例如图 6－7 所示。

（3）关于商店的所有制性质，所调查的 21 个商店全部是属于个体所有，不存在其他所有制性质，当地的市场化发展得比较充分，供销社系统没落。

表6-8 流通组织名称统计

所属行政村	流通组织名称
鹿邑县试量镇碾李村	新农村超市
	内耳小卖部
	冠军小超市
	农家小卖部
	银行小卖部
鹿邑县试量镇张庄村	农家铺子
	老张农家店
	利民超市
鹿邑县试量镇胡寨村	农家乐超市
	百姓购物超市
	胡寨超市
鹿邑县试量镇郎庄村	小敏名妆店
	金矿农资商店
	婚庆电脑用品店
	豫龙农家超市
	无名小店
	平价超市
	新农村超市
	农杂小铺
	建军小商品超市
	国强杂货铺

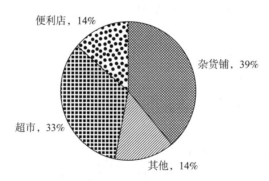

图6-7 流通组织业态类型分布

（4）针对商店的营业面积的调查中，有将近一半的商店营业面积在10—20平方米，近1/3的商店营业面积为20—50平方米，具体的数据见图6-8。

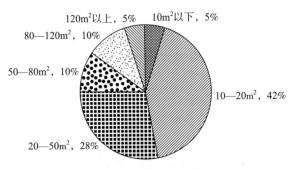

图6-8　流通组织营业面积分布

（5）在关于商店的营业额的调查中，大部分商店月营业额在3000—10000元，没有超过3万元的。具体分布如图6-9所示。

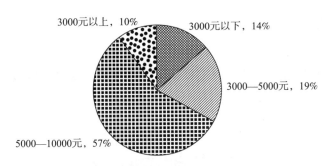

图6-9　流通组织营业额分布

（6）商店的从业人数全部为2人以内，有相当一部分商店的从业人数为1人，可见规模是比较小的，具体的比例见图6-10。

（7）所调查的商店均不是连锁经营，可见连锁这一新的流通组织形式在当地并没有很好的发展。

（8）在针对商店的主要供货来源的调查中，大部分商家选择的是通过代理商和本地批发市场，从外地批发商和生产企业进货的比例较小，具体见图6-11。

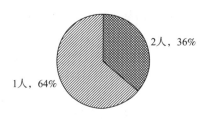

图6-10 流通组织从业人数分布

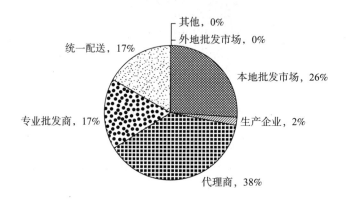

图6-11 流通组织供货渠道分布

（9）选择上述供货来源的依据是因为价格和送货便利的较多，还有一部分是因为可延期付款，对质量的关注反而较少，见图6-12。

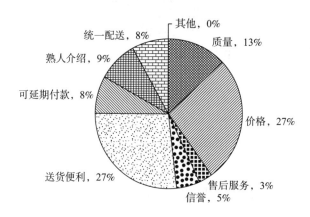

图6-12 流通组织供货渠道原因分布

（10）在针对商店的主要经营品种的调查中，除了个别经营化妆品和农资产品的专业店外，大部分商店经营的主要品种是日用品和食品饮料，见图6-13。

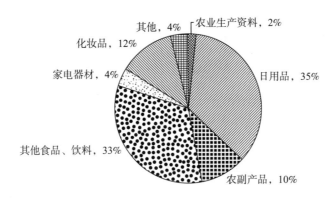

图6-13 流通组织经营品种分布

（11）商店经营的品种品牌总体看来，本省知名品牌较多（占42%），其次是全国知名品牌（32%），见图6-14。然而，属于"万村千乡"工程的商店销售全国知名品牌所占的比例较高（70%），见图6-15。

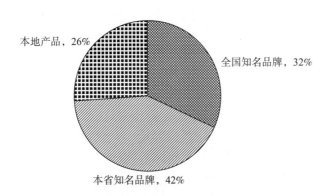

图6-14 流通组织销售产品品牌分布

（12）本地居民对所调查商店的依赖程度为一般的占六成以上，主要是由于村里离镇上较近，许多购物在镇里进行，对村里商店的依赖较小。但是对属于"万村千乡"工程的商店来说，村民的依赖程度选择较

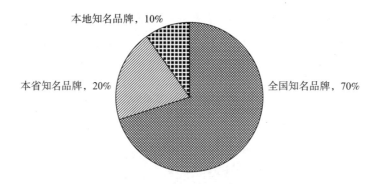

图 6-15 "万村千乡"连锁店销售产品品牌分布

大的占 75%，看来，这些商店还是比较有竞争力的，见图 6-16 和图 6-17。

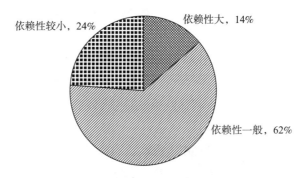

图 6-16 本地居民对流通组织依赖程度分布

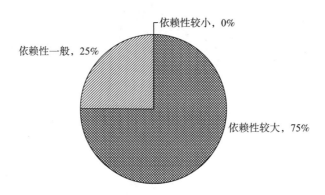

图 6-17 本地居民对本村流通组织依赖程度分布

（13）若要进一步发展自己的商店，大部分经营者认为应从品牌和质量上着手，可见经营者和消费者的品牌意识逐渐增强。具体的选择分布见图6-18。

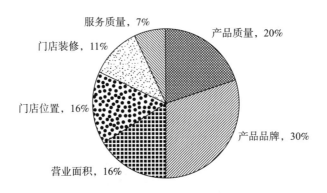

图6-18　流通组织自身发展方向分布

（14）在（乡村）政府对商店的支持情况调查中，认为政府几乎没有帮助的占有八成以上，偶尔会有的占了近两成，没有商店认为帮助很大。可见，当地政府对商店支持情况较差。

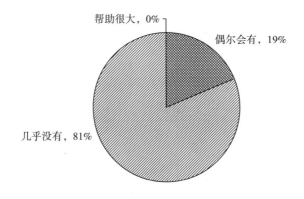

图6-19　政府对流通组织支持情况分布

（15）关于所调查的商店是否属于农村流通工程建设的项目，前文已有所叙述，该地区只有"万村千乡"工程有所涉及，而且是每个行政村一家店，加入工程的商店占所有商店的比例大概在两成，具体见图

6-20。当地商店要加入"万村千乡"工程，具体的标准并不明确，一般都要求有一定的实力和经营规模，从事商店经营若干年以上，有一定的经验，并且要保证不销售假冒伪劣和过期的商品。政府对加入"万村千乡"工程商店的优惠政策并不多，经过访谈得知大部分优惠政策比较难以落实。但有些商店还是得到了一些实惠，如免费补给货架、资助门面装修等，具体见图6-21。商店对该形式补助的满意程度平分秋色，各占一半。

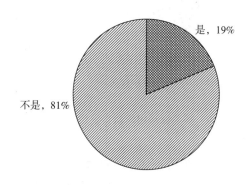

图6-20　流通组织属于政府流通工程的比重分布

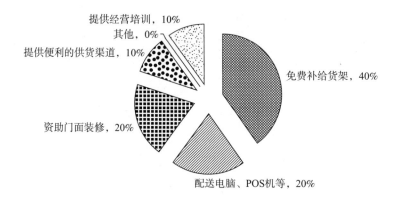

图6-21　流通组织加入政府流通工程获得优惠项目分布

（16）关于商店能否便捷地获得商业贷款的调查中，全部商店表示不能方便地获得贷款。由此可见，当地金融部门对小个体户的支持力度明显不够。

（17）在调查商户在进货时是否遇到假冒伪劣产品时，表示偶尔遇到的占60%以上，经常遇到的占近1/3。可见，当地的假冒伪劣产品存在较多，但不是特别严重，具体见图6-22。

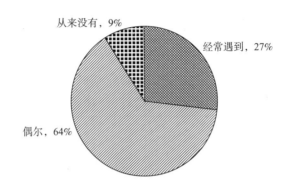

图6-22　流通组织商品进货质量分布

假冒伪劣商品的类别从图6-23中可以看出大部分还是食品饮料、日用品，农副产品也占有一定比例，看来当地伪劣商品主要是与居民生活息息相关的生活必需品。

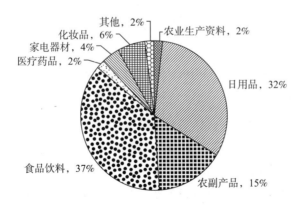

图6-23　流通组织假冒伪劣商品类型分布

当权益受到侵害后，80%以上的商户与供货商协商解决争端，自己承担的也占一成，到工商部门投诉的极少；另外，他们对处理结果基本表示满意。原因是供货商一般会提供调换货服务，另外，当地工商部门效率低下，群众满意度比较低，人们对工商管理部门普遍缺乏信任。具体结果可见图 6 - 24 和图 6 - 25。

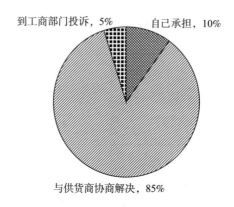

图 6 - 24 流通组织权益纠纷解决办法分布

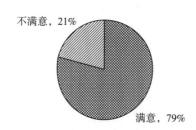

图 6 - 25 流通组织对纠纷处理结果满意程度分布

（18）关于商户经营面积和业绩情况的描述性统计结果见表 6 - 9：其中，面积（area）、租金（rent）、销售额（sale）、利润率（rate）、均值（mean）、方差等统计指标均有体现。所调查的商户的平均面积为38.24 ㎡，相对较小；由于农村的经营商户大部分都是自己家的房子，所以租金无须承担；销售额平均在 4000 多元/月，属于小本经营；但是利润率并不低，平均在 18% 以上，可见越是末端零售，销售利润率越高，如表 6 - 9 所示。

表 6 - 9　　　　　　商户经营面积和业绩情况描述性统计结果

The smallest value is shown		area	rent	dale	rate
N	Valid	21	21	21	21
	Missing	6	6	6	6
Mean		38. 2381	11. 9048	4166. 7143	18. 5714
Std. Error of Mean		6. 47225	8. 38420	605. 84128	0. 89062
Median		25. 0000	0. 0000	4000. 0000	18. 0000
Mode		15. 00	0. 00	1000. 00	15. 00（a）
Std. Deviation		29. 65958	38. 42122	2776. 31351	4. 08132
Variance		879. 6905	1476. 1905	7707916. 7143	16. 65714
Range		110. 00	150. 00	8999. 00	16. 00
Minimum		10. 00	0. 00	1. 00	12. 00
Maximum		120. 00	150. 00	9000. 00	28. 00
Sum		803. 00	250. 00	87501. 00	390. 00

（三）当地居民消费状况

随着居民生活水平的提高，人们的消费水平也有所提升。当地农民收入除部分依靠务农外，大部分来源于外出务工的所得。随着农民购买力的上升，他们对消费品市场的发展也提出了要求。村级市场仅能满足日常的快速消费品需求，家用电器等耐用品还需到镇上购买，购物也比较便捷。当地农民根据自己目前的收入水平进行消费，但奢侈性消费、超前消费等新型消费方式普及率不高，也没有自发的消费合作组织。本次调查共收回四个村的消费者有效问卷 200 份，下面根据消费者问卷的设计思路，对当地农民的消费状况进行深入调查分析。

1. 家庭成员人数的调查

在所调查的 200 户居民中，平均每户 4. 5 人，家庭总人数在 1—8人，呈正态分布。具体统计结果见图 6 - 26。

2. 家庭平均年收入

当地家庭的平均年收入普遍在 2 万—6 万元，可见收入并不高，在调查的 200 户居民中，各个收入阶段的户数和所占比例如图 6 - 27 所示。

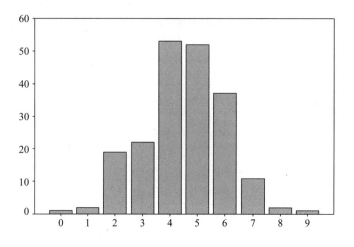

图 6 – 26　样本家庭人数统计结果

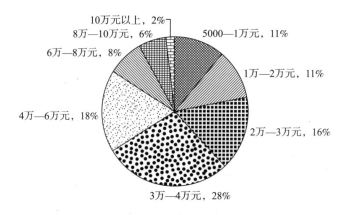

图 6 – 27　样本家庭平均年收入统计结果

3. 家庭平均年生产资料支出

经过对 200 户农村居民的调查得知，一半左右（91 户）的当地村民的家庭年生产资料支出在 1000—5000 元，约占 46%；另外有 26% 的家庭（50 户），年生产资料支出在 0.5 万—1 万元。具体的统计结果见图 6 – 28。

4. 家庭平均年生活消费支出

当地村民的家庭生活消费支出分布比较分散，但大部分在 4 万元以下；占比较大的是 1 万—2 万元，约占总体调查家庭的 30%；具体的家庭个数和支出范围见图 6 - 29。

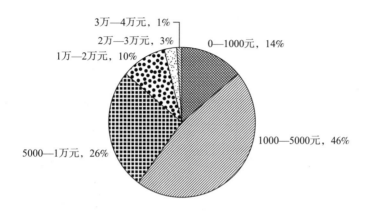

图 6 - 28 样本家庭平均年生产资料支出统计结果

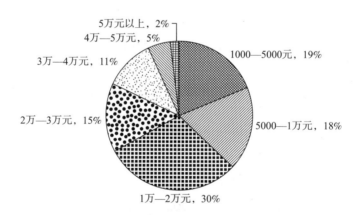

图 6 - 29 样本家庭平均年生活消费支出统计结果

5. 购买消费品时首先考虑的因素

当地居民在购买食品时，大部分人考虑的是质量，价格和品牌并不注重；购买日用品时也有类似的倾向，但没有购买食品时如此明显。具体的统计结果见图 6 - 30。

6. 家庭拥有的消费品种类和数量

当地村民家庭拥有消费品和生活设施的数量可以反映出当地居民的

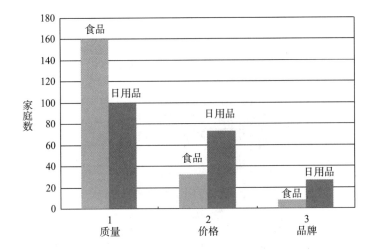

图 6 - 30　消费者购买商品时首先考虑的因素统计结果

生活消费水平。从调查结果来看，居民家庭拥有汽车等高档消费品的数量较少，汽车是 0.12 辆/户，电脑是 0.315/户，可以看出居民的收入和消费水平与城市相比差距较大。具体的结果见表 6 - 10 和图6 - 31。

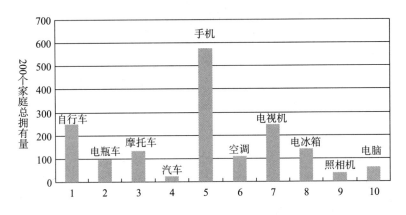

图 6 - 31　样本家庭拥有消费品的数量统计结果

表6-10　　　　　样本家庭拥有消费品的种类和数量统计结果

200个家庭拥有消费品种类	数量	家庭平均拥有量
自行车	249	1.245
电瓶车	97	0.485
摩托车	135	0.675
汽车	24	0.12
手机	575	2.875
空调	111	0.555
电视机	247	1.235
电冰箱	140	0.7
照相机	39	0.195
电脑	63	0.315

7. 农产品的耕作和销售情况

当地村民90%以上的都耕种少量的农田，大规模耕作农产品的较少，如图6-32所示；部分村民将自己的土地流转给他人耕种，自己享受租金。

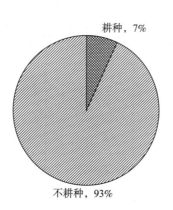

耕种，7%

不耕种，93%

图6-32　样本农户耕作农作物比例统计结果

对于耕作农作物的村民来说，由于耕作规模不大，一般都在15亩以内，大部分在10亩以下，所以他们普遍将农产品销售给附近的商贩，这样做是为了方便省时，减少劳务成本。小部分生产规模相对较大的农户把农产品销售给加工企业或自己到批发市场交易，比例约占10%。对于耕作蔬菜之类的农作物的农户来说，他们更倾向于自己到集贸市场交易，这样做可以得到较高的销售价格，以便获得更多的利润。如图6-33和图6-34所示。

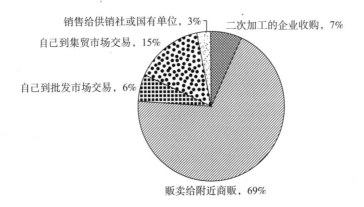

图6-33 样本农户农产品的销售方式比例统计结果

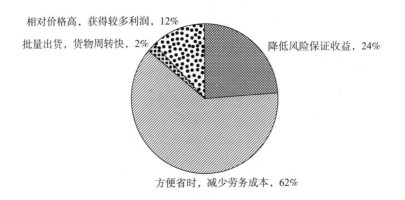

图6-34 样本农户农产品的销售方式选择的原因统计结果

针对农产品销售渠道对农民的销售收入的影响，从调查来看，还是有一定的影响；认为影响不大的村民多是为了方便把农产品贩卖给附近的商贩。如图6-35所示。

8.农产品对接新模式

在针对当地有无"农超对接""农产品进社区"等新型农产品对接

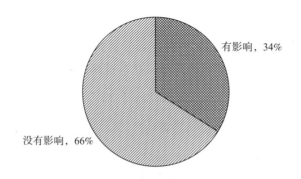

图 6 – 35 样本农户农产品销售渠道对收入的影响统计结果

的模式的调查中，当地全无此类对接模式。具体原因可能是当地政府并不重视此类新模式的应用和推广，农产品主要以传统的渠道进入城市的超市和社区家庭中；另一个原因是当地距离县城较远（50 千米），也许此类新的对接模式在城市周边的乡村有所普及。

9. 购买日用消费品的主要地点

村民购买日用消费品最常去的地方是附近食杂店和农贸市场，这些地方交通方便，购物比较快捷，而且价格实惠；超市也是村民经常光顾的消费地点，在超市购物，村民比较放心，当然，这些所谓超市都是经营面积比较小的超市而已。由于供销社系统功能丧失，所以没有选择在供销社购物，然而在十年前供销社是村民消费日用品的主要场所；网上购物有所涉及，但个数很少，这与当地的教育水平和消费习惯密切相关。如图 6 – 36 所示。

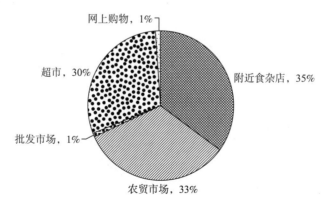

图 6 – 36 样本农户购买消费品场所统计结果

10. 购买家用电器的主要地点

当地村民购买家用电器的主要地点是乡镇商店，占比将近80%，其次是县城，有不到两成村民选择。在本村和大中城市购买家用电器的村民极少，总共占5%左右。乡镇商店基本可以满足村民的家电需求。如图6-37所示。

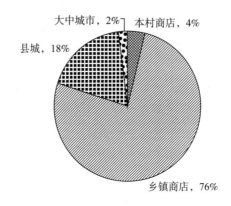

图6-37 样本农户购买家用电器统计结果

11. 购物是否注重商店的牌誉

当地村民对购物场所的品牌关注度并不高，有一半多的消费者并不考虑商店是否知名或是连锁，事实上当地也没有比较知名的连锁商店；当然也有相当多的村民选择了注重，反映出当地村民消费意识的觉醒。如图6-38。

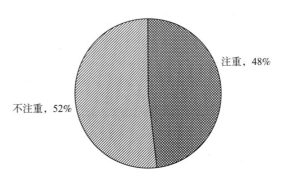

图6-38 样本农户品牌重视程度统计结果

12. 村民对村里商店的依赖程度

当地村民对村里商店的依赖程度并不大，选择依赖一般的占了大多数；其分布是按照依赖大、一般和依赖小呈现出正态的特征，见图6－39。调查得知，乡镇商店发展良好，可以满足村民的日常"一站式"购物需求；村级商店一般满足日用快速消费品的购买需要，对其依赖较大的多是行动不便的老人或小孩，年轻人对其依赖较小。

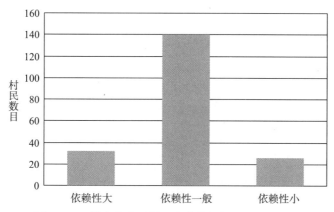

图6－39　样本农户对村里商店的依赖程度统计结果

13. 消费时所采用的主要依据

村民在进行消费时主要依据是自己目前的收入（67%）和不得不消费（26%），超前消费和攀比消费所占比例很小，可见当地村民的消费非常理性和保守。当地村民家庭消费的主要方面是教育、医疗、养老等支出，居民的边际储蓄倾向较高，这也从另一个侧面反映出农村社会保障方面的不足，见图6－40。

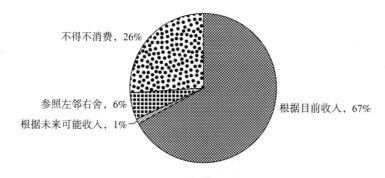

图6－40　样本农户消费依据统计结果

14. 消费者倾向的促销方式

经过调查得知，消费者最倾向的促销方式是打折，绝大部分消费者都选择此项；此外，比较受欢迎的促销方式是试用和赠品，但比例不大。调查发现，当地商店的促销方式不是很丰富，村民的可选择余地不大，这也反映了当地居民对促销并无太大兴趣，必需品非买不可，不管是否促销；满足需求即可，绝不胡乱花钱。如图6-41所示。

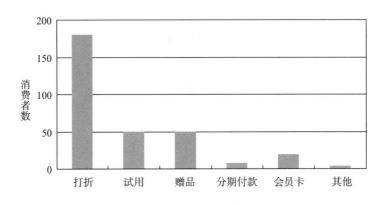

图6-41　样本农户倾向的促销方式统计结果

15. 影响消费的外部环境

在关于影响消费者的外部环境的调查中，交通不便和商店少被认为是影响消费者的两个主要的因素，分别占三成左右；广告宣传、用水用电不便和配套服务影响的比重并不大。随着居民生活水平的提高和品牌、潮流等意识的觉醒，村级和乡镇的现有商店已无法满足村民的多样化需求，他们倾向于去县城购买最新潮流的服饰等消费品，所以商店的可选择性少和交通问题就成了关键问题。另外，水电在当地供应充足，但电价较高，所以尽管不存在用水用电的问题，但是高电价仍然会限制冰箱、空调等家电的使用频率。如图6-42所示。

16. 消费时经常遇到的问题

消费者在消费时最经常遇到的问题当然是质量差，约占50%，产品过期、服务态度差和假冒伪劣等问题也都占近两成的比重。产品质量差是困扰农村居民消费时最严重的问题，商家销往农村的产品总是为了

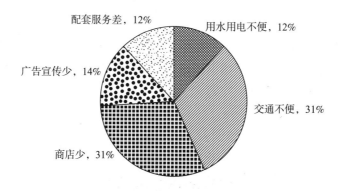

图6-42　样本农户消费的外部影响因素统计结果

迎合对廉价商品的喜好而从原料、做工等方面降低成本，于是生产出大量的质量差的产品；还有部分商家针对农民对品牌的辨识度不高和对生产日期的忽视等情况，把大量假冒伪劣商品、过期或者将要过期的商品销往农村，加之当地工商等执法监管部门效率不高和无作为，使农民长期处于低质商品的环境中。如图6-43所示。

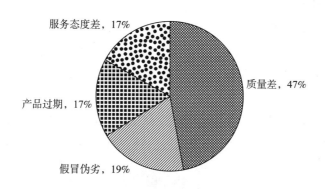

图6-43　样本农户消费时遇到的问题统计结果

17. 质量问题最严重的领域

质量问题最严重的领域是日用品和食品，分别占调查人数的43%和35%，如图6-44所示。日用品的质量问题已经不容忽视，其低劣状况的长期存在势必影响农村居民的生活质量的提高。食品消费在居民消费中占有很大比重，这方面的影响也非常大；家用电器是另一个质量问题集中存在的领域，近两年实施的家电下乡等优惠政策对促进居民家电消费和服务提升有很大帮助；建筑材料很少存在质量问题，那是村民最注重质量的领域，关系到生命和财产安全，没有劣质建筑材料的生存空间；其他质量问题的领域据调查主要存在化肥、种子等生产资料，这也是应当引起高度重视的问题。

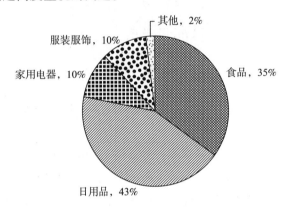

图 6 - 44　样本农户消费质量问题反馈统计结果

18. 同类产品价格村里和城里的对比

从调查的结果来看，对于同类产品，认为村里价格比城里偏低的占38%，有41%的受访者认为差不多，认为村里比城里偏高的占两成多。村里的零售价格偏低主要是因为商店为村民自己所有，不需要租金，从而把降低的成本反映在商品售价上；认为偏高的主要是部分商品，如高档商品、潮流商品等在农村地区较少存在的商品，这些商品没有城市里的规模效应，所以售价较高。如图 6 - 45 所示。

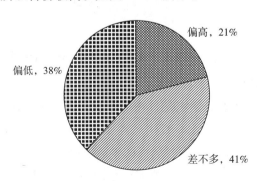

图 6 - 45　同类商品价格城乡比较统计结果

19. 同类商品的村城乡质量对比

对于同等价格、相同种类的商品，74%的受访者认为村里的质量比城里的质量要差，这也比较符合一般的常识；有两成多的村民认为相同；认为比城市质量要好的有4%，据分析是针对如新鲜的水果等农副产品而言的，不具有代表性。具体比例见图6－46。

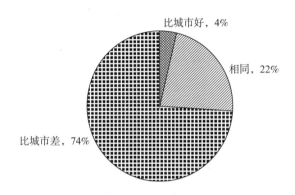

图6－46　同类商品质量城乡比较统计结果

20. 所在村镇是否有大型商场超市

根据调查，当地镇上没有大型的超市和商场进入，村里更没有；商场和超市以小规模的个体经营为主，可能是由于当地的市场容量和购买力不足以吸引大型商场超市入驻，也可能是因为当地节日集中消费（特别是春节）等消费习惯导致大型商场超市无法维持平时的经营。

21. 所在地区有无快递

快递业务仅仅存在于乡镇，尚未涉及村里，但是邮政物流早已惠及乡村。现实情况是，即便是邮政物流快递，也很难送货到农民家门口，而只是到镇上，然后通知收货人到镇邮政所领取。有1/4左右的受访者表示不知道是否有快递。

22. 家庭成员在外打工情况

大部分的受访家庭有成员外出务工，约占70%，而且外出务工已经超过务农收入成为主要的家庭收入来源和提高生活水平的主要手段。外出务工带来的"空巢老人"和"留守儿童"现象对当地农村居民的消费行为产生很大影响。受访者表示有很大影响和有一定影响的占总体的87%，留守在老家的村民平时的消费比较节俭，在春节、农忙等特定时期消费呈爆发性增长。见图6－47。

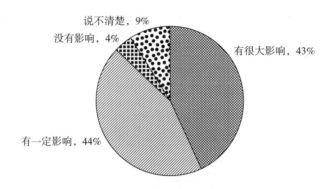

图6－47 外出务工对消费的影响统计

23. 购买到假冒伪劣商品情况

在针对消费者是否购买到假冒伪劣商品的调查发现，表示多次买到过的占28%，有70%的受访者表示偶尔买到过，而表示从未买到过的只有2%，如图6－48所示。由此可见，当地的假冒伪劣商品还是在很大的范围内存在的。当消费者的权益受到损害的时候，他们常常是投诉无门，大部分自己承担（74%）；另外，有22%的消费者选择与商家协商解决；因为不想麻烦，而且工商部门的处理时间长、效率低，只有极少一部分消费者选择投诉到工商部门，或者消费者协会。但据笔者调查，当地并无消费者协会的组织。如图6－49所示。

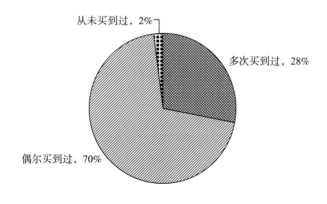

图6－48 消费者购买到假冒伪劣商品情况统计

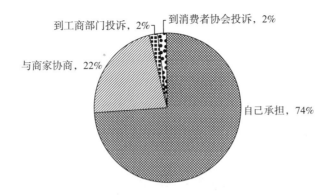

图 6 - 49　农村消费者权益受损时的解决办法统计

24. 家庭是否享受过家电下乡的优惠

据调查，家电下乡工程在当地的普及情况良好，有 46% 的受访者享受到了家电下乡政策的优惠。他们购买的家电涉及电冰箱、空调、电视机、电热水器、电脑等诸多品种，但最多的还是电视机和电冰箱。村民的优惠幅度是家电购买价格的 13%，消费者只要提供农村户口本和身份证的复印件，就可以在货款中直接扣除补贴的金额，然后由家电商家集中领取补贴。如图 6 - 50 所示。

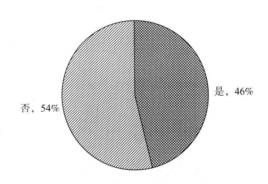

图 6 - 50　消费者是否享受过家电下乡优惠统计

25. 不同业态消费场所的满意度

在问卷的末尾，课题组设计了针对不同业态的消费场所满意度的调查。由于当地并没有供销社这种组织形式，所以问题集中在杂货店、专业店、集贸市场和超市四种组织之间进行。

首先是距离,杂货店一般零落分布在村子里,所以有最高的满意度,其次是集贸市场,距离也不是很远。专业店多分布在镇上,所以满意度较低。具体结果见图 6 - 51。

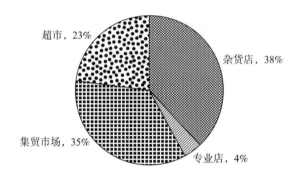

图 6 - 51　消费者对购物场所的距离满意度统计

首先是卫生和装修。消费者最满意的还是超市,有 61% 的消费者表示满意;其次是专业店,对此表示满意的也在三成以上;排在末尾的是集贸市场,其卫生和装修状况令人担忧。据了解,当地集贸市场并无专业的人员管理,没有遮雨设施,全部在露天的公路上进行交易。见图 6 - 52。

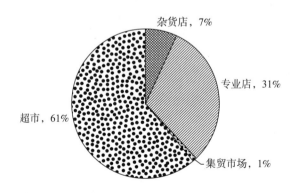

图 6 - 52　消费者对购物场所的卫生装修满意度统计

再来看看商品种类齐全程度。满意度最高的是超市，达97%，其次是集贸市场，也有87%，具体的统计结果见图6－53。

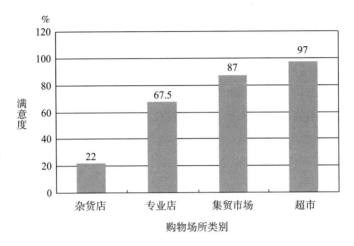

图6－53 消费者对商品齐全程度满意度统计

然后看看商品价格的满意度情况。满意度最高的当属集贸市场（100%），全部受访者认为集贸市场的商品价格便宜实惠；其次是超市，有83%的受访者表示满意；杂货店的满意度也在46%，最不满意的是专业店，只有3%，村民普遍认为专业店的商品较昂贵。具体数据见图6－54。

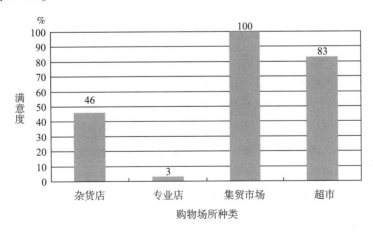

图6－54 消费者对不同购物场所的商品价格满意度统计

接下来看看对商品质量的满意程度。如图 6 - 55 所示。

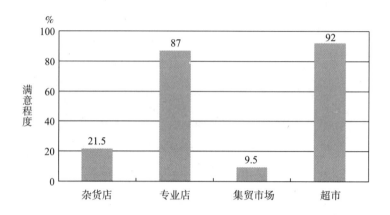

图 6 - 55　消费者对不同购物场所的商品质量满意度统计

再来看看知名品牌的占有程度。根据调查，满意度最高的是专业店（95%），其次是超市 86% 的满意度，可见这两类业态的知名品牌占据程度还是不错的，但杂货店和集贸市场的满意度偏低，分别是 26% 和 10.5%。见图 6 - 56。

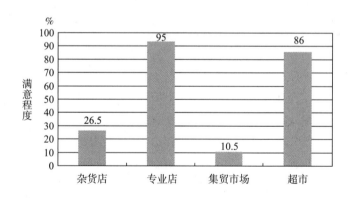

图 6 - 56　消费者对不同购物场所的品牌满意度统计

最后来看看服务的满意程度。满意程度最高的是超市，达到 100%；专业店的满意度也有 72%，服务态度最差的是集贸市场了，只有 16%，如图 6 - 57 所示。所以杂货店和集贸市场的管理应该加以规范，服务人员要加以培训，以提高顾客满意程度。

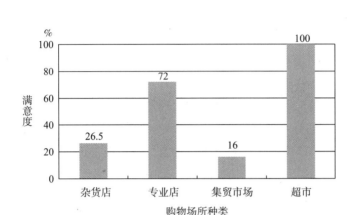

图6-57　消费者对不同购物场所的服务态度满意度统计

五　主要结论

在对河南省鹿邑县试量镇的郎庄村、碾李村、张庄村和胡寨村四个行政村的 21 个商店和 200 个消费者的实地调查之后，经过数据整理和分析，课题组得出对当地农村消费和流通市场的基本认识和结论。

（1）当地处于中部平原地区，土地肥沃，交通便利。农民依靠务农可以满足基本的吃穿用度，生活水平的提高主要靠外出务工收入。收入提高后，农民对消费品的开销增大，购买力上升，对消费品流通市场提出了较高要求。

（2）乡镇市场发展良好，各种消费品供应充足，加之交通便利，是农民消费的主要场所；村级市场有所发展，但只满足快速消费品的需求，流通组织业态混乱，除部分专业店外，其他以杂货店为主，只是规模大小不同而已。村镇皆无大型商场和连锁超市入驻，也无连锁经营分布。供销社系统已经不复存在，流通组织以私营的个体商店为主；"万村千乡"工程有所涉及，每个行政村一家加入该工程的小型超市。

（3）消费者根据收入水平消费，节日等特定时期的集中消费趋势明显；新型的消费方式如超前消费、网上购物和攀比消费、炫耀性消费现象较少；当地无自发的消费者合作组织。

（4）假冒伪劣商品问题普遍存在，在村级商店较为普遍，但容易在价格上反映出来；农民日常消费商品时主要注重质量，其次是价格和品牌。假冒伪劣存在的领域主要为食品和日用品，农民的维权意识不强，也缺乏途径。

（5）针对流通组织的调查显示，大部分商店面积在10—50㎡，营业面积较小；营业额一般都在每年8万元以下，以夫妻店为主，独资经营，竞争激烈。供货商多来自本地代理商和批发商，因为送货便利。销售60%以上的是本省品牌，全国品牌占30%左右。该地无系统改造农家店的措施，政府的优惠政策难以普及，商户难以获得商业贷款，权利受到侵害后主要和供应商协商解决，工商等途径并不顺利。据调查当地有邮政物流，快递公司涉及县、镇，无法波及乡村。

六　改进农村流通和消费的对策建议

针对河南农村流通和消费存在的流通渠道和网络不健全、假冒伪劣、有效供给和需求不足等问题，调研组从政府、流通组织、农民三个角度提出若干对策建议，以期能对提高农村的流通和消费状况有所裨益。

首先是政府方面。第一，政府要加强农村基础设施建设，改善农村流通和消费环境。农村基础设施如道路、水电、通信等的建设滞后是影响农村消费品流通和农民消费的重要方面，基础设施的健全对减少流通环节、提高流通效率有很大帮助，也可以促进农民就业，增加收入，并能扩大家电等消费品的消费量，提升农民的生活质量和满意度。第二，继续推进"万村千乡"工程、"家电下乡"等政策措施，满足农民对消费品的质量和品牌要求，加大财政支持力度，有计划地改造农家店，促进农村流通网络的健全。第三，要整顿市场秩序，规范农村经济活动，维护农民的合法权益。完善农村消费品市场相关法律法规，加大工商等部门行政执法的力度，提高行政监管力度。严厉打击出售假冒伪劣商品的违法行为，维护农村消费者的合法消费权益。第四，政府加大财政投入，完善农村居民的医疗、养老等社会保障制度，免除后顾之忧，使农民敢于消费，放心消费。

其次是流通组织方面。第一，流通组织要积极发展农村连锁经营、物流送货到门等现代化的流通和物流方式，降低流通费用，扩大农村流通的网络体系。针对农民对价格敏感的特点，实行打折、赠品等多种促销方式打开农村市场。第二，加强行业自律，不经营假冒伪劣和过期变质商品，提高所售商品的质量和品牌价值，加强规范合法经营，避免坑农害农现象的发生。第三，积极成立行业组织，加强统一行动和合作共赢，避免恶性竞争，维护自身的合法权益。

最后是农民自身。第一，要努力提高收入水平。收入是影响消费的最重要因素。农民自身要勤劳努力，在耕作粮食作物和经济作物的基础上，积极寻求外出务工、农产品深加工、手工业等多种增收方式。第二，加强消费知识的学习，树立正确的消费观念。重视自身教育，学习商品知识、购物场所知识、售后服务和维权等消费知识的学习，加强质量和品牌的理念和意识。正确的消费观念也是很重要的，要改变以往重积累轻消费、重物质消费轻精神消费的理念，加强理性消费观念。

第五节 河南省新常态下城乡互动发展研究

一 引言

在我国社会经济进入中高速发展的新常态下，稳增长、调结构、转方式成为经济发展的必然选择，在此情况下，促进城市和农村良性互动，推进城乡一体化发展，既是保持增长的动力，又是推动发展的机遇。本课题研究新常态下城乡互动发展的机制和政策选择，有以下三个目的：一是通过充分调研对河南省城乡互动发展的现状进行描述和分析，总结出城乡互动发展过程中存在的问题并分析成因，为政府决策提供原始数据支撑。二是通过分析新常态下城乡互动发展的内在机制和识别影响城乡一体化发展的关键因素，为政府决策提供理论指导。三是通过借鉴国内外城乡互动发展的先进经验，结合河南省实际，提出河南省城乡良性互动发展的实现路径和支撑体系，为政府决策提供意见和建议。

"推进城乡发展一体化，是工业化、城镇化、农业现代化发展到一定阶段的必然要求，是国家现代化的重要标志（习近平）。"在经济新常态下，研究城乡互动发展的实现途径和政策选择具有理论和现实两方面的重要意义。从理论方面看，尽管国内外已经有较多关于城乡互动的研究成果，但对新常态下城乡互动的体制机制探讨及影响因素的定量研究略显欠缺，更缺乏针对河南省城乡互动的理论和实证研究，故本书意在弥补理论方面的不足。从现实方面看，首先，在外部需求不足、国内经济增长面临下行压力的状态下，扩大国内需求，尤其是农村需求，符合保持经济持续健康发展的政策取向，增加农村投资、拉动农村消费，将极大地激发农村投资潜力，开拓农村市场空间，带动产业升级换代，进而推动我国保持经济中高速增长。其次，城乡互动发展是推进农村现代化建设的必由之路，是解决农村发展、农村建设和农民利益的题中之义，是强农兴农的重要举措。最后，推进城乡互动发展、加快城乡一体化建设是党的十八大提出的战略任务，也是落实"四个全面"战略布局的必然要求，是全面建成小康社会和促进共同富裕的根本途径，具有重要的现实意义。

二 城乡互动发展研究现状

国内外学者对城乡互动、城乡一体化的研究由来已久，也取得了丰硕成果。国外城乡互动最早起源于亚当·斯密的城乡联系研究，20 世纪 90 年代以来，国外学者开始注重理论服务于实践和微观视角探析，如城乡整体规划设计、社会隔离、城乡迁移、城乡管理等。国外研究注重从理论层面解析城乡互动发展的功能，注重案例区的实证分析。[1]

从国内学者对城乡互动的研究来看，主要从城乡互动的内涵、模式、机制和路径等方面展开。对城乡互动发展的经验和模式的研究具有代表性的有：范海燕、李洪山（2005）认为，城乡互动发展模式有以城带乡发展模式、以乡促城发展模式、城乡融合发展模式、网络化发展模式。[2] 尹焕三（2008）总结了统筹城乡发展的基本模式有：渗透与对接的城乡工业发展的互动模式、龙头企业带动城乡产业化链的互动模式、品牌助推城乡经济国际化的互动模式、研发与转化相统一的城乡科

---

[1] 丁志伟等：《河南省城乡统筹发展的状态评价与整合推进》，《地域研究与开发》2016年第2期。

[2] 范海燕、李洪山：《城乡互动发展模式探讨》，《中国软科学》2005年第3期。

技发展的互动模式等八种。① 景普秋、解阁阁（2015）总结了城乡互动
发展的国际经验模式：要素自由流动、先城后乡的美国模式；要素自由
流动、城市偏向的拉美模式；要素非自由流动、城市偏向的亚洲模式；
要素自由流动、城乡空间融合的欧洲模式。②

有关城乡互动的体制、机制和动力方面的研究中，王二红（2005）
认为，集聚经济规律对城乡互动的作用机制分两个阶段：第一阶段是在
集聚经济状态下农村的城镇化运动态势，第二阶段是在集聚不经济状态
下特大城市扩散的运动态势。③ 夏春玉等（2009）认为，有效降低流通
成本是建立城乡互动的双向流通系统的重要影响因素，而对流通要素的
共享是降低流通成本的主要路径。④ 刘玉（2011）研究了我国三次产业
之间与城乡之间的非有效联动发展导致了城乡经济空间的二元割裂，而
这又进一步制约了产业的升级与区域经济空间结构的优化。⑤ 段娟、鲁
奇、文余源（2005）提出，我国省域城乡互动发展水平综合评价指标
体系，包括空间关联水平、经济关联水平、社会文化关联水平和城乡协
调发展水平四个方面的多个指标。⑥

城乡互动发展的路径选择的代表性观点有：王改性（2010）认为，
我国城乡产业互动的路径应高度重视农业与农民的弱势、加大对农业投
入力度、制定与实施城乡统一的政策、构建完备的产业支撑体系等。⑦
喻新安（2011）认为，促进城乡互动的路径选择是：协调推进城镇化
与新农村建设、完善资源要素向农村配置机制、进一步深化城乡联动改
革。⑧ 张爱民、易醇（2011）统筹城乡发展背景下实现三次产业互动发

---

① 尹焕三：《论统筹城乡发展的八种互动模式》，《长白学刊》2008 年第 3 期。

② 景普秋、解阁阁：《城乡互动的国际经验及其对中国的启示》，《高等财经教育研究》
2015 年第 6 期。

③ 王二红：《论集聚经济规律对我国城乡互动的影响》，《农业现代化研究》2005 年第 7
期。

④ 夏春玉、张闯、梁守砚：《城乡互动的双向流通系统：互动机制与建立路径》，《财贸
经济》2009 年第 10 期。

⑤ 刘玉：《基于三产互动与城乡统筹的区域经济空间分析》，《城市发展研究》2011 年
第 4 期。

⑥ 段娟、鲁奇、文余源：《我国区域城乡互动与关联发展综合评价》，《中国人口·资源
与环境》2005 年第 1 期。

⑦ 王改性：《我国城乡统筹发展中产业互动问题研究》，《求索》2010 年第 6 期。

⑧ 喻新安：《城乡互动：强农兴农的必由之路》，《求是杂志》2011 年第 19 期。

展的主要途径是建立城乡一体的市场体系、构建农工贸产业链、发展特色农业园区和加快三次产业融合。①

在关于河南省城乡互动发展的研究中，张竟竟、郭志富（2013）从城市发展水平和乡村发展水平两个方面构建河南省县域城乡协调发展评价指标体系，对河南省 2010 年的城乡协调发展程度及空间格局进行分析，认为河南省县域城乡协调度存在明显的区域分异。② 唐永伟等（2017）以地处中部农业区的河南省漯河市为案例，分析了其食品产业链为城乡互动载体的城乡互动发展路径。③ 丁志伟等（2016）分析了河南省城乡统筹发展的基本状况，认为城乡统筹发展水平呈波动上升的状态，并从时空两个维度提出了整体推进的策略。

综合国内外研究来看，国外研究侧重于城乡互动发展的功能和案例研究，国内研究侧重于模式识别、路径选择等，国内外文献对城乡互动发展的内在机制的探究存在薄弱之处，缺乏针对河南省城乡互动发展的理论分析和案例研究。为此，本书将深入探讨河南省城乡互动发展的现状，分析其城乡互动发展的机制，并试图提出政策建议。

三　新常态下河南省城乡互动发展的现状和问题

（一）新常态下城乡经济发展的特点

1. 城乡经济增速放缓

在经历 30 多年年均增长率 10% 左右的高速发展之后，从 2012 年起，我国 GDP 增速回落到 7% 左右的中高速区间。在此背景下，我国城市和农村经济也出现增速放缓的趋势。以最终消费中农村居民消费总量为例，其增长率从 2012 年的 10.10% 下降至 2016 年的 8.77%，降速明显。从消费水平来看，其增长速度从 2012 年的 9.1% 下降至 2016 年的 7.3%，尤其是城镇居民消费水平增速，从 2012 年的 7.2% 降至 2016 年

---

① 张爱民、易醇：《统筹城乡发展背景下三次产业互动发展路径研究》，《软科学》2011年第 2 期。

② 张竟竟、郭志富：《县域尺度的河南省城乡协调发展空间格局研究》，《经济地理》2013 年第 9 期。

③ 唐永伟、唐将伟、陈怀录：《中部农业区城乡互动发展路径研究——以河南省漯河市为例》，《地域研究与开发》2017 年第 6 期。

的 5.2%，增速下降两个百分点。① 城乡经济增速放缓，是新常态下城乡经济发展的最显著特点。

河南省 2012 年以来的 GDP 增长率逐年下降，2016 年已降至 8.1%，人均 GDP 增长率降至 7.6%，尽管仍然高于全国平均水平，但已经从高速增长过渡到中高速增长的区间。作为农业大省的河南省，农林牧渔总产值十年来的增长率均在 7% 以下，近五年来在 4% 左右徘徊，农村经济进入了中低速增长的区间。

2. 城乡经济结构仍需优化

从消费结构来看，我国居民消费中城镇居民消费占比逐年上升，从 2012 年的 77.2% 升至 2016 年的 78.1%。与此同时，农村居民消费占比则逐年下降。城乡消费比从 2012 年的 3.1 降至 2016 年的 2.7，平均每年下降 10%，城乡消费差距逐年缩小。从就业结构来看，城乡居民在第三产业中的就业人数占比从 2012 年的 36.1% 上升到 2016 年的 43.5%，就业的产业结构进一步优化。城乡就业人员对比发现，近五年来，城镇就业人员逐年上升，且占比逐年增大，相对应的乡村就业人员和占比则逐年下降。从投资结构来看，全固定资产投资中城镇的比重很高，近几年都在 97% 以上，2016 年甚至达到 98.36%，相比之下，农村的固定资产投资则比例极小。

河南省 2016 年的支出法国内生产总值中，城镇居民消费占据居民消费的比重将近 70%，虽低于全国水平，但仍然是个较高的比重。城乡消费比由 2012 年的 3.0 降至 2016 年的 2.5，降幅明显，城乡消费差距在缩小，但仍有较大的差距。与全国不同的是，河南省农村就业人口数量是城镇就业人口的近 3 倍，农业人口规模庞大。从投资结构来看，农村投资无论是数量还是质量，都与城市投资差距悬殊。

3. 农村经济增长动力不足

近年来，我国农村人口占总人口的比重持续下降，2016 年已降至 42.65%，尽管这是城市化进程中必然出现的现象，但农村人力资源和消费资金的外流也是不争的事实。2016 年河南省农林牧渔业的总产值是 7799.67 亿元，比上年增长 4.5%，而同年的城市生产总值为

① 资料来源：国家统计局。

12802.97 亿元，比上年增长 8.1%。受基础设施、营商环境等影响，农村产业投资持续低迷，对农村经济的带动有限。农村消费水平虽有所上升，但与城镇消费水平差距仍然过大，居民消费增长难以推动农村经济快速发展。尽管通过引导农民工返乡创业促进了投资扩大，通过家电、汽车、建材下乡刺激了农村消费，但河南省农村经济增长仍显乏力。

4. 城乡经济协调发展风险挑战加剧

国民经济进入新常态以来，我国城乡经济协调发展仍面临诸多挑战。城乡居民就业人数此消彼长，农村就业形势持续恶化；城乡居民收入比和消费比基本维持在 2.7 左右，较大的收入和消费差距影响了城乡商贸流通一体化发展。我国老年抚养比已从 2012 年的 12.7% 上升到 2016 年的 15.0%，有加速老龄化的趋势。河南省 2016 年的老年抚养比为 14.4%，65 岁以上的人口比重为 9.9%，超过 7% 的老龄化社会分界线，是国际标准的 1.4 倍，正向重度老龄化阶段迫近。在河南省，无论是城市还是农村，老龄化问题都给经济发展带来了沉重负担，尤其是农村，"留守儿童"和"空巢老人"问题更为突出。农村产业空心化严重，由于城市的集聚效应和农村投资不足，导致农村第二产业和第三产业相对萧条，农村就业人数逐年下降，给农村经济带来较大风险。另外，在城市中蓬勃发展的高新技术、互联网等新兴经济形式，在农村发展则较为缓慢，导致农村经济新动能不足。

（二）河南省城乡互动发展的现实状况

近年来，河南省的城市和农村经济都得到了长足发展，城乡统筹一体化发展取得了诸多成就，城乡互动发展水平得到了有效提升。为了能够定量地展示河南省城乡互动发展的水平，本书通过若干定量指标来反映河南省城乡互动发展的现实状况。根据段娟等（2007）① 构建的中部地区城乡互动发展水平评价指标体系，笔者选取代表城乡互动发展的空间关联水平、经济关联水平、社会文化关联水平和城乡协调发展水平四个方面的共八个代表性的指标，采用 2016 年全国的数据与河南省的数据进行对比，探讨河南省的城乡互动发展水平。具体指标及数值如

---

① 段娟、文余源、鲁奇：《我国中部地区城乡互动发展水平综合评价》，《农业现代化研究》2007 年第 1 期。

表6－11所示。

表6－11　　2016年城乡互动发展水平综合评价指标数据对比①

	测度指标	指标释义	全国数据	河南省数据
空间关联水平	城镇化水平（%）	（总人口－乡村人口）/100%	57.35	48.50
	公路网密度（千米）	公路运营里程/区域土地面积	0.49	1.6
经济关联水平	GDP非农比重（%）	非农GDP/GDP×100%	91.40	89.40
	就业人员非农比重（%）	非农就业人员/全部就业人员	72.30	61.60
文化关联水平	人口文化素质（%）	非文盲人口/总人口数	94.30	93.80
	人均教育经费（元）	教育经费/区域总人口	2612.93	1752.19
城乡协调水平	恩格尔系数（%）	食品消费支出/总消费支出	30.10	28.20
	城乡消费比	城市居民消费水平/农村居民消费水平	2.7	2.5

从表6－11可以看出，河南省城乡互动发展水平综合评价指标数据与全国水平相比，大部分指标均低于全国平均水平。具体来看，2016年，河南省的城镇化水平为48.5%，低于全国平均水平将近9个百分点，显示出河南省城镇化建设的任务仍然繁重。公路网密度河南省为每平方千米1.6千米的公路，这个指标远高于全国水平，是平均水平的3倍多。不仅如此，河南省的铁路网密度、高速公路网密度均处在全国先进水平。从GDP中非农产业的比重来看，河南省的GDP非农比重是89.4%，略低于全国水平91.4%；就业人员非农比重河南省是61.6%，低于全国水平10.7个百分点，这与河南省农业大省的现实较为一致，农业人口数量多、占比高是河南省的特色，但另一方面也反映出河南省非农产业发展的落后和吸纳就业的不足。从人口文化素质来看，河南省的非文盲占比与全国水平基本一致，仅落后0.5个百分点，但人均教育经费则远远低于全国平均水平，平均每人比全国水平少近1000元，这与河南省在全国经济总量排名前列的地位极不相称，反映出河南省城乡文化关联水平较低。最后来看城乡协调发展水平，从恩格尔系数和城乡

---

① 原始数据来源为《中国统计年鉴（2017）》《河南统计年鉴（2017）》《全国及河南省国民经济与社会发展统计公报（2016）》，部分指标数据由笔者自行计算。

消费比这两个指标来看，河南省的数据均优于全国平均水平，恩格尔系数代表富裕程度，系数越低，表明越富裕；城乡消费比显示城乡消费差距，比值越低，意味着城乡差距越小。

（三）河南省城乡互动发展存在的问题

尽管经过多年的经济建设和城乡统筹发展，河南省城乡互动发展的水平得到了长足进步和较大提高，但是通过对比发现，部分指标与东部发达省份有较大差距，个别指标甚至不及全国平均水平。通过研究发现，河南省城乡互动发展存在以下问题需要引起重视。

1. 城镇化水平较低

河南省 2016 年的城镇化水平为 48.50%，不仅与上海、北京、天津等城市 80% 以上的城镇化水平差距较大，与广东（69.2%）、江苏（67.7%）、浙江（67%）等沿海城市也有一段距离，而且低于邻省山东省（59.02%）和湖北省（58.1%），甚至低于全国平均水平的57.35%，这说明河南省城镇化水平在全国处于落后的位置，属于低于50% 城镇化水平的八个省份之一。根据发达国家的城市化经验，城镇化率在 30%—70% 是城镇化的加速阶段，发达国家的城镇化水平在 80%以上。河南省城镇化水平较低的原因与其人口大省和农业大省的现状有关，但也反映出产业结构、工业布局方面的不足。较低的城镇化水平给河南省城乡互动协调发展和城乡一体化建设带来了不小难度。但从另一方面来讲，河南省的城镇化发展潜力很大。

2. 区域城乡互动发展水平不平衡

河南省人口众多、地域广阔，城乡互动发展水平不均衡。总体来看，河南省中部地区城乡互动发展水平相对较高，北部次之，南部地区城乡互动发展水平较低。中部以省会郑州为核心，呈现出较低的城乡差距和较高的城乡互动发展水平。水平排在末位的有周口市、驻马店、信阳市等，分布在河南省东部和南部地区。根据丁志伟等（2016）的研究，河南省中部、西北部、北部组成的互动发展水平高值区与南部、东南部组成低值区呈明显的分异状态，而且这种城乡差距还有进一步扩大的趋势。从空间布局来看，"高城乡统筹发展区仅有一个，为核心城市郑州；较高城乡统筹发展区为焦作、济源、三门峡、洛阳、平顶山、鹤壁；低水平区为商丘、驻马店、周口、信阳，后两种类型区主要分布在南部、东南部的广大地区"。[①]

3. 农村地区非农产业发展落后

河南省城乡互动发展存在的另一个问题是非农产业发展的落后。产业结构和工业布局在很大程度上影响城乡协调发展。河南省是农业大省，农业在国内生产总值中占 10% 左右的比重，这个比重看起来不高，但是高于全国大部分省份，而且在河南省的大部分农村地区，小农经营现状普遍，农业生产率和利润率都较低，非农产业的投资不旺、发展水平落后，这就造成农村居民收入较低、消费乏力。随着农村地区人口持续向城镇转移，造成农村非农产业劳动力的紧张，进一步导致农村地区非农产业的"塌陷"，并且产生农村"留守儿童""空巢老人"等社会问题，给农村振兴发展产生阻碍。另外，对于平顶山、鹤壁、安阳、三门峡等资源型城市，需要吸取东北地区城市发展的教训，加快产业转型升级发展，更注重人口红利的持续培育。

4. 城乡文化教育关联水平低

众所周知，河南省整体的优质教育资源是非常稀缺的，尤其是高等教育资源，将近 1 亿人口的大省，只有 1 所"211 工程"大学，"双一流"建设高校也仅仅 2 所。在紧缺的教育资源下，河南省的人均教育经费低于全国平均水平，仅为平均水平的 2/3 左右。在这种情况下，人均受教育水平也低于全国平均水平，尤其是农村的教育形势更为严峻。高水平的教师不愿在条件艰苦的农村地区工作，更倾向于到城市发展，加剧了城乡教育水平的差距。河南省不得不采用招聘农村特岗教师等方法充实农村教师队伍。根据笔者的调查，农村地区教育现在还面临生源减少、招生困难、教学条件差等问题。另外，外来人口比重也是衡量城乡社会文化关联水平的重要指标，而河南省在该项指标上的水平也较低，河南省是一个人口净流出的省份，人口外流的规模在全国各省份中排名第二（仅次于山东，2017 年数据）。所以整体看来，河南省人口净流出，而且省内人口向郑州等大城市集中，郑州已成为河南省的单极核心城市，人口增长速度很快。所以，无论从外来人口比重、人口文化素

---

① 丁志伟等：《河南省城乡统筹发展的状态评价与整合推进》，《地域研究与开发》2016年第 2 期。

质、人均教育事业经费、人均卫生事业经费等各个指标来看，河南省的社会文化互动发展水平都是较低的。

四 城乡互动发展的内容和模式

城乡互动发展的内容是非常丰富的，互动发展的模式也是多种多样的。城乡互动发展不仅包含城乡产业互动、市场互动、人力互动、文化互动等基本内容，还包括资本互动、信息互动等。城乡互动发展的模式有：城市带动农村模式、小城镇发展模式、城乡网络化发展模式、农村综合发展模式、城乡一体化发展模式等，每种模式都有其独有的特征和适用条件。

(一) 城乡互动发展的基本内容

1. 城乡产业互动

城乡经济互动是城乡互动的重要内容，产业是经济的载体，产业互动是经济互动的基本形式。组织、资源、技术等城市产业要素和乡村产业要素之间通过多种形式的传播和拓展，促进城乡交易关系的形成和扩大，加强城乡产业之间的关联性，延长城乡产业链条，使城市和农村的产业都得到有效发展。城乡产业互动发展的基本动力来源于城市产业与乡村产业之间的不同的特征和禀赋及其各自发展的内在需求。影响城乡产业互动的要素主要有区域经济发展水平、经济活动分工程度、城乡要素的流动性和城乡产业的互补性，此外，政府干预也发挥着重要作用。

2. 城乡文化互动

城乡文化互动也是城乡互动的另一项重要内容。在城市文化发展日新月异的情况下，农村文化发展则非常缓慢，与城市的差距逐渐扩大，甚至出现文化贫瘠、精神空虚的现状，文化设施匮乏、文化消费水平低下已成为当前河南农村文化发展较普遍的现象。党的十九大指出了加快城乡文化一体化建设的重要性：增加农村文化服务总量，缩小城乡文化发展差距，对推进社会主义新农村建设、形成城乡经济社会发展一体化格局具有重要意义。城乡文化互动发展符合城乡基本公共服务均等化的新理念。城乡文化互动并不是城乡文化均质化，因为城乡文化之间有很大的不同，乡村的节日文化、家族文化和人际交往文化等习俗文化与城市文化有很大差别，也不可能完全按照城市文化为蓝本进行发展，应该相互支撑、互为补充。另外，农村社区文化建设应成为城乡文化互动的重要领域。

3. 城乡人力互动

城乡人力互动是农村劳动力向城市流动以及城市人力资源向农村流动的双向过程。河南省城乡人力资源的流动主要表现为农村剩余劳动力向城市的单向转移，而农村地区紧缺的中高层次人才无法从城市得到补充，这既不利于农村经济的发展，也不利于城乡统筹协调发展。为此，必须推进城乡人力资源良性互动，让农村剩余劳力能够较快地融入城市，为城市建设贡献力量，也让有志于农村发展的有识之士，带着资金、技术、信息等回乡创业，推动农村经济的发展。当前，影响城乡人力互动的因素主要是城乡二元结构的大环境因素以及户籍制度、社保制度等城乡差别的制度性因素、受教育程度等文化因素。城乡人力互动发展的途径主要有农村人力资源向非农产业和城市城镇转移、城市人员到农村进行产业投资、承包经营农业、旅游开发等。政府也可以通过健全人力资源市场、鼓励干部下基层、激励大学生到农村服务、科技教育文化"下乡"等方式推动城乡人力资源互动发展。

4. 城乡资本、信息、技术互动

河南省城乡金融资源分布状况极不均衡，城市资金比较充沛，而农村资金极度贫乏；资本从农村流向城市比较容易，而从城市向农村转移则比较困难。资本的稀缺已严重制约了农村投资的扩大和农村经济的发展。资本在城乡之间的合理流动对于提高投资效率和城乡资本配置效率、促进农村经济健康发展有着重要意义。应通过发挥政府在宏观经济政策的指导作用，构建城乡资本合理互动的机制。

城乡信息互动是随着信息化的推进，城市和农村的政务、教育、医疗卫生、社会保障等信息资源相互交流、共享和互动的过程。由于河南省城市和农村在信息化建设方面的差别，城乡之间存在相当程度的"数字鸿沟"，影响城乡统筹发展。为此，应当以信息化的方式连接城市和农村，通过电话、电视、广播、网络等信息化设施的完善，使信息在城乡之间无缝连接、顺畅流动，让城乡居民共同享受城镇化带来的丰富多彩的精神文化生活。

城乡技术资源互动主要表现为城市研发的农业技术在农村的应用和

成果转化。河南省的农业科研机构和科技人才多集中在城市，而农村却急需技术人才的支持。为此，应加强城乡之间的技术互动，鼓励农业科学研究机构和农业技术人才深入农村，在农村建立研究基地，长期配备研究人员，这是一种值得提倡的节约研发成本的农业技术城乡互动方式。

5. 城乡流通互动

城乡流通是城乡之间经济互相联系的纽带，通过健全城乡流通体系，可以为城乡经济互动提供突破口。在河南省城乡流通市场存在"二元"割裂的情况下，加强城乡流通联系和互动发展、建立城乡一体化的流通市场，既有利于扩大农村消费市场，提高农民收入，也有利于繁荣城市农产品消费市场，降低农产品流通成本，保障城市居民生产和生活需要。城乡流通互动发展，目标是要建立城乡一体化的流通体系，最终达到城乡之间商流、物流和信息流的一体化。城乡流通互动的主要途径是建立城乡双向的流通系统，不仅让农产品顺利高效地进入城市，也可以促使城市工业品和消费品顺畅地流入农村消费市场。应从城乡物流基础设施、信息平台、多元主体、创新模式等多方面发挥政府引导作用，促进城乡流通发展，繁荣城乡消费市场。

（二）城乡互动发展的主要模式

1. 城市带动农村的发展模式

城市带动农村的发展模式最早是美国的经济学家刘易斯提出来的，它强调了城市在这个模式中的主导地位，就是以城市为资源中心，各种要素从城市出发，流向乡村，以此来带动周边的发展。利用城市的政策、资本、信息、制度等资源，为落后的农村带来新的生机。这种发展模式比较倾向于工业化为主导的发展方向，发达的城市带领落后的农村，应用的范围较为广泛。城市带动农村发展模式主要类型有财政带动、就业带动、资本带动、信息带动等。

（1）财政带动。随着社会主义新农村的提出，政府将更多的注意力集中投向了农村的发展，将更多的公共财政补助偏向农村，然而公共财政的主要收入来源是第二产业和第三产业发达的城市地区。伴随着农业税的取消，政府需要加大对农村财政的投入，以此减少城乡之间的贫富差距。

（2）就业带动。非农就业为农村居民提供了另一条思路，为提高农民收入提供了一个方向。城市发达的工业基础和持续的城市建设，为农民带来更多的就业机会。因此，就业带动在城市带动农村这个模式中，起到了枢纽的作用。

（3）资本带动。向农村投入资本，提高生产效率，大力发展现代化农业，是引导农民致富的另一方向。资本有着扩张的特性，引进资本到农村，用于购置新的技术、土地和产业，可以为农业发展带来新的可能。就业带动将农民引向城市，资本带动则是将资本引入乡下，为农业生产提供新的方向，有助于提高生产效率。

（4）信息带动。农业和农村的发展需要及时和准确的信息，并以此为参考给更多的居民人口提供发展的方向和机会。城市则是现代信息的主要集合地，可以通过各种渠道，为农民和农村提供必要的信息支持。

2. 小城镇发展模式

小城镇发展模式主要强调小城镇在城乡互动中的作用，以各个小城镇作为中间环节，实现城乡互动发展。小城镇的出现打破了城乡区分隔明显的状态，使城乡之间的发展要素通过小城镇在两大区域之间更好地沟通和融合，从而实现城乡之间的统筹发展。小城镇模式具有以下特点：

（1）政策性。政府将根据一定时期内小城镇的发展情况，进行调节，确定下一步发展的方向，实现对小城镇空间、人口和土地资源的合理分配，对小城镇进行管理、实施和监督，关系到每个公民的利益，因此政策性非常强。

（2）综合性。小城镇的建设涉及地形、气候、经济、交通、产业倾向等许多方面，因此具有综合性。小城镇系统是由经济、文化、环境、人口等要素组成的，这些要素相互协调、相互联系，组成了小城镇的综合系统结构。每个要素都具备自身发展的规律，相互协调共存并且不断完善。

（3）长期性。小城镇建设是一个长期的、需要持续关注的过程。政府做出决策之后，需要进行执行、监督和反馈这几项操作，而小城镇建设是没有终点的，它是一个不断向前推进的过程，需要持续关注小城镇的发展现状，进行调整和完善。

3. 网络化的发展模式

城乡网络化发展作为一种现代化的发展模式，以求在一定空间区域内各城乡要素之间沟通的网络基础设施更加完善，各产业之间的相互联系更加密切，各生产生活要素之间的交流转化更加通顺，各组织结构本身的功能更加完备丰富，因而形成一个维系城市和乡村网络系统空间的过程。所包含的要素越多，越复杂的网络系统，对各个环节的调控能力越薄弱，但相对的，统筹发展的效果越好。

网络化的城乡互动发展模式更适用于区域结构较多的地区，每一个发展要素之间相互联系，形成一个完整的空间结构，共同影响，相互促进。在一定区域内，对各要素进行有效的统筹管理，有助于资源的有效配置，在最大限度上提高整个网络系统的规模和质量。城市和农村之间的各种物质和信息，通过相互传递、相互交换，使整个系统实现良性的发展。

与之前两种城乡互动发展模式有所不同，网络化的发展模式不仅有助于实现城乡间平衡发展，完成资源的合理化配置，更重要的是其有极强的可操作性和可实现性，所要花费的成本也相对较低。将一定区域内的各城乡要素进行网络化的规划和建设，就可以较好地实现物质的交换和相互转化，城乡的发展程度可以上升一个很大的台阶，效果显而易见。城乡网络化发展模式主旨在于统筹城乡发展资源，是一种平等的和谐发展模式，更具创造力。

五　城乡互动发展的内在机制和影响因素

（一）城乡互动发展的动力机制

城乡互动发展的根本动力来自于城市和农村由于资源禀赋的差异性而产生的相互依存而发展的内在需求，正是这种相互需要引致了城市和农村在物质、能量和信息方面的多层次互动。

进一步分析发现，城乡互动发展的动力来自两个方面，一方面是自上而下的扩散力机制，另一方面是自下而上的集聚力机制。具体来看，自上而下的扩散力机制包括以下几个方面：其一是国家有计划地投资兴建新城或扩建旧城以实现乡村向城市迅速转型。其二是开发区的发展带动力，开发区通过促进城市和乡村结合地带的经济发展，形成新经济增长点，促进城乡之间联系增强，城乡之间相互作用加强。其三是城市中心区通过辐射与扩散作用，形成的农村郊区化过程。自下而上的集聚力包括以下几个方面：其一是乡村的推动力，主要是农村剩余劳动力外出就业的愿望、乡村物质生活和精神生活水平的提升等；其二是城市的拉力，主要来自于城市显著优于农村的收入分配、生活方式和生活质量、教育机会和就业机会等。

（二）城乡互动发展的影响因素

影响城乡互动发展的因素有很多，既有城市和农村自身的因素，还有外部环境、政府政策等因素。具体来看，以下因素会影响城乡互动发展的进程和质量。

城乡经济的互补性。城市和乡村之间在经济发展水平、产业特征、资源禀赋、技术结构等方面的差异性和互补性是影响城乡互动发展水平的重要因素。当城乡经济发展水平和产业结构之间的互补性较小时，城乡互动发展将维持较低的水平和单项的交流，甚至是恶性的互动。当城乡经济发展水平和产业之间的互补性较大时，城乡经济将形成中性或良性的互动和双向交流。

城乡要素的流动性。人力、资源、信息等城乡要素的流动性将会影响城乡互动发展程度和效果。当这些要素能以高效率的状态顺畅流动时，城乡之间的交往就会越来越密切，联系也将越来越紧密，互动发展的效果会越来越好。所以，应当扫除阻碍城乡要素流动的制度性障碍，充分发挥市场机制的作用，建立城乡一体的要素市场，提高要素流动的效率和效果。

城乡基础设施的健全性。城市和乡村的道路等物流设施、交易市场等流通设施、通信网络等信息设施是否健全和完善将影响城乡互动发展的水平。基础设施是经济发展的基础条件，只有基础设施完善才能为经济发展提供基本保障。河南省部分农村地区较差的基础设施阻碍了其与城市之间的沟通和交流，延缓了其经济发展的速度和进程。

社会文化环境。社会文化环境自然会影响到城乡互动发展的进程。城乡居民在社会心理和文化习俗等方面有较大差别，但只有当城乡居民在社会心理和社会文化上存在相当程度的理解和认同时，城乡互动才能顺利地开展。

政府政策。在影响城乡互动发展的诸多因素中，政府政策的作用不容忽视，尤其是市场机制尚未健全的地区。政府主要通过产业政策、行政命令、法律手段等影响城乡互动发展的进程。因此，政府应当遵循市场规律，制定合理的产业政策和法律法规，规范市场竞争行为，促进城乡的深层次互动。

六 国内外城乡互动发展的经验借鉴

（一）国外城乡互动发展的经验

1. 美国经验：城市带动农村发展

美国的城市化进程从 20 世纪初期就已经开始了，经历了"城市化—郊区化——体化"三个时期。[①] 美国城乡互动发展的基本特征是先发展城市，然后发展农村，逐步实现城乡一体化。在美国城市化的初期，国家采取的是优先发展城市的策略，通过城市基础设施的完善和中心城区规模的扩大，吸引人力、资源、资本等向城市集中，快速实现了城市化进程。随着城市规模的扩大，交通压力大、生活成本高等"城市病"也随之出现，美国出现了人口向郊区迁移的"逆城市化"现象，其实质是"郊区化"的过程。随着人口向城郊迁移，工业、商业、娱乐设施也向郊区迁移，郊区逐渐具备了和城市中心区一样的设施和功能，城市主城区和郊区已经"难分彼此"。随着城郊地区的城市化，附近的农村地区通过郊区这个平台和纽带与城市进行多层次的互动，农村地区居民的收入已经和城市不分上下，生活方式也趋于一致。

2. 欧洲经验：城乡空间融合

欧洲国家大多国土面积狭小，居民多集中在城市，每个国家根据自身特点采取了适合本国的城乡互动的发展路径。欧洲国家政府在城乡互动发展中的作用主要是完善机场、高速公路等基础设施，为城乡间商流、物流、信息流的流动提供便利，缩小城乡差距。推动城乡互动向更深层次发展的力量主要依靠市场行为和商业行为，私人企业在城市腹地

---

① 张安录：《城乡相互作用的动力学机制与城乡生态经济要素流转》，《城市发展研究》2000 年第 6 期。

及农村地区建立的大型购物中心、娱乐设施、文化设施吸引了更大地域范围的消费者，扩展了城市的空间范围，模糊了城乡之间的地域界线，使城乡间的各要素能得到自由流动。如荷兰的"城市网络"模式，就是国家投入大量资金优先发展若干个国家级城市网络，每个城市网络由位置较近的几个城市组成，每个城市都有各自不同特点，在网络中发挥不同的作用，整个城市网络相互联系、互为依托，城乡之间实现了空间融合。

3. 拉美教训：盲目的城市偏向

拉美国家在城市化的过程中大多采取的是大城市集中发展的策略，人口迅速向大城市集中，短时间内提高了城市化率，使得拉美很多国家的城市化率在80%以上。但拉美国家的高城市化率与其较低的经济发展水平不相匹配，因为城市化率是随着国民经济进入工业化阶段、人口随着产业进入城市而逐步提高的，工业化基础较低的高城市化水平将带来诸多城市问题，如普遍存在的"贫民窟"，就业率低和犯罪率高、公共服务水平低等。由于拉美国家在城乡互动发展中过于偏向城市，使城乡之间的差距拉大。在农村现代化水平不高的情况下，大量农村人口涌入城市，造成城市食品供应不足；大量城市劳动力只能从事传统的生活服务业，缺乏生产性服务业，阻碍了城市工业的发展。所以，违背城乡经济发展规律的高城市化水平，对经济发展是不利的。

（二）国内城乡互动发展的经验

1. 苏南经验：乡镇企业带动的小城镇化

我国苏南地区的城镇化进程具有自身的特点：苏南的农村地区与上海及周边大城市地缘接近，与大城市的互补性很强。在20世纪末期，苏南地区大力发展农民自身为主导的、以集体经济为主的乡镇企业，通过乡镇企业的壮大，带动资源、人力、市场向乡镇集中，逐步发展起各具工业特色的小城镇，小城镇通过辐射、渗透，加强与城市的联系，形成了城乡互动发展的新格局。农村城镇化是苏南地区城乡互动发展的主要特色，通过小城镇化促进农村经济发展，缩小城乡差距，实现城乡经济的良性互动。

2. 成渝经验：城乡统筹的制度变革

成都市和重庆市在2007年被批准设立全国统筹城乡综合配套改革

试验区以后，城乡一体化发展实践进入了新的阶段。① 成渝地区在户籍制度、土地流转、区域协调等领域进行了较为成功的制度变革，推进了城乡统筹发展。成都市以工业向发展区集中、农民向城镇集中、土地向规模经营集中的"三个集中"为核心理念推进城乡互动发展，在郊区建立新型农村社区，改善农村的居住条件和公共服务设施，实现城乡综合竞争能力的提升。重庆市依托中心城市强大的辐射力，实行积极、稳妥、有序的城镇化户籍管理政策，引导有条件的农民工在务工地安家落户，促进进城农民向市民转化，并且加强财政支农力度，统筹城乡基本公共服务，促进城乡一体化发展。

七 河南省城乡互动发展的路径选择和政策建议

（一）河南省城乡互动发展的可选路径

1. 加速城市化的进程

在河南省城市化水平低于全国平均水平的状况下，城乡互动协调发展的根本路径在于加速城市化的进程。科学有序地促进农村剩余人力向城市转移，解决好进城务工农民的生活保障问题，加速其市民化的过程，提高城市化的水平和质量。只有较高的城市化水平，将大量的农民变成市民，才能提高农民收入，缩小城乡差距。但是要吸取拉美国家的教训，引导农村居民向城市工业和生产性服务业转移，同时注意农村产业结构的调整，促进农业的产业化和规模化，在农村现代化的基础上促进人口向城市流动。

2. 促进乡村的城镇化

乡村城镇化有利于农村经济资源优化配置和经济发展的良性循环，是推动城乡经济发展、加快农业现代化的正确选择。有较好农业产业化传统和工业基础的乡村，在政府的引导下，依靠自身力量发展乡镇企业和集体经济并形成一定规模，集聚大量的人力和资源，逐步发展成为小城镇或小城市，并发挥其承接城市、带动乡村的桥梁纽带作用，这也是城乡互动发展的重要途径。打造乡村工业基地，能较快地发展农村经

---

① 张海军、张沛：《2000 年以来国内城乡一体化理论与实践研究综述》，《区域经济评论》2013 年第 3 期。

济，为农民提供一个新的平台，以小城镇作为媒介，吸引劳动力和资金的流入，促进城乡互动发展。

3. 加快信息化的建设

加强信息化的建设是促进城乡互动发展的有效途径。信息化促进了城乡经济的协调联动发展，使地域空间结构重组，推动了城市郊区化进程和城乡人员的合理流动，增强了城乡思想观念的融合和城乡文化的创新，这都将有利于城乡互动发展。"只有在各个方面运用现代信息化的管理方法和技术手段，才能积极促进区域城乡一体化的顺利进行"。[1]全社会信息化过程的推进，可在相当程度上缩小空间距离所造成的城乡差别，为实现城乡一体化发展提供崭新契机。

4. 建立城乡双向流通系统

河南省农村流通基础设施建设不完善，与城市发达的流通体系不能很好地"兼容"，这阻碍了城乡要素的流动和城乡统一大市场的形成，不利于城乡互动发展。为此，应加快建立城乡双向互动的流通体系，建设农村批发和零售网络并将其与城市流通网络进行整合，采取多种形式的"农商对接"，促进农村的初级农产品和加工农产品向城市流动以及城市工业消费品向农村转移。建立城乡双向流通系统的基础是培育多元化的流通企业主体，关键是有效降低流通成本。

（二）河南省城乡互动发展的政策建议

1. 遵循经济发展规律，采取多样化的城乡互动发展模式

城乡互动和一体化发展应遵循市场经济发展规律，结合河南省经济发展的实际情况和省情特点，不能超越地区发展阶段和经济承受能力而盲目进行。由于河南省地域辽阔、省情复杂，各地市的经济发展水平和现实状况有很大差别，所以应当因地制宜，采取多样化的城乡互动发展模式。在河南省中部城市化基础较好的地区，加快发展以郑州为核心的中原城市群建设，将大城市做强、中型城市做优、小型城市做特，进而获得集聚效应和网络效应，实践城乡网络化发展模式。在河南省南部、东部城乡互动发展水平较低的区域，在积极促进农业现代化的基础上，

---

[1]　许大明、修春亮、王新越：《信息化对城乡一体化进程的影响及对策》，《经济地理》2004 年第 2 期。

积极进行新农村建设，引导农村剩余劳动力向城市转移。在旅游资源丰富的山区，积极推进旅游特色乡村和特色小镇建设。在工业基础较好的地市，采用"城市—工业"导向模式，促使农民向产业工人转化。总之，应遵循市场规律，循序渐进，分地域、分层次、差别化、多样化地进行城乡一体化建设和互动发展。

2. 加强城乡产业联系，为互动发展提供经济基础

综观国内外城乡互动的先进经验，城乡互动的战略之所以能够取得显著成效，其主要原因便是各个地区都是根据本地区的比较优势，以特色产业发展为纽带，把产业互动作为经济互动的基础。城乡互动的发展的主要内容是经济互动，而产业是经济的载体，所以必须加强城乡产业之间的联系，促进城乡市场、组织、劳力等产业要素之间的交流，促进产业资源的合理优化配置。为此，政府应大力扶植乡村农业产业化经营，为乡村工业发展提供财政、税收政策倾斜，大力推广新的加工技术，在农村开展技术培训，促进科技成果的转让，提高农村产业的市场竞争力。政府要积极规划并出台一系列吸引城市产业资本流向农村的产业政策，引导城市产业向农村转移，健全城市产业扎根基层和乡村产业走出去的交流机制。政府要适度引导城市的第三产业尤其是生产性服务业服务于农村地区，为农村产业发展提供良好的外部环境。

3. 健全农村基础设施，为城乡互动提供硬件保障

以交通、通信为主的基础设施是城乡发展过程中最为基础的环节，良好的基础设施能够加强城乡之间的经济、文化、社会、人员等方面的交流，增加农民收入，促进农村地区的经济发展。而针对河南省农村基础建设现状，政府还需要加大力度在道路交通、水利工程、电力网络、通信设施等方面进行完善。在交通设施建设方面，政府需要加大对农村交通基础设施建设的投资力度，并积极筹措资金，发挥地方市、县政府和农民群众的积极性，在保障村村通公路、道路硬化的基础上，提高交通设施的建设质量；加强现有交通网设施的修缮和维护工作，加强客运站点体系建设，提高城乡之间车辆的通达率。在通信网络基础设施方面，政府应加快建立城乡互动的信息网络，着重改善城乡之间信息交流和互动的基本条件。要全面推进农村地区互联网的建设，提高农村互联网普及率，切实推进城市和乡村之间就业、技术、教育等信息的互动

交流。

4. 改革要素流动体制，为城乡互动提供制度保障

城乡生产要素的流动是统筹城乡发展的基础，人力、土地、资金等要素能否顺畅地在城乡之间流动是城乡互动发展的关键。为此，政府应当改革现有的相关制度，扫除城乡要素自由流动的制度性障碍。具体可以从以下几个方面着手。一是促进城乡基本公共服务的均等化。公共服务包括公共教育、社会保障和医疗服务等方面，基本公共服务的均等化是新常态下城乡统筹发展的重要内容，城乡互动发展更要实现公共服务的平等发展。二是完善城乡资金流动机制。政府通过各种减税贴息政策鼓励各类金融中介服务机构服务于农村，缓解农村的融资困境，引导金融资源支持农村经济发展，从体制和机制上促进城乡资金双向流动。三是建立健全人才流动机制。政府要制定各种引进人才的优惠政策，积极引导、鼓励各种人才到农村去就业、创业，用良好的环境吸引人才。要把引进人才和引进项目、优化产业结构等有机结合起来，发挥人才的最大效用。地方政府应加大对农村人才的投资，在本地区出台合理的人才发展规划，建立人才流动机制。四是改革土地资源管理体制。建立健全土地承包经营权流转市场，按照依法自愿有偿原则，允许农民以转包、出租等形式流转土地承包经营权。

第七章 流通创新促进河南省农村居民消费增长的实施路径

从上文的分析可以看出,农村流通体系的健全和农村流通业的发展是能够促进农村居民消费需求的增长和消费量的扩张的,但农村流通体系究竟以什么样的途径促进农村居民消费增长,其作用路径是什么,本章将进行探讨。

一 流通政策创新,激活消费市场

我国改革开放以来的农产品流通市场化政策改革以及近些年中央关于搞活农村流通扩大消费的一系列政策创新,对激活农村消费市场起到了积极作用。如"农产品物流绿色通道""万村千乡""双百市场工程""新网工程""家电下乡""建材下乡"等政策,都在一定程度上起到了健全农村流通体系、降低农村流通成本、促进农村消费的作用。今后应继续探索和实施类似的流通政策并进行创新,对农产品流通和农村消费品的经营给予财政、税收等方面的倾斜,激发农村居民的消费潜力。

二 流通基建完善,降低消费成本

流通基础设施建设是健全流通体系的基础和前提条件。基础设施建设具有提高流通效率、方便居民消费的功能,具有促进消费增长的长期作用。但由于流通基础设施投资大,效果显现缓慢,加之河南省农村地区分布广泛,部分地区处于"老少边穷"地区,故河南省农村流通基础设施建设还相当不充分。农村道路、水电设施、网络通信等基础设施的不足，增大了居民购买消费品的交通、时间成本，限制了高档现代化的家用电器设备的使用，导致农民的消费成本升高和消费意愿降低。

反之，农村道路设施的完善，可以节约农民购买农资产品和日常消费品的交通和时间成本，增强其消费意愿，还可以提高流通组织的物流效率，降低损耗，提高周转率，进而将节约的成本转移到价廉的商品上去，为农村居民带去实惠。农村水电、网络等基础设施的完善，可以消除农村居民使用现代化高档家用电器、电脑、移动终端时的后顾之忧，进而刺激消费。批发市场、零售市场等流通节点的建设和深入布局，可以贴近农村消费者，进而繁荣农村消费市场。

河南省当前农村的流通基础设施还不够健全，尤其是西北部山区，道路狭窄、未硬化等现象阻碍了农产品的流通、水电暖等设施的落后抑制了农村居民对现代化家用电器的消费。为此，应当继续加强对农村基础设施的投资力度，完成农村道路、电网、排水等基建改造，改善流通基础设施环境；合理规划县镇、乡村的商业网点布局，根据人口密度、消费水平和交通状况等现实状况进行科学布局，避免过度集中或分散，方便农村居民消费，并加强市场监管，维护良好的市场秩序，通过净化消费环境来提升农村居民消费热情。

三　流通环境改进，增强消费信心

当前，河南省农村流通环境还存在诸多问题。由于河南省农村地域广大，流通组织呈现小、弱、散、乱的特点，给流通监管部门执法工作的开展带来了困难，执法成本过高。加之，监管部门人员不足，监管工作不深入，导致农村流通组织还存在大量的假冒伪劣商品的现象，污染了农村流通环境。另外，不少农村流通商利用农民文化水平低、商品质量和品牌意识薄弱等，销售以次充好，仿冒名牌的商品，给农村消费者造成不少损失，严重侵害了农村消费者的合法权益，也削弱了农村消费者就近消费的信心，使农民有钱不敢消费。

广义的流通环境指的是影响商品流通的各种外部因素的集合，包含商品生产与消费、市场结构、技术与社会环境、经济体制等，本书所指的消费环境是指狭义的消费环境，主要是商品的销售环境。在流通监管部门执法、行业协会约束和商户自律的综合管理体制下，各方共同努力，才能使流通环境有所改善。洁净的流通环境可以消除农村消费者的消费顾虑，增强消费信心，使消费者放心消费、大胆消费，满足其日益增长的消费需求。

四 流通业态创新，丰富消费选择

流通业态是流通企业按照不同消费群体、销售方式、价格政策等方面的特点而划分的不同经营方式和存在形式，一般特指零售业态。不同的业态类型将根据消费者的不同消费习惯进行差别化的市场定位，可以最大限度地满足消费者的需求偏好，刺激消费增长。河南省零售业态近年来发展迅速，城市消费市场上存在着几乎所有的 17 种零售业态形式，大城市的百货业和购物中心甚至出现过剩的局面。但是，河南省农村消费市场上的零售业态形式则较为单一，多为杂货店、小超市等同质业态，综合商场、专业店、购物中心等现代化的零售业态较为缺乏，业态引进和业态创新不足，无法满足农村居民多样化的消费选择。

业态结构的合理化和业态类型的丰富化确实可以通过准确定位目标市场和目标客户实现销售量的扩大。基础条件较好、市场发展良好的农村地区可以尝试引进城市中比较成熟的业态形式，专业店、专卖店、折扣店、无人售卖机等业态类型可以从乡镇进行试点，逐步向农村推进；综合性的中型、大型超市也可以在人口相对集中的乡村进行布局，占领农村消费市场；网络购物等新兴消费形式已经在农村地区悄然落地，乡村网购代销代购店逐渐多了起来。类型多样的零售业态，丰富了农村消费者的消费选择，满足了不同层次的消费需求，有利于扩大农村居民的消费需求。

加强物联网、智能传感器等流通新技术在农村流通中的推广和应用，推进条形码、无线射频识别技术在农村批发、零售、物流等环节的使用，引导农村流通信息平台的建立，以技术创新降低流通成本并提升效率；将连锁超市、专卖店城市零售业态引入农村并因地制宜地进行创新，满足农村居民生活消费需求；推进电子商务进农村计划，构建多种类型的农产品电商平台促进农产品的网络交易，促进农村电商代购点和取货点的建设，加强电子商务宣传，引领农村网络消费热潮。

五　流通组织创新，提高组织程度

农村流通组织是现代流通体系的主体，其弱、小、散、乱的现状影响了效率提升。应引导农村流通组织规模的适度提升和连锁经营，促进大型批发商和零售集团的发展，适当提高农村流通市场集中程度和组织化程度，提升组织规模效率和专业水平，减少流通环节；积极引导农村流通中介组织的发展，发挥其沟通信息、撮合交易的功能；开展"农家店"经营者的培训工作，促进其服务水平提高和整体质量提升。

六　流通就业扩大，夯实消费基础

流通业包含了批发和零售业、餐饮和住宿业、租赁与服务业等多个行业，市场进入门槛较低，点多面广，已经成为社会上的第一产业大军。2015 年，河南省从事批发和零售业，交通运输、仓储邮政业，住宿和餐饮业的从业人员分别为 692.51 万人、242.84 万人和 209.46 万人，其中乡村从业人员分别为 270.64 万人、187.59 万人和 134.19 万人。① 从事流通业是农民较为顺畅的产业转型，事实上，广大农村居民也时常自由地在两种产业之间切换角色。

流通就业的扩大可以为农村居民收入提供较为稳定的保障，奠定了农村居民的收入增长基础。而收入的多少是影响居民消费量的最重要因素，就业扩大通过增加收入进而促进消费的增长。

---

① 资料来源：《河南统计年鉴（2016）》。

第八章　河南省农村流通促进农村消费的政策建议

河南省农村消费具有待发掘的巨大潜力，释放农民消费能力将是促进农村经济发展的重要方向和着力点。流通体系由于其与居民消费天然的、紧密的联系，使其成为促进农村居民消费的重要路径。然而，由于河南省农村流通市场发育的不成熟，农村流通体系的完善仅仅依靠市场自发的组织和成长是不够的，还需要各级政府在基础设施建设、市场监管、组织协调等方面发挥积极的作用。为此，我们建议各级政府的商务、税务、工商等部门能从不限于以下的各方面采取有效措施，来激发河南省农村居民的消费需求。

一　加大流通基础设施投资

完善的流通基础设施是健全农村流通体系的基础物质条件，是方便居民生活、促进居民消费、提振农村经济的重要前提。但由于基础设施的投资巨大、规划复杂，需要政府的资金支持和政策性倾斜。首先，应加大农村道路、水电基础设施建设投资，硬化道路进村入户，提高农村消费品流通效率。其次，完善农村消费品配送体系建设。政府积极引导社会投资，加强现有物流中心的升级改造，在整合现有物流资源的基础上，建设县乡级物流配送中心，发展完善专业化物流、社会化物流。再次，升级改造现存乡、村集贸市场，加强集贸市场的规划指导，改变以往以街为市、以路为市的自发性市场，改善卫生状况、促进规模化经营，提升乡村集贸市场的经营档次，为农村消费者就进消费提供舒适的场所。最后，统筹城乡物流规划，加快城乡双向物流建设，将农村需要的工业消费品经流通体系输入到农村去，并将优质鲜活农产品输入城市。

二　加强监管净化流通环境

河南省农村基层流通组织小、弱、散、乱的特点给流通监管部门开展工作带来了困难，部分流通组织利用监管漏洞，销售假冒伪劣商品，侵害了农村消费者的合法权益，也损伤了消费者的消费热情和消费信心。应当加强对农村流通和消费环境的监督检查力度，建立起包含流通监管主体、监管法律规范和相关制度、行业协会约束、失信惩戒系统在内的流通监管体系，营造一个政府指导、行业自律、运作协调的监管系统。首先，建立起一支严格执法、素质过硬的监管队伍，形成工商、质检等多部门联合执法的常态机制，开展针对农村流通的专项整治，着重解决重点市场、重点区域和消费者反映强烈的商品质量等问题。政府监管部门要提升执行力，工商行政部门要走出去，多检查，多抽查，本着对老百姓负责的态度，认真贯彻执行相关法律法规，分工明确，责任到人，真正发挥监督管理的作用。其次，健全流通监管法律法规和相关制度，重视立法管制，修改完善相关法律法规。规范市场准入，打击市场垄断、欺行霸市、地区封锁等不正当竞争行为。再次，强化行业协会的监督职能。农村流通市场有着悠久的行会历史，应充分重视其监督和约束的功能，引导其发挥净化流通环境的作用。促进农村基层消费者协会等组织的规范发展，协调协会与经营者、消费者和政府之间的关系，形成良性互动。最后，健全失信惩戒体系，强化诚信约束，对损害农村消费者合法权益、污染农村流通环境的流通组织进行诚信教育，加大其失信成本，使其对合法经营心存敬畏，自觉维护良好的流通环境。

三　进一步推进流通市场工程

商务部启动的"万村千乡""新网工程""双百市场工程"等市场工程在全国已经开展多年，在政策的引导下取得了丰硕的成果，成为健全农村流通体系的重要举措和方便农村居民消费的惠民工程。这些市场工程在河南省同样取得了显著的效果，尤其是"万村千乡"市场工程，基本上覆盖到全省的各个农村，对促进河南省农村消费起到了重要作用。所以要进一步深入落实国家的流通新政策,推动各项流通市场工程向深入发展。首先,继续加大对流通政策的宣传力度,让更多的农村流通从业者认识到这些政策对促进农村流通体系发展的意义,引导现有流通组织积极利用国家政策升级改造自身。加大政策执行力度,严格资金使用程序,确保政策实施效果。其次,提升市场工程连锁店的规格和形象,并坚持"一网多用"。让老百姓意识到市场工程连锁店和普通的农家商店的不同之处,形成良好口碑,促进优胜劣汰。开发市场工程销售网店的多种功用,如农副产品收购、农资销售、农产品供销信息咨询、电子商务代购、快递中转等多种功能,使网络利用最大化,通过流通市场工程促进农村流通业态的规范化和多样化。最后,建立促进农村消费的长效机制。流通政策通常有时间期限,市场工程也有终将验收,不能建设完毕就放任自流,应建立起长效机制,发挥持久的作用。

四 加强对农村经营者和消费的宣传教育和消费引导

对于农村流通组织的经营者来说,商业失信、销售假冒伪劣的成本较低,被查处的比例小,加上从业人员的文化水平和素质相对较低,使对其进行法律法规的宣传和教育显得尤为必要。地方政府商务、工商、税务等部门应加强对农村经营者的法制和诚信教育,定期举行入户宣传。教育农村经营者积极转变其经营思想,关注产品质量,努力为其提供良好的、公平的竞争环境,多渠道、全方位地解决其在经营中出现的问题。在进行法制宣传的同时,可以进行国家流通政策、流通工程的宣传,增进其对国家流通政策的了解,并吸引其加入到国家的"万村千乡""新网工程"等市场工程建设中来,利用政策支持,升级改造自身流通组织,努力争取金融机构的支持,为广大农村中小型零售商的成长壮大提供帮助。对于农村消费者来说,由于其人口流动缓慢、消息相对闭塞,容易形成相互攀比炫耀的消费习惯;文化水平和可支配收入较低,质量和品牌意识较为薄弱,容易购买到假冒伪劣商品,甚至当消费者权益受到侵害时,进行消费维权的意愿较低,所以需要对其进行宣传教育和消费引导,引导其形成健康、绿色的消费理念,提高购买商品时的质量和品牌意识以及鉴别商品质量优劣的基本能力。通过消费者健康消费、品质消费意识的觉醒和鉴别商品质量能力的提高，倒逼农村经营者提高整体商品质量。另外，还可以引导文化水平较高的新生代农民，加入到农村电子商务运作中来，设立农村淘宝站等电子商务代购点，引导农村消费者尝试网络购物等新的消费方式，形成新的消费增长点。

第九章　结论和展望

第一节　主要结论

本书在充分分析河南省农村流通体系和居民消费的现状和问题的基础上，主要探讨了农村流通体系创新促进农村消费增长的机理并进行实证分析，得到的主要结论为：

（1）河南省农村居民消费存在的问题是：规模较小且水平较低；消费观念相对落后；消费结构还有待于进一步完善。造成河南省农村居民消费不足的原因有：农村居民收入水平低下、农村公共服务不到位、农村市场商品供给结构不合理、农村消费环境较差、消费观念相对落后等。

（2）流通体系提高流通效率、降低交易成本；流通体系优化业态结构、丰富消费选择；流通体系提升商品质量、优化消费环境；流通体系促进流通就业、增加居民收入。流通体系通过流通技术创新、流通制度创新、流通组织创新、业态模式创新等方面的流通创新来促进农村消费的增长。

（3）流通业发展和居民消费之间存在长期的协整关系，流通业增长可以促进居民消费的增长；使用河南省的流通数据的检验表明，农村流通规模每增加1个单位，可以促进农村居民消费增加0.227个单位，农村流通体系的发展和完善对农村居民消费具有正向的影响；农村流通交易方式对农村消费有着显著的影响，农村流通基础环境建设对农民消费意愿与热情有重要影响，消费信息封闭、即时信息不及时也在影响着居民消费水平。

（4）应用 DEA2.1 软件根据指标数据计算农村流通产业对农村消费的影响效率值，从结果看，流通产业效率对消费的发展规模报酬在 2007—2016 年有 5 年规模报酬不变，2009—2010 年和 2012—2014 年出现了规模报酬递增，规模报酬递增与河南省农村流通产业发展特点有密切联系。最后，本节建立了河南省农村流通产业效率与消费之间的线性回归模型。结论表明，河南省农村流通创新的综合效率提高对农村居民人均消费的促进作用十分明显，且综合效率系数显著。

（5）影响农村消费的因素有：农村居民收入水平、农村居民消费价格水平、农村流通设施和消费环境、农村居民消费观念、农村社会保障水平、城镇化水平、财政支农水平、农村货币政策等。扩大农村消费需要关注的重点领域有：消费信贷、消费品流通体系、网络购物、结婚消费、住房消费等。

本书还展示了笔者近年对河南省农村流通和消费进行的若干专题调研的成果，如对农村医药流通和消费的调查、对河南省农民工消费特征的调查、对洛阳市流通和消费的研究以及对河南省东部农村的专题调研，这些调查结合实际、贴近现实，得到了一些有意义的结论。

本书认为，通过流通创新、健全河南省农村流通体系是促进农村居民消费扩大的重要路径，具体来看，可以通过完善流通基础设施，降低居民消费成本；创新流通政策，激活消费市场；改进流通环境，增强消费信心；引入和创新流通业态，丰富消费选择；扩大流通就业，为居民消费扩大提供收入的保证。

本书提出了相应的政策建议：加大流通基础设施投资、加强监管净化流通消费环境、进一步推进流通市场工程、加强对农村经营者和消费者的宣传教育和消费引导。在充分发挥市场竞争机制的基础上，政府政策也有发挥的广阔空间。

第二节 研究展望

本书针对河南省农村消费和流通创新问题进行了理论和实证研究，尽管得到了一些有意义的结论，但由于该问题过于宏观，并且河南省农村的地域广大，加之笔者的水平所限，仍有许多问题值得进一步探讨。

在对河南省农村流通体系和农村居民消费的现状和问题的研究中，采用的数据多为官方统计数据，下一步可以结合实地调研的一手数据来说明问题。

关于流通创新促进农村消费的实证检验，使用的经济计量方法较为传统，多元回归分析应用较多，深入研究可以尝试使用随机前沿分析、状态空间面板等较新的统计计量方法进行分析。

本书对流通创新和农村消费的研究主要站在宏观的角度上，可以预见，在微观角度的分析将有广阔的研究前景。

流通创新和农村消费的问题，本书仅仅局限在河南省的省域范围内进行的研究，如果扩展到全国范围，也是一个值得研究的课题。

附　　录

医药流通调查问卷

问卷 A：《医疗改革使药价更贵了吗?》基层医药调查问卷

您好，我们是河南科技大学调研组，现进行医药流通课题调研，能占用您 2—3 分钟时间帮助我们填写此份调查问卷吗? 请您认真填写以确保数据的客观性和真实性，非常感谢! 谢谢合作!

1. 您的年龄段：(　　　)

A. 25 岁以下　　　B. 25—45 岁　　　C. 45 岁以上

2. 您的居住地属于：(　　　)

A. 城镇　　　　B. 农村

3. 您的家庭经济情况：(　　　)

A. 贫穷　　　　B. 一般　　　　C. 小康　　　　D. 富裕

4. 您是否参加了医疗社会保险（新农合)? (　　　)

A. 是　　　　B. 否

5. 若您参加了相应的医疗保险，看病买药时，您会不会优先考虑可以报销的医疗单位? (　　　)

A. 会　　　　B. 不会　　　　C. 视情况而定

6. 您认为报销后的药价与其余不能报销的医疗单位的药价相比如何? (　　　)

A. 与报销比例相吻合

B. 相对便宜，但是高于正常报销比例的药价

C. 没多大差别

D. 更高

7. 您一般在哪里买药?（　　）（多选题）

A. 大医院　　　　B. 药店　　　　C. 诊所　　　　D. 其他

8. 您平时买药是根据:（　　）（多选题）

A. 医嘱　　　　　　　　　B. 自身经验

C. 亲朋好友的推荐　　　　D. 药品广告

E. 土方　　　　　　　　　F. 其他

9. 您了解医药改革政策吗?（　　）

A. 不了解　　　　B. 了解不多　　　C. 很了解

10. 您听说过以下哪些药改政策?（　　）（多选题）

A. 招标降价　　　　　　　B. 药品限用

C. 暗扣改为明扣　　　　　D. 药品流通差率的改革

E. 两票制大范围适用　　　F. 以上都不了解

11. 您觉得药品改革后买药和以前相比价格怎样?（　　）

A. 相比减少　　　B. 相比增加　　　C. 没什么差别

12. 您了解药品价格的制定标准吗?（　　）

A. 不了解　　　　B. 了解不多　　　C. 很了解

13. 物价普遍上涨，您认为药价涨幅与一般商品涨幅相比如何?
（　　）

A. 相对低　　　　B. 相对高　　　　C. 相吻合

14. 您认为同种药品在不同地点的药价由高到低如何排序?（　　）
（排序题）

A. 大医院　　　　B. 药店　　　　C. 诊所

15. 您认为药价虚高的情况是否存在?（　　）

A. 存在并且情况十分严重　　　B. 存在但不太严重

C. 不存在　　　　　　　　　　D. 不清楚

16. 您认为药品流通是否应该区别于其他一般商品?（　　）

A. 是　　　　　　B. 否　　　　　　C. 无所谓

17. 您认为除去医药公司环节药品直接从药厂到医疗单位，可行

吗?( )

　　A. 可行　　　　B. 不可行　　　C. 部分可行

　　18. 您希望政府在药品流通以及药价控制方面做哪些努力?

问卷 B:基层医药流通问卷调查

　　您好,我们是河南科技大学调研组,正在进行医药流通调研,此问卷仅用于课题研究,请广大药品经销商朋友认真填写,以确保数据的客观性和真实性,非常感谢!

　　1. 您的药店位于?( )

　　A. 城镇　　　　B. 乡村

　　2. 您的药店能否刷医保卡?( )

　　A. 能　　　　B. 否

　　3. 您的进药途径?( )(多选)

　　A. 药厂直发

　　B. 医药公司

　　C. 医疗单位(大医院、卫生院等)

　　D. 其他

　　4. 您的药店主营哪类药品?( )(多选)

　　A. 中药　　　　B. 西药　　　　C. 中西药结合

　　5. 您的药店里处方药与非处方药比例如何?( )

　　A. 处方药所占比例大　　　　B. 非处方药所占比例大

　　C. 相差不大

　　6. 药品购买者依照什么进行购药?( )(多选)

　　A. 医嘱　　　　　　　　B. 自身经验

　　C. 药店店员推荐　　　　D. 药品广告

　　E. 亲朋好友推荐　　　　F. 土方

　　G. 其他

　　7. 您觉得药品改革后药价和以前相比怎样?( )

　　A. 减少　　　B. 增加　　　C. 没什么差别

　　8. 您认为目前有关药品监管的法律法规是否完善?( )

　　A. 是　　　　B. 否　　　　C. 不太清楚

9. 您认为目前政府对于药品监管是否到位？（　　　）

A. 是　　　　　B. 否　　　　　C. 不太清楚

10. 您了解医药改革政策吗？（　　　）

A. 不了解　　　B. 了解不多　　　C. 很了解

11. 您了解药品价格的制定标准吗？（　　　）

A. 不了解　　　B. 了解不多　　　C. 很了解

12. 物价普遍上涨，您认为药价涨幅与一般商品涨幅相比如何？（　　　）

A. 相对低　　　B. 相对高　　　C. 相吻合　　　D. 不了解

13. 您认为同种药品在不同地点的药价由高到低如何排序？（排序题）

（　　　）大医院　（　　　）药店　（　　　）诊所

14. 您认为药品流通是否应该区别于其他一些商品？（　　　）

A. 是　　　　　B. 否　　　　　C. 无所谓

15. 您对减少医药流通环节有什么合理化建议？

问卷 C：医药流通调查问卷

此问卷仅用于课题研究，请广大医务人员认真填写，以确保数据的客观性和真实性。非常感谢！

1. 您的工作地点是：（　　　）

A. 大医院　　　B. 乡镇卫生院　C. 诊所

2. 您的工作单位属于什么性质？（　　　）

A. 公立　　　　B. 民营　　　　C. 外资

3. 您从事医务工作多长时间？（　　　）

A. 3 年以下　　B. 3—10 年　　C. 10—25 年　　D. 25 年以上

4. 您了解药品流通的相关政策吗？（　　　）

A. 不了解　　　B. 了解不多　　　C. 很了解

5. 您单位的进药途径：（　　　）

A. 药厂直发　　　　　　　　B. 医药公司

C. 上一级医疗单位　　　　　D. 其他

6. 您认为同种药品在不同地点的药价由高到低如何排序？（排序题）

（　　）大医院　（　　）诊所　（　　）药店

7. 物价普遍上涨，您认为药价涨幅与一般商品涨幅相比如何？
（　　）

　　A. 相对低　　　B. 相对高　　　C. 相吻合

8. 您认为药品流通是否应该区别于其他商品？（　　）

　　A. 是　　　　　B. 否　　　　　C. 无所谓

9. 您认为医药改革后，药价与以前相比如何？（　　）

　　A. 没有影响　　B. 影响不大　　C. 较大影响

10. 医药改革后，对您的生活水平有影响吗？（　　）

　　A. 没有影响　　B. 影响不大　　C. 较大影响

11. 您认为医药改革后，药品种类与以前相比如何？（　　）

　　A. 相对减少　　B. 相对增加　　C. 没什么差别

12. 您所在单位采购药品时是否会听取医生的建议？（　　）

　　A. 是　　　　　B. 否　　　　　C. 视情况而定

13. 对于有医保的患者和没有医保的患者，医生开药时会不会区别
对待？（　　）

　　A. 会　　　　　B. 不会　　　　C. 视情况而定

14. 同等疗效下，您会更倾向于为患者开可医保报销的药品吗？
（　　）

　　A. 是　　　　　B. 否　　　　　C. 视情况而定

15. 医院允许患者拿处方出去买药吗？（　　）

　　A. 允许　　　　B. 不允许　　　C. 视情况而定

16. 您认为取消药品加成，通过调整医疗服务价格，能控制医药费
用吗？（　　）

　　A. 作用明显　　　　　　B. 在一定程度上得到缓和

　　C. 无作用　　　　　　　D. 不清楚

17. 您认为医药改革对解决"看病难"问题起多大作用？（　　）

　　A. 作用明显　　B. 解决一部分　　C. 无作用　　　D. 不清楚

18. 您认为除去医药公司环节，药品直接从药厂到医疗单位，可行
吗？（　　）

　　A. 可行　　　　B. 不可行　　　C. 部分可行

19. 关于医药流通方面，您有什么宝贵建议吗？

农民工消费情况调查问卷

1. 您目前的月收入是（　　）元。

A. 2000 以下　　　B. 2001—4000　　　C. 4001—6000　　　D. 6000 以上

2. 您的年龄是（　　）岁。

A. 18—25　　　B. 26—35　　　C. 36—45　　　D. 46 以上

3. 您的学历是（　　）。

A. 初中或小学　　　　　　　　B. 高中、中专、职高、技校

C. 大专　　　　　　　　　　　D. 本科

4. 您的职位是（　　）。

A. 部门主管　　　　　　　　　B. 领班（组长、班长）

C. 业务员　　　　　　　　　　D. 技术员

E. 操作工　　　　　　　　　　F. 杂工

G. 其他

5. 您现在的住房情况（　　）。

A. 自己购买　　　B. 单位提供　　　C. 租房　　　　D. 其他

6. 您的性别（　　）。

A. 男　　　　　　　B. 女

7. 你在城市的工作年限（　　）。

A. 2 年以内　　　B. 2—5 年　　　D. 5 年以上

8. 您的子女个数（　　）。

A. 0　　　　　　　B. 1　　　　　　C. 2　　　　　　D. 2 个以上

9. 您目前从事的行业岗位是（　　）。

A. 建筑施工　　　　　　　　　B. 化工机械制造

C. 酒店餐饮娱乐服务　　　　　D. 电子电器制造

E. 家政保安服务　　　　　　　F. 服装纺织制造

G. 商贸流通运输服务　　　　　H. 美容美发

I. 个体户　　　　　　　　　　J. 其他

10. 您一天的工作时间是（　　）小时。

A. 8　　　　　B. 8—10　　　　C. 10—12　　　　D. 大于 12

11. 您每月收入足够应付您的日常开销了吗?（　　）

A. 绰绰有余　　B. 勉强够　　　C. 不是很够　　　D. 完全不够

12. 您是否婚配（　　）。

A. 是　　　　　B. 否

13. 您每月存入银行的钱数是（　　）元。

A. 500 以下　　B. 500—1000　　C. 1000—2000　　D. 2000 以上

14. 您每月用于吃饭和购买其他食品的平均消费是（　　）元。

A. 300 以下　　B. 301—500　　C. 500 以上

15. 您每月用于购买衣物的平均消费是（　　）元。

A. 300 以下　　B. 301—500　　C. 501—700　　D. 701 以上

16. 您每月用于住宿方面的平均消费是（　　）元。

A. 300 以下　　B. 301—500　　C. 501—700　　D. 701 以上

17. 您每月用于消费娱乐方面的平均消费是（　　）元。

A. 300 以下　　B. 301—500　　C. 501—700　　D. 701 以上

18. 您每月用于通信和人情往来方面的平均消费是（　　）元。

A. 300 以下　　B. 301—500　　C. 501—700　　D. 701 以上

19. 您每月用于医疗的费用是（　　）元。

A. 100 以下　　B. 101—200　　C. 201—300　　D. 301 以上

20. 您每月往家里寄钱的平均数额是（　　）元。

A. 500 以下　　B. 501—1000　　C. 1001—2000　　D. 2000 以上

21. 您寄钱回家的主要用途（　　）。（多选）

A. 赡养父母　　　　　　　　　B. 子女教育

C. 维持家庭生计　　　　　　　D. 其他

22. 您消费时受到以下哪些项的影响?（　　）（多选）

A. 价格　　　　B. 朋友　　　　C. 父母　　　　D. 广告

E. 销售人员　　F. 其他

23. 您的购物方式是（　　　）。

A. 逛商场购买　B. 网购　　　　C. 其他

24. 您是否经常对自己的消费进行计划？（　　）

A. 经常会　　　　B. 有时　　　　C. 没有计划

25. 您觉得您目前的消费状况如何？（　　）

A. 经常透支，总是超前消费　　　B. 基本够用

C. 每月有结余　　　　　　　　　D. 没有考虑过，有多少用多少

河南省农村消费市场状况（流通企业）调查问卷

问卷 A：农村消费市场状况（流通企业）调查问卷

亲爱的商店业主：

　　您好！为了解河南省农村消费现状，研究河南省农村消费中存在的问题，改善农村居民消费环境，提升农村居民的生活质量，推动河南省农村社会的进一步发展。为此我们设计此次调查问卷，并委托河南科技大学本科生组织本次调研。问卷中的所有问题仅用于学术数据分析，凡涉及个人的所有内容都将予以保密，为此希望您尽可能全面、真实、客观地填写。感谢您的配合！

　　调查时间：_____年_____月_____日

　　调查地点：_____省_____市_____县_____镇（乡）_____村

1. 流通企业名称：

2. 您商店的业态性质是：

□杂货铺　　　　□专业商店　　　　□超市　　　　□其他

3. 您商店的所有制隶属于：

□个体　　　　□供销社　　　　□国有　　　　□其他

4. 您商店的营业面积（平方米）：

□10 平方米以下　　　　　　□10—20 平方米

□20—50 平方米　　　　　　□50—80 平方米

□80—120 平方米　　　　　□120 平方米以上

5. 您商店的营业额（元/月）:

□3000 元以下　　　　　　　　　□3000—5000 元

□5000—1 万元　　　　　　　　　□1 万—3 万元

□3 万元以上

6. 您商店的从业人员数: _____人

您的店面租金: _____元/月

您的毛利率: _____%

7. 您商店是否为连锁经营:

□是，本镇（乡）上共有____家　　□否

8. 您商店的主要供货方式是:

□自行采购　　　□送货上门　　　□两者都有

您商店的主要供货来源是:

□批发市场　　　　　　　　　□批发企业

□生产企业　　　　　　　　　□其他合作伙伴

9. 选择该供货来源的依据（可多选）:

□质量　　　　□价格　　　　□售后服务　　　□信誉

□送货便利　　□可延期付款　□熟人介绍　　　□统一配送

□其他

10. 您商店经营的商品品种主要包括:

□全国知名品牌，占____%　　　□本省知名品牌，占____%

□本地产品，占____%

11. 您认为本地居民对本店的依赖程度是:

□依赖性大　　□依赖一般　　□依赖较小

12. 您商店的主要经营品种（可多选）:

□农业生产资料（农具肥料等）　□日用品（洗衣粉等）

□农（副）产品（蔬菜水果等）　□其他食品、饮料

□医疗药品　　　　　　　　　　□家电器材（电风扇等）

□建筑装潢材料　　　　　　　　□交通工具（电瓶车等）

□通信设备（手机等）　　　　　□服装服饰

□化妆品　　　　　　　　　　　□其他

13. 若要进一步发展本店，您认为本店哪些方面需要改进?（可多选）

□产品质量　　　□产品品牌　　　□营业面积
□门店位置　　　□门店装修　　　□服务质量

14. 您认为镇（乡、村）政府对本店扶持或照顾力度：

□帮助非常大　　□偶尔会有　　□几乎没有

15. 您是否可以便捷地获得商业贷款？

□有　　　　　　□没有

16. 您商店是否属于政府对农村流通工程建设的项目？

□是　　　　　　□不是

以下为属于农村流通工程建设项目商店填写，若无，则跳过以下题：

16.1　您商店属于以下哪个项目？

□万村千乡工程　　　　　　□双百工程
□新网工程　　　　　　　　□其他

16.2　加入该项目，您商店需要符合哪些要求？

16.3　加入该项目，您商店得到了哪些优惠政策？（政府补助的形式，可多选）

□发放一笔资金　　　　　　□免费补给货架
□配送电脑、POS 机等　　　□资助门面装修
□提供便利的供货渠道　　　□提供经营培训
□其他

您是否满意该形式的补助？

□满意　　　　　　□不满意

17. 您进货时是否遇到过假冒伪劣产品？

□经常遇到　　　□偶尔　　　□从来没有

以下为有过进货遇到假冒伪劣商品者填写，若无，则跳过以下题：

17.1　假冒伪劣商品类别：

□农业生产资料（化肥、农具等）□日用品

□农（副）产品　　　　　□食品饮料

□医疗药品　　　　　　　□家电器材

□建筑装潢材料　　　　　□交通工具

□通信设备　　　　　　　□服装服饰

□化妆品　　　　　　　　□其他

17.2　权益受到侵害后的解决办法：

□自己承担　　　　　　　□与供货商协商解决

□到工商部门投诉或举报　□其他途径

17.3　处理结果：

□满意　　　　　　□不满意　理由

18. 您对近几年本地村民消费变化情况的看法（生意是不是比以前好）：

问卷 B：河南省农村消费市场状况（消费者）调查问卷

亲爱的农民朋友：

　　您好！为了解河南省农村消费现状，研究河南省农村消费中存在的问题，改善农村居民消费环境，提升农村居民的生活质量，推动河南省农村社会的进一步发展。为此我们设计此次调查问卷，并委托河南科技大学管理学院本科生组织本次调研。本次问卷调查为无记名调查，问卷中的所有问题仅用于学术数据分析，凡涉及个人的所有内容都将予以保密，为此希望您尽可能全面、真实、客观地填写。感谢您的配合！

　　调查时间：＿＿＿＿年＿＿＿＿月＿＿＿＿日

　　调查地点：＿＿＿＿省＿＿＿＿市＿＿＿＿县＿＿＿＿镇（乡）＿＿＿＿村

　　1. 您家庭成员人数是：＿＿＿＿人

　　2. 您的农产品最主要的销售方式是：（可多选，如不耕种农作物者，则跳过本题）

　　□销售给专门收购进行二次加工的企业

□贩卖给附近的商贩

□自己到批发市场交易

□自己到集贸市场交易

□销售给供销社或国有单位

□其他

2.1　您选择该销售方式的原因是：（可多选）

□降低风险，保证收益

□方便省时，减少劳务成本

□批量出货，货物周转较快

□相对价格较高，能获得更多的利润

□其他

2.2　您认为您出售农产品的渠道对您的销售收入有影响吗？

□有　　　　　□没有

3. 您有没有受益于"农超对接""农产品进社区"等农产品对接新模式？

□有　　　　　□没有

4. 您购买日用消费品的主要地点是：（可多选）

□附近食杂店（便利店）　　　□农贸市场

□批发市场　　　　　　　　　□超市

□供销社　　　　　　　　　　□网上购物

5. 您购买家用电器的主要地点是：

□本村商店　　□乡镇商店　　□县城　　　　□大中城市

6. 您购物是否看重商店的牌誉和口碑？

□是　　　　　□否

7. 您对村里商店的依赖程度：

□对其依赖性很大　　　　　　□依赖一般

□依赖较小

8. 您家庭平均年收入是：

□5000—1 万元　　　　　　　□1 万—2 万元

□2 万—3 万元　　　　　　　□3 万—4 万元

□4 万—6 万元　　　　　　　□6 万—8 万元

□8 万—10 万元 　　　　　　　□10 万元以上

9. 您在消费时所采用的主要依据是：

□根据自己目前的收入 　　　　□根据自己未来的可能收入

□参照左邻右舍的购买行为 　　□不得不消费

10. 下列哪些促销方式会吸引您频繁光顾？（可多选）

□打折 　　　　　　　　　　　□试用

□多买有赠品 　　　　　　　　□可分期付款

□会员卡（积分） 　　　　　　□其他

11. 您认为以下哪些外部环境因素会影响您的消费？（可多选）

□用水用电不便 　　　　　　　□交通不便

□商店少 　　　　　　　　　　□广告宣传少

□配套服务（如售后）差

12. 您家庭平均年生产资料支出为：

□1000 元以下 　　　　　　　□1000—5000 元

□5000—1 万元 　　　　　　　□1 万—2 万元

□2 万—3 万元 　　　　　　　□3 万—4 万元

□4 万—5 万元 　　　　　　　□5 万元以上

13. 您家庭平均年生活消费支出为：

□1000—5000 元 　　　　　　□5000—1 万元

□1 万—2 万元 　　　　　　　□2 万—3 万元

□3 万—4 万元 　　　　　　　□4 万—5 万元

□5 万元以上

14. 您在消费时最经常遇到的问题是：（可多选）

□质量差 　　　　　　　　　　□假冒伪劣

□产品过期 　　　　　　　　　□服务态度差

15. 您认为存在质量问题最严重的领域是：

□食品 　　　　□日用品 　　　□家用电器 　　　□服装服饰

□建筑材料 　　□其他

16. 与城里的同类产品相比，您认为村里的商品价格比城里的：

□偏高 　　　　□差不多 　　　□偏低

17. 与城里相同种类、同等价格的商品相比，您认为村里的商品质量比城里的：

□好　　　　　　□相同　　　　　　□差

18. 您家庭现在拥有下列消费品的数量（请填入数字）

自行车	电瓶车	摩托车	汽车	手机	空调	电视机	电冰箱	照相机

19. 您家里有成员在外面长期打工吗？

□有　　　　　　□没有

19.1　您认为家里有成员在外打工是否会影响家庭正常消费支出或消费习惯？（若没有长期打工者，则跳过本题）

□增加消费　　　□减少消费　　　□没有影响

20. 您是否有买到过假冒伪劣商品？

□有，并且多次　　　　　　□有，但是偶尔

□从来没有

21.1　若有买到过假冒伪劣商品，您的解决办法是：（如果权益没有受到侵害，跳过本题）

□自己承担　　　　　　　□与商家协商解决

□到工商部门投诉或举报　　　□消费者协会

□其他途径

21. 您家庭是否享受过家电下乡的优惠？

□是　　　　□否

21.1 若是，购买了哪些家电？

□食品　　　　□日用品　　　□家用电器　　　□服装服饰

□建筑材料　　□其他

请您再仔细核对下问卷的题目是否有遗漏。非常感谢您客观、真实地填写本问卷，祝您阖家幸福、平安！

问卷 C：河南省农村消费市场状况总体调查统计

调查时间：＿＿＿＿年＿＿＿＿月＿＿＿＿日

调查地点：＿＿＿＿省＿＿＿＿市＿＿＿＿县＿＿＿＿镇（乡）＿＿＿＿村

1. 所在的乡村拥有下列购物场所的数量

		杂货店	专业店	超市	农贸市场	其他
所有制	个体					
	股份或合伙					
	供销社					
数量						
其中：连锁数量						

2. 本地区是否有以农民为参与主体的合作销售组织？

□是，本地区有____家，每年营业额范围是____万元至____万元

□否

3. 本地区是否有消费品批发市场？

□是，本地区有____家　　　　　　□否

4. 本地区农村消费品零售市场有____家，每年的市场规模是____万元

5. 您所在的地区有没有快递？

□有　　　　　　□没有

6. 本地区假冒伪劣产品基本情况：

□很普遍　　　□较多　　　□较少　　　□偶尔有

□基本没有

6.1　若存在，主要涉及的产品种类是：

□农业生产资料（化肥、农具等）　□日用品

□农（副）产品　　　　　　□食品饮料

□医疗药品　　　　　　□家电器材

□建筑装潢材料　　　　　　□交通工具

□通信设备　　　　　　□服装服饰

□化妆品　　　　　　□其他

7. 本地区农村居民关于消费品每年的投诉量为____件，投诉类型主要为：

□产品质量差　　　　　　□价格欺诈

□伪劣产品   □售后服务
□其他

7.1   农村居民主要的投诉途径为：

□通过工商部门   □通过电话热线
□通过网络   □自己找商家
□消费者协会   □其他

8. 本地区涉及的大规模流通工程有哪些？

□万村千乡工程   □双百工程
□新网工程   □其他

9. 本地区是否对农村居民消费的流通企业有优惠政策？

□是   □否

若是，请列明具体的政策条例名称：

本地区是否有计划改造农家店？

□是   □否

若是，请列明具体的改造政策：

10. 您认为这些工程对促进当地农村居民消费的作用如何？

□有积极促进作用   □有一定促进作用
□作用一般   □目前作用不大
□没什么作用

11. 本镇范围内是否有以下农产品对接新模式？

□农超对接   □农产品进社区
□其他

若有以上对接新模式，您认为对本地区农产品流通有何作用？

12. 您对进一步改善农村消费品流通有什么看法以及建议？

参考文献

[1] Andrew Paddison, Eric Calderwood, Rural retailing: A Sector in Decline?, International Journal of Retail & Distribution Management, Vol. 35, No. 2, 2007.

[2] Andrew P. , E. Calderwood, Rural Retailing: A Sector in Decline?, International Journal of Retail & Distribution Management, Vol. 35, No. 2, 2007.

[3] Ari – pekka Hmeri, Supply Chain Management in the Fishing Industry, The Case of Iceland, International Journal of Logisties: Research and Application, Vol. 6, No. 3, 2003.

[4] Bailey, M. J. , National Income and Price Level, New York: McGraw – hill, 1971.

[5] Blinder, A. S. , Model of Inherited Wealth, Quarterly Journal of Economy, Vol. 87, No. 4, 1975.

[6] Bob Saint, Rural Distribution System Planning Using Smart Grid Technologies, Rural Electric Power conference, 2009.

[7] Bonis, R. D. , Silvestrini A. , The effects of financial and real wealth on consumption: New evidence from OECD countries, Applied Financial Economics, Vol. 25, No. 5, 2012.

[8] Carroll, C. D. , The Buffer – Stock Theory of Saving: Some Macroeconomic Evidences, Brookings Papers on Economic Activity, Vol. 2, 1992.

[9] Devereus, M. B. , Head, V. C. , Lapham, B. J. , Monopolistic Com-

petition, Increasing Return and Government Spending, Journal of money: Credit and Banking, Vol. 28, No. 2, 1996.

[10] Duesenberry, J. S., Income, Saving and the Theory of Consumer Behavior, Cambridge: Harvard University Press, 1949.

[11] Dynan, K. E., How Prudent Are Consumers, Journal of Political Economy, Vol. 101, No. 6, 1993.

[12] Emran, S. M., Zhaoyang, H., Access to Markets and Rural Poverty: Evidence from Household Consumption in China, The Review of Economics and Statistics, Vol. 95, No. 2, 2013.

[13] Friedman, McClains, Palmer, K., Sources of Structural Change in the US 1963 – 1987: All input – output Perspective, Review of Economics and Statistics, Vol. 69, 1987.

[14] Giles, J., Yoo, K., Precautionary Behavior, Migrant Networks, and Household Consumption Decisions: An Empirical Analysis Using Household Panel Data from Rural China, The Review of Economics and Statistics, Vol. 89, No. 3, 2007.

[15] Gorbachev, O., Did Household Consumption Become More Volatile?, The American Economic Review, Vol. 101, No. 5, 2011.

[16] Hall, R. E., Stochastic Implications of the Life Cycle Permanent Income Hypothesis: Theory and Evidence, Journal of Political Economy, Vol. 86, No. 4, 1979.

[17] Hawkes, C., Nutrition Reviews, Nutrition Reviews, Vol. 67, No. 6, 2009.

[18] Kalecki, M., Selected Essays on the Dynamics of the Capitalist Economy, Cambridge: Cambridge University Press, 1971.

[19] Karras, G., Government Spending and Private Consumption: Some International Evidence, Journal of Money: Credit and Banking, Vol. 26, No. 1, 1994.

[20] Kenning, P., Grzeskowiak, S., The Role of Wholesale Brands for Buyer Loyalty: A Transaction Cost Perspective, Jorunal of Business & Industrial Marketing, Vol. 26, No. 3, 2011.

[21] Keynes, M. J. , The General Theory of Employment, Interest and Money, London: Macmillan, 1936.

[22] Kjellberg, H. , Market Practices and Over – consumption, Consumption Markets & Culture, Vol. 11, No. 2, 2008.

[23] Kwan, Y. K. , The Direct Substitution Government and Private Consumption in East Asian, NBER Working Paper, No. 12431, 2006.

[24] Malyadri, P. , Rao, K. S. , Indian Retail Marketing Scenario A Pivotal Role Towards Economic Growth, Economic Affairs, Vol. 56, No. 2, 2011.

[25] Mhurchu, C. N. , etc, Effects of Price Discounts and Tailored Nutrition Education on Supermarket Purchases: A Randomized Controlled Trial, American Journal of Clinical Nutrition, Vol. 91, No. 3, 2010.

[26] Nelson, R. R. , Consoli, D. , An Evolutionary Theory of Household Consumption Behavior, Journal of Evolutionary Economics, Vol. 20, 2010.

[27] Okubo, M. , Intertemporal Substitution between Private and Government Consumption: The Case of Japan, Economic Letters, Vol. 79, 2003.

[28] Osterhaven, J. , Linden, J. A. V. , European Technology, Trade and Income Change for 1975 – 1985: An Intercountry Input – output Decomposition, Economic Systems Research, No. 9, 1997.

[29] Peersman, G. , Pozzi, L. , Business Cycle Fluctuations and Excess Sensitivity of Private Consumption, Economica, Vol. 75, No. 299, 2008.

[30] Sabillon, C. , On the Causes of Economic Growth: The Lessons of History, Algora Publishing, 2008.

[31] Wilson, B. K, The Strength of the Precautionary Saving Motive When Prudence Is Heterogeneous, Enrolled Paper of 37th Annual Meeting of the Canadian Economics Association, 2003.

[32] Xiao, G. , Kim, J. O. , The Investigation of Chinese Consumer Values, Consumption Values, Life Satisfaction, And Consumption Be-

haviors，Psychology & Marketing，Vol. 26，No. 7，2009.

［33］蔡丙松：《河南省农村消费市场发展状况、影响因素与对策》，《经济研究导刊》2014 年第 11 期。

［34］蔡昉等：《加速城市化进程启动城乡消费》，《会计之友》1999 年第 12 期。

［35］蔡峰：《浅谈我国农村消费信贷》，《黑河月刊》2017 年第 4 期。

［36］陈东、刘金东：《农村信贷对农村居民消费的影响——基于状态空间模型和中介效应检验的长期动态分析》，《金融研究》2013 年第 6 期。

［37］陈力朋、陈锦然：《农业信贷支持对农村居民消费支出的影响——基于省级面板数据的实证分析》，《西部论坛》2015 年第 3 期。

［38］陈丽：《农村居民平均住房消费倾向及其影响因素分析》，《湖北农业科学》2015 年第 5 期。

［39］陈亮、朱琛：《我国农村居民对经济增长拉动作用的实证分析及对策》，《经济纵横》2010 年第 2 期。

［40］陈笑笑：《影响河南省农村居民消费的因素》，《赤峰学院学报》2015 年第 3 期。

［41］陈自芳：《农民收支结构对收入与消费的影响——兼论提高农民收入促进消费的对策》，《中共浙江省委党校学报》2011 年第 2 期。

［42］程凯、瞿艳平：《论我国农村居民的消费水平与消费结构》，《江汉论坛》2011 年第 4 期。

［43］储德银、经庭如：《我国城乡居民消费影响因素的比较分析》，《中国软科学》2010 年第 4 期。

［44］储德银、刘宏志：《收入来源结构、边际消费倾向与农村居民消费》，《地方财政研究》2012 年第 2 期。

［45］崔海燕、范纪珍：《内部和外部习惯形成与中国农村居民消费行为——基于省级动态面板数据的实证分析》，《中国农村经济》2011 年第 7 期。

［46］丁超勋：《扩大消费长效机制的消费品流通体系研究》，中国社会

科学出版社 2016 年版。

[47] 丁俊发：《促进消费与流通渠道建设的几个问题》，《中国流通经济》2012 年第 2 期。

[48] 丁俊发：《流通创新驱动的十大对策》，《中国流通经济》2013 年第 2 期。

[49] 丁志伟等：《河南省城乡统筹发展的状态评价与整合推进》，《地域研究与开发》2016 年第 2 期。

[50] 段娟、鲁奇、文余源：《我国区域城乡互动与关联发展综合评价》，《中国人口·资源与环境》2005 年第 1 期。

[51] 段娟、文余源、鲁奇：《我国中部地区城乡互动发展水平综合评价》，《农业现代化研究》2007 年第 1 期。

[52] 范海燕、李洪山：《城乡互动发展模式探讨》，《中国软科学》2005 年第 3 期。

[53] 费孝通：《乡土中国》，上海人民出版社 2006 年版。

[54] 付波航、方齐云、宋德勇：《城镇化、人口年龄结构与居民消费——基于省级动态面板的实证研究》，《中国人口·资源与环境》2013 年第 11 期。

[55] 高柳珍、吕文鹏：《渠道创新视角下的农村商品流通模式》，《改革与战略》2012 年第 5 期。

[56] 高梦滔：《流动性约束、持久收入与农户消费》，《统计研究》2008 年第 2 期。

[57] 高铁生、郭冬乐：《扩大农村消费问题研究》，中国社会出版社 2008 年版。

[58] 高玉伟：《生命周期与城镇居民消费》，硕士学位论文，南开大学，2009 年。

[59] 宫志诚：《农村居民消费影响因素分析及建议》，《金融发展研究》2009 年第 6 期。

[60] 郭春丽：《我国药品流通行业存在的问题及政策建议》，《中国物价》2013 年第 7 期。

[61] 韩立岩、杜春越：《收入差距、借贷水平与居民消费的地区及城乡差异》，《经济研究》2012 年第 S1 期。

［62］韩林：《财政农业支出促进我国农村消费增长分析》，《消费经济》2009 年第 6 期。

［63］韩星焕：《农村居民消费影响因素的实证分析——以吉林省为例》，《农业技术经济》2011 年第 11 期。

［64］韩勇、刘放：《农村消费启动与中国经济增长——基于 1985—2009 年经验数据的实证检验》，《财经科学》2011 年第 4 期。

［65］郝爱民：《农村流通体系建设对农民消费的影响——基于有序 Probit 模型的研究》，《北京工商大学学报》（社会科学版）2010 年第 3 期。

［66］郝爱民：《消费升级与我国流通体系的优化》，《现代经济探讨》2011 年第 2 期。

［67］何盛明：《财经大词典》，中国财政经济出版社 1990 年版。

［68］何卫华：《关于河南省扩大农村居民消费的路径思考》，《商业经济》2012 年第 6 期。

［69］《河南省人民政府关于印发河南省新型城镇化规划（2014—2020 年）的通知》，河南省政府网站，http：//www. henan. gov. cn/jrhn/system/2016/01/18/010614385. shtml。

［70］贺丹莹：《基于灰色模型的河南省农村消费结构变动预测》，《农村经济与科技》2017 年第 3 期。

［71］贺珍瑞：《农村流通体系对农村消费需求的影响分析》，《山东农业大学学报》（社会科学版）2007 年第 3 期。

［72］侯俊芳：《改革开放以来我国农村结婚消费研究述评》，《传承》2013 年第 3 期。

［73］侯俊芳：《改革开放以来中部农村结婚消费变迁研究——以河南省 D 村为个案》，硕士学位论文，河南师范大学，2014 年。

［74］胡帮勇、张兵：《农村金融深化对农户消费需求影响的实证研究》，《云南财经大学学报》2011 年第 6 期。

［75］胡宝娣：《中国农村居民消费影响因素的实证分析》，博士学位论文，西南大学，2010 年。

［76］胡东兰、田侃、夏杰长：《中国财政支农支出对农村居民消费影响——实证分析与政策建议》，《财政研究》2013 年第 1 期。

[77] 胡枫、王其文：《中国城市农民工汇款的影响因素分析——一个区间回归模型的应用》，《统计研究》2007 年第 10 期。

[78] 胡书东：《中国财政支出和民间消费需求之间的关系》，《中国社会科学》2002 年第 6 期。

[79] 胡元聪、羊海燕：《供需因何错配——农村消费信贷制度供给侧改革的法经济学分析》，《湖湘论坛》2017 年第 1 期。

[80] 黄燕敏：《中国农村民生消费影响因素的实证研究——对外开放、城市化及产业结构调整视角》，《消费经济》2011 年第 5 期。

[81] 贾晓燕：《新常态下我国农村地区"互联网＋商贸流通"创新发展研究》，《改革与战略》2016 年第 4 期。

[82] 姜玲、高文玲：《城镇化与农村消费——基于我国 31 个省（区）动态面板数据模型的实证分析》，《投资研究》2013 年第 1 期。

[83] 蒋南平等：《中国城镇化与农村消费启动——基于 1978—2009 年数据的实证检验》，《消费经济》2011 年第 1 期。

[84] 蒋南平等：《中国城镇化与农村消费启动》，《消费经济》2011 年第 2 期。

[85] 景普秋、解阁阁：《城乡互动的国际经验及其对中国的启示》，《高等财经教育研究》2015 年第 6 期。

[86] 李滨伍：《关于状态空间模型和中介效应检验的长期动态背景下农村信贷对农村居民消费的影响研究》，《现代经济信息》2015 年第 3 期。

[87] 李晖：《发展农村消费信贷开拓农村消费市场》，《商业研究》2015 年第 18 期。

[88] 李骏阳：《我国农村消费品流通业创新研究》，《中国流通经济》2015 年第 4 期。

[89] 李骏阳、包望伟、夏禹械：《流通业对农村居民消费影响的实证研究》，《商业经济与管理》2011 年第 11 期。

[90] 李骏阳等：《流通业对农村居民消费影响的实证研究》，《商业经济与管理》2011 年第 11 期。

[91] 李锐等：《不同类型的收入对农村居民消费的影响》，《中国农村经济》2004 年第 6 期。

[92] 李永友、丛树海：《居民消费与中国财政政策的有效性：基于居民最优消费决策行为的经验分析》，《世界经济》2006 年第 5 期。

[93] 梁田、单贝：《河南省农村居民消费变动及对策研究》，《商业时代》2010 年第 35 期。

[94] 刘根荣、种憬：《促进消费视角下城乡流通协调发展研究》，《经济学家》2012 年第 9 期。

[95] 刘厚莲：《人口城镇化、城乡收入差距与居民消费需求——基于省际面板数据的实证分析》，《人口与经济》2013 年第 6 期。

[96] 刘灵芝、马小辉：《农村居民收入分配结构对消费的影响分析》，《中国农村经济》2010 年第 11 期。

[97] 刘湘海：《基于生命周期的家庭资产配置模型》，硕士学位论文，天津大学，2008 年。

[98] 刘艳华：《农业信贷配给对农村居民消费的间接效应》，《农业经济问题》2016 年第 7 期。

[99] 刘玉：《基于三产互动与城乡统筹的区域经济空间分析》，《城市发展研究》2011 年第 4 期。

[100] 吕炜、孙永军、范辉：《社会公平、财政支农与农村消费需求》，《财经科学》2010 年第 1 期。

[101] 罗永华：《广东省流通业发展对居民消费支出影响的实证研究》，《商业时代》2011 年第 18 期。

[102] 骆祚炎：《教育和医保支出压力对农村居民消费影响的 VAR 分析》，《统计与决策》2007 年第 22 期。

[103] 马荣：《城市农民工的社会保障缺失成因分析与治理对策——以南京市为例》，《经济研究导刊》2008 年第 12 期。

[104] 马荣贵：《河南省农村居民消费对经济带动作用的实证分析与预测》，《市场透视》2007 年第 10 期。

[105] 马艳莉：《中国城市农民工社会保障问题研究》，硕士学位论文，东北师范大学，2010 年。

[106] 毛雁冰、秦鹏亮：《收入分配机制对居民消费的影响分析》，《消费经济》2012 年第 1 期。

[107] 苗亚萍：《河南省农村居民消费需求结构实证分析——基于扩展

线性支出系统模型研究》,《决策与信息》(下旬刊) 2009 年第 7 期。

[108] 潘明清、高文亮:《我国城镇化对居民消费效应的检验与分析》,《宏观经济研究》2014 年第 1 期。

[109] 彭清华:《不确定性预期与我国农村居民消费行为研究——基于预防性储蓄的视角》,《南方农村》2011 年第 3 期。

[110] 钱涛:《当前药品价格过高的原因分析及法律解决办法》,《现代商贸工业》2007 年第 7 期。

[111] 清华:《流通网络组织开拓农村消费市场的必要性及创新路径》,《商业经济研究》2016 年第 23 期。

[112] 曲晓洁、孙英隽:《我国农村信贷额与农村居民消费的动态计量分析》,《中国林业经济》2016 年第 3 期。

[113] 冉净斐:《流通发展与消费增长的关系:理论与实证》,《商业时代》2008 年第 1 期。

[114] 宋博:《河南省农村居民消费需求预测及影响因素分析》,硕士学位论文,华北水利水电学院,2012 年。

[115] 宋先道:《中国农村居民消费增长的制约因素与对策研究》,《华中农业大学学报》(社会科学版) 2002 年第 3 期。

[116] 宋则、王雪峰:《商贸流通业增进消费的政策研究》,《财贸经济》2010 年第 11 期。

[117] 隋娜娜、朱虹:《探讨药品流通领域存在的问题及解决方法》,《2011 年中国药学会药事管理专业委员会年会暨"十二五药事管理学科发展与药品监管工作建设"学术研讨会论文汇编》,2011 年。

[118] 孙保营:《河南省农村居民消费行为特征及其优化研究》,《当代经济》2016 年第 16 期。

[119] 孙前进:《中国现代流通体系框架构成探索》,《中国流通经济》2011 年第 10 期。

[120] 谭江蓉、杨云彦:《人口流动、老龄化对农村居民消费的影响》,《人口学刊》2012 年第 6 期。

[121] 唐永伟、唐将伟、陈怀录:《中部农业区城乡互动发展路径研

究——以河南省漯河市为例》，《地域研究与开发》2017 年第 6 期。

[122] 涂玉华：《农村社会保障支出对促进农村居民消费需求的影响研 究》，《经济经纬》2012 年第 4 期。

[123] 汪上、李宝礼：《我国农村居民消费影响因素的动态研究——基 于状态空间模型的实证》，《湖南社会科学》2012 年第 1 期。

[124] 王杜春等：《基于状态空间模型的黑龙江省农村居民消费影响因 素分析》，《数学的实践与认识》2015 年第 12 期。

[125] 王二红：《论集聚经济规律对我国城乡互动的影响》，《农业现代 化研究》2005 年第 7 期。

[126] 王改性：《我国城乡统筹发展中产业互动问题研究》，《求索》 2010 年第 6 期。

[127] 王宏伟：《中国农村居民消费的基本趋势及制约农民消费行为的 基本因素分析》，《管理世界》2000 年第 4 期。

[128] 王惠：《消费对商业流通发展的作用》，《河南社会科学》2000 年第 6 期。

[129] 王建香：《新农村建设背景下山东农民住房消费问题研究》，《消 费导刊》2009 年第 9 期。

[130] 王健宇、徐会奇：《收入性质对农民消费的影响分析》，《中国农 村经济》2010 年第 4 期。

[131] 王敏、梁利：《中国农民消费行为及影响因素分析》，《数理统计 与管理》2010 年第 5 期。

[132] 王岐山：《扩大内需的最大潜力在农村》，中国共产党新闻网， http：//cpc. people. com. cn/GB/64093/64094/8642307. html。

[133] 王微：《我国城市商业在扩大消费中的地位与作用》，《中国流通 经济》2006 年第 12 期。

[134] 王新利、吕火花：《农村流通体系对农村消费的影响》，《农业经 济问题》2006 年第 3 期。

[135] 温涛、田继华、王小华：《农民收入结构对消费结构的总体影响 与区域差异研究》，《中国软科学》2013 年第 3 期。

[136] 文启湘：《加快构建农村现代流通体系，推进农村消费和谐发展

的重要条件》,《湘潭大学学报》(哲学社会科学版)2007 年第 1 期。

[137] 文启湘、梁爽:《基于 DEA 模型的流通业与消费增长协调发展研究》,《商业经济与管理》2010 年第 10 期。

[138] 吴学品:《市场化、流通设施环境和农村消费结构》,《经济问题》2014 年第 10 期。

[139] 夏春玉、张闯、梁守砚:《城乡互动的双向流通系统:互动机制与建立路径》,《财贸经济》2009 年第 10 期。

[140] 夏春玉等:《城乡互动的双向流通系统:互动机制与建立途径》,《财贸经济》2009 年第 10 期。

[141] 向晖:《河南省四大经济区农村居民消费状况差异分析》,《开发研究》2011 年第 2 期。

[142] 肖婷婷:《农村居民消费结构浅析——以河南省为例》,《调研世界》2009 年第 11 期。

[143] 邢大伟、唐婷:《农村居民家庭住房资产和生产性固定资产对消费的影响》,《金融纵横》2016 年第 12 期。

[144] 徐玲、孟群:《第五次国家卫生服务调查结果之二——卫生服务需要、需求和利用》,《中国卫生信息管理杂志》2014 年第 3 期。

[145] 许大明、修春亮、王新越:《信息化对城乡一体化进程的影响及对策》,《经济地理》2004 年第 2 期。

[146] 严于龙、李小云:《城市农民工收入影响因素初步分析》,《宏观经济管理》2009 年第 12 期。

[147] 燕姗姗、王杜春:《农村社会保障与消费结构的相关性分析》,《商业时代》2011 年第 20 期。

[148] 杨琦:《农村基础设施建设对农村居民消费需求影响的实证研究》,博士学位论文,西南财经大学,2011 年。

[149] 杨伟锋、刘永萍:《河南农村居民消费结构分析》,《黄河科技大学学报》2010 年第 4 期。

[150] 杨子江、田雨普:《农民工体育研究中关于"农民工"概念的探讨》,《上海体育学院学报》2008 年第 5 期。

[151] 叶亚丽：《优化河南省农村流通体系建设研究》，《当代经济》2016 年第 14 期。

[152] 尹焕三：《论统筹城乡发展的八种互动模式》，《长白学刊》2008 年第 3 期。

[153] 尹世杰：《疏通流通渠道扩大农村消费》，《中国流通经济》2010 年第 1 期。

[154] 尹世杰：《我国当前扩大农村居民消费的几个问题》，《消费经济》2009 年第 6 期。

[155] 应焕红：《浙江农民住房消费需求强烈——关于浙江农村住房改造和扩大消费的调研》，《观察与思考》2010 年第 10 期。

[156] 喻新安：《城乡互动：强农兴农的必由之路》，《求是杂志》2011 年第 19 期。

[157] 袁芳英、许先普：《攀比效应下货币政策与城乡居民消费的关系研究》，《农业技术经济》2009 年第 2 期。

[158] 袁志刚、宋铮：《消费理论新发展及其在中国的应用》，《上海经济研究》1996 年第 6 期。

[159] 恽晓方：《浅析我国农村消费信贷存在的问题及解决对策》，《经济师》2015 年第 8 期。

[160] 詹兆雄：《影响农村消费的主要因素与扩大农村消费的对策》，《农业现代化研究》2009 年第 2 期。

[161] 张爱民、易醇：《统筹城乡发展背景下三次产业互动发展路径研究》，《软科学》2011 年第 2 期。

[162] 张安录：《城乡相互作用的动力学机制与城乡生态经济要素流转》，《城市发展研究》2000 年第 6 期。

[163] 张邦科、邓胜梁：《持久收入理论与我国农村居民消费——基于省级面板数据的实证分析》，《农业技术经济》2011 年第 7 期。

[164] 张春华：《扩大农村居民消费需求问题研究——基于天津农村居民实证分析》，硕士学位论文，天津大学，2014 年。

[165] 张大斌、凡华农、邓大才：《中国农村家庭住房消费需求微观经济分析》，《农业技术经济》2011 年第 9 期。

[166] 张海军、张沛：《2000 年以来国内城乡一体化理论与实践研究综

述》，《区域经济评论》2013 年第 3 期。

[167] 张海燕：《拓展农村消费市场的实证分析》，《消费经济》2006
年第 6 期。

[168] 张慧、刘斌、刘国芳：《河南省农村居民消费结构的灰色关联分
析》，《河南农业大学学报》2009 年第 4 期。

[169] 张洁：《基于消费角度的城乡收入差距研究》，硕士学位论文，
西北农林科技大学，2009 年。

[170] 张竟竟、郭志富：《县域尺度的河南省城乡协调发展空间格局研
究》，《经济地理》2013 年第 9 期。

[171] 张莉莉、朱文奇：《提升我国农民消费能力分析》，《中国商贸》
2015 年第 8 期。

[172] 张连刚、李兴蓉：《中国流通业发展与居民消费增长实证研究》，
《广东商学院学报》2010 年第 4 期。

[173] 张书杰：《河南省农村居民消费支出与收入关系的实证研究》，
《经济经纬》2010 年第 4 期。

[174] 张小莉、李玉才、孙学敏：《当前中国农村结婚高消费现象的社
会学分析——基于炫耀性消费理论的视角》，《农业经济》2017
年第 1 期。

[175] 张晓林：《农产品流通创新系统构建与实施路径》，《经济问题》
2015 年第 7 期。

[176] 张志敏：《90 年代以来中国居民消费特征及影响因素分析》，
《中央财经大学学报》2003 年第 11 期。

[177] 赵趁：《探析河南省农村零售市场改革之路》，《市场营销》2013
年第 6 期。

[178] 赵成：《基层药品流通监管工作中存在问题及解决对策建议》，
《中国民族民间医药》2008 年第 12 期。

[179] 赵萍：《流通与消费的七大关系》，《中国商贸》2008 年第 1 期。

[180] 赵娴：《发展流通产业实现消费促进和结构升级》，《中国流通经
济》2010 年第 11 期。

[181] 赵新安、程义全：《启动消费需求的关键是完善社会保障体系》，
《天津商学院学报》1999 年第 5 期。

［182］郑承志：《金融危机背景下扩大消费的流通创新研究》，《商业时代》2011 年第 3 期。

［183］周世进：《流通产业发展对居民消费影响研究》，博士学位论文，中国矿业大学，2013 年。

后　记

　　这本《扩大河南省农村消费的流通创新研究》是我近两年关于河南省流通和消费研究成果的总结。河南省是农村和农业大省，也是我的故乡和工作的地方，这里的农村居民消费存在若干问题，需要转型升级，所以我就此问题进行了一些调研和分析，并将结论形成此书。

　　感谢我工作的河南科技大学管理学院朱选功教授和孙艳红教授对本书框架和出版方面的建议和支持，也感谢邓国取教授、赵丹博士的修改建议，更感谢张瑞丹女士在文字校对方面的贡献。

　　感谢中国社会科学出版社的刘晓红编辑，没有她的辛苦工作，此书难以呈现在读者面前。

　　此书献给吾子琰哲！

2018 年夏于洛阳